从融合到融和

培智学校与社区互动研究

陆莎 著

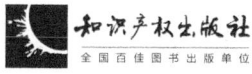

知识产权出版社

全国百佳图书出版单位

图书在版编目（CIP）数据

从融合到融和：培智学校与社区互动研究/陆莎著. —北京：知识产权出版社，2019.5
ISBN 978-7-5130-6074-5

Ⅰ. ①从… Ⅱ. ①陆… Ⅲ. ①特殊教育—社区教育—研究—中国 Ⅳ. ①G769.2

中国版本图书馆 CIP 数据核字（2019）第 024151 号

责任编辑：高 超　　　　　　　　责任校对：王 岩
封面设计：臧 磊　　　　　　　　责任印制：刘译文

从融合到融和：培智学校与社区互动研究
陆　莎　著

出版发行：知识产权出版社有限责任公司	网　　址：http://www.ipph.cn
社　　址：北京市海淀区气象路 50 号院	邮　　编：100081
责编电话：010-82000860 转 8383	责编邮箱：morninghere@126.com
发行电话：010-82000860 转 8101/8102	发行传真：010-82000893/82005070/82000270
印　　刷：北京九州迅驰传媒文化有限公司	经　　销：各大网上书店、新华书店及相关专业书店
开　　本：720mm×1000mm　1/16	印　　张：14.25
版　　次：2019 年 5 月第 1 版	印　　次：2019 年 5 月第 1 次印刷
字　　数：230 千字	定　　价：58.00 元

ISBN 978-7-5130-6074-5

出版权专有　侵权必究
如有印装质量问题，本社负责调换。

内容摘要

随着现代社会政治经济的发展、文明的进步，科学地认识残疾现象，正确地对待和帮助特殊儿童回归主流社会已经成为全社会的共识。世界范围内融合教育的发展已经走向深入化阶段，中国在具有1933所特殊学校的国情下，特殊学校的社区融合是特殊学校在根据本校校情开展的融合教育。面对社区、家长、特殊儿童各有不同需求下，培智学校如何具体有效的开展培智学校与社区互动值得进行深入的探究。

结合该领域的研究现状和培智学校社区互动的特点，本书选取了一所正在与社区互动的培智学校为个案，采用质的研究方法进行了为期一学期的实地调研，通过访谈、观察、文本分析等方法进行资料的收集与分析。

围绕"培智学校是怎样与社区建立互动关系的？""培智学校、社区对两者的互动有什么样的认识和困惑？""培智学校与社区互动的本质特征是什么？""培智学校与社区互动的模式是什么？"这四个问题，研究者以个案学与社区互动这一具体的事件为核心，以培智学校与社区互动的原因、历史、具体举措、效果与问题为次序，通过描述培智学校与社区互动的所做与所想，如实的呈现出个案学校与社区互动的全貌。然后，依据个案学校与社区互动的现实，从建构主义的理论视角出发，探讨培智学校与社区互动的本质特征，建构了培智学校与社区互动的理论模式。在此基础上，针对如何促进我国培智学校与社区互动提出了相应的建议。

本书的结论如下：

首先，培智学校与社区互动是培智学校发展的必然选择，依托于融合教育的发展。培智学校与社区互动，是在培智学校的学校发展过程中，顺应培智学校生源变化、特殊教育课程教学理念的变化，学生的现实发展需要、家长的需求和教师教学中的困惑而做出的必然选择。其次，培智学校在与社区互动中面临着理念与实践的多重挑战。"融合"发展已经成为培智学校发展过程中的共识,但是,人们对于"什么是'合'、什么是'和'""什么是学校如何与社区互动"存在着不同的看法,每个人的看法都是基于自身的知识体系和实践经验的。再次,培智学校与社区互动是一个从"融"到"合"再到"和"的过程。"融"是培智学校在发展的过程中加入社区参与,"合"是社区发展的过程中考虑培智学校的教育发展,"和"是两者最终能够达到和谐统一发展。最后,培智学校与社区互动离不开政府、家庭、社区三位一体的支持。

本书撰写的结构如下：第一章主要是从残疾人事业发展的趋势、特殊学校走融合道路的理想与现实结合点以及培智学校走社区融合的挑战三个角度提出了本书的研究问题；并对本书中的核心概念"学校与社区互动"及相关概念进行辨析。第二章从融合教育的发展、残疾人的社区融合、我国社区融合的发展、特殊学校的职能转换四个方面进行了文献研究,总结出学校与社区互动具备充分的理论和实践基础、培智学校与社区互动研究的系统性不足、培智学校与社区互动研究方法的科学性和规范性有待提升三个观点。第三章主要是对本书的研究内容、理论视角、研究方法及研究的伦理和信效度进行论述。第四章至第六章为本书的主体呈现部分,用此三个篇章来陈述培智学校与社区互动。培智学校与社区互动经历了"融""合""和"三个阶段。不同于传统观念中"融合"一词,培智学校根据中国国情和学校发展的现实情况,创新性地提出"融和"。因此,第四章主要描述培智学校作为主要方走进社区的过程,培智学校通过文化氛围、管理变革、课程改革、融合活动四种方式积极走进社区,开展社区融合。第五章主要是从社区的角度即社区发展的角度论述社区走近培智学校的"不同"与"同",从而解读不同的人对"培智学校与社区互动"的理解。根据上述从学校角度、社区角度对培智学校与社区互动的不同角度的分析,从而提炼出第六章中培智学校与社区互动的影响因素、模式及启示与建议。

第一章 绪 论　　001

第一节 问题的提出 / 003
第二节 研究意义 / 012
第三节 核心概念界定 / 013

第二章 文献研究　　020

第一节 融合的历史发展与现状 / 020
第二节 残疾人社区融合及其影响因素 / 028
第三节 我国社区融合发展概述 / 033
第四节 特殊学校的职能转换及在融合中的作用综述 / 041
第五节 文献研究总结与评述 / 044

第三章 研究方法的选择与使用　　048

第一节 研究内容 / 048
第二节 理论基础与分析框架 / 049
第三节 研究方法 / 061
第四节 研究的效度和伦理问题 / 071

第四章 从相融到相合——培智学校走向社区的机制　　073

第一节 从相融到相合——培智学校走向社区的背景 / 073
第二节 从相融到相合——培智学校走向社区的体制 / 085
第三节 从相融到相合——培智学校走向社区的效果 / 121

第五章　"存异而融，求同而合"：社区走向学校的方式　　133

第一节　社区走向学校的"不同"／134
第二节　社区走向学校的"同"／139
第三节　学校与社区关系的理解／141

第六章　从融合到融和：学校与社区的互动关系建构　　160

第一节　从融合到融和：培智学校与社区互动的本质特点／160
第二节　从融合到融和：培智学校与社区互动的模式建构／178
第三节　从融合到融和：培智学校与社区互动的启示与建议／187
第四节　研究结论与建议／191

参考文献　　196

附　录　　209

第一章

绪 论

回头看时,发现从2005年开始自己接触特殊教育到现在差不多有10年时间。刚接触时对特殊教育的理解只是不解、奇妙,不解在于专业名称就如此与众不同,让人无法一下猜透到底是什么;奇妙在于原来在专业知识的学习中,除了理论知识外,还有生动活泼、可操作的盲文、手语,这些给我打开了新的大门,让我有机会开启新的沟通渠道。2010年9月,我进入北京师范大学特殊教育系开始硕士阶段的学习,相对于本科阶段宽泛知识的学习,在师大的学习已经深入很多。我的学习领域也更多地侧重于智力残疾儿童的心理与教育。2012年9月我开始了博士阶段的学习,相对于其他师姐有过工作经历再回到学校来读书,我却一直在校园里。一直以来,我也在思考,除了对特殊教育、特殊儿童的那分热忱外,我在师大的学习目的是什么?未来作为一名研究者,我能为特殊教育的科研做些什么?作为一名普通教师,我能为我的学生讲授什么?

至今,我还深刻记得硕士期间导师在课上给我们分享的一篇关于"融和教育"的文章,这篇文章来自一线学校。当时导师给我们留下的问题便是"融合"与"融和"这两种说法是否合理?2010年是我最早接触到"和"与"合"。那时的想法是完全不理解为什么要说"和",这明明就是"融合"之外的生创词汇。为什么一线特殊教育学校要提出这样的一个说法呢?更没有想到的是,那时遗留下的"种子"一直伴随着我进入博士阶段的论文选题,逐渐地那颗关于"融合教育"的"种子"在我的心里不断生根发芽。2013年年初,在导师的指导下,带着这些思考我对培智学校的社区融合产生了浓厚的研究兴趣。众所周知,在培智学校学习的智力残疾学生不可能一辈子待在学校,他们终究会从培智学校毕业、进入社区、回归社会。但是,这些学生毕业了就能和普通学生一样拥有基本的生活能力，能就业、有一定的经济收入吗？目前社会对残疾群体的接纳程度还不够理想，使得培智学校的学生要达到这些目标有很多困难。怎么办？除去家庭之外，培智学校的学生在学校的时间最长，学校既是智力残疾学生学习知识、掌握技能的地方，也是学生走向社区、融入社会的起点。

目前，我国有很多培智学校在努力搭建智力残疾学生回归社区、融入社会的平台。2013年6月24日，我前往浙江省宁波市的达敏学校进行探访。达敏学校从1997年就开始在课程方面进行了一系列的改革和探索，在以和谐发展为核心的社会改革背景下，开展了"生态课程"的研究和实践，构建了课堂教学在社区的教学模式和方法。在学校实地考察的一周，我也了解到学校将社区、企业、家庭、政府等融为一体开展教育活动。最具特色的是教师们把课堂搬到了社区，在社区中实地开展教学。每一周每一个班级都有实地的社区教学，一个教学单元的完成包括社区体验，课堂再现，再入社区，课堂强化、修正和社区应用。这样的教学活动深深吸引了我，同时也让我对培智学校的一线教师肃然起敬，相对于一般的教学在教室中进行，这样的教学显然会带来很多麻烦，带学生出去会涉及更多的安全问题、秩序等，教师在教学上要有应对各种突发情况的能力。但是，在我想进一步探寻达敏学校社区化教学的内在奥秘时，我遇到了一个问题——我听不懂宁波话。在达敏，与我交流的教师一般都会用普通话，但是在教学和日常生活里，大部分教师还是会用宁波话与学生、家长沟通。"不懂宁波话"成了我的大难题，想在1~2个月学会宁波话显然难度太高。即使我使用普通话与教师们沟通，我一定会失去很多与教师们深入交流的机会。最终，考虑到语言的不通、交通以及住宿等多方面原因，我不得已放弃了宁波达敏的社区融合的研究。

回到北京后，我的内心无比失落。心里其实一点也不想放弃"社区融合"主题的研究，我也相信除了达敏外肯定还会有别的学校在做这个主题，只是做法上可能会与达敏学校不一样。在导师的大力推荐下，我开始接触DC区培智中心学校（原CW区培智学校）。根据导师当年参与的学校课题评审等，原CW培智中心学校在2000年年初的时候也有社区课程并有相应的社区教材，同样也是带领学生回到社区中学习。导师的这些背景介绍以及当年学校的一些社区课程的教案让我重新燃起了希望。原来，在北京同样有学校在做社区融合，同样有教师在开展社区教学，同样也是为学生多掌握生活技能、提高社会适应能力。现在这个学校还在开展社区教学吗？如果有，这些年有什么变化？社区教学具体是怎么样进行的？社区参与到教学中是什么样的？带着这些问题与疑惑，我开始与 DC 区培智中心学校的校长、教师联系。

2013 年 6 月初，我第一次到校进行探访。学校教导处的王老师与另一位负责学校科研工作的王老师向我介绍了学校目前的融合教育工作进展。从介绍中大体得知：整体来说，学校的课程体系中还有单独的社区课程，但是康复段和教学段的社区课程各有侧重；除社区课程外，学校还有让学生更好回归社会的融合活动。负责科研的 W 老师说到动情处，还为我介绍了学校 2012 年将"融合"提升为"融和"的务虚会的情况，展示了会议上各个小组以"工作坊"的形式进行讨论的会议记录，大白纸上写满了教师们对融合教育的理解。再一次进入学校已经是 2013 年 9 月了，我深入课堂与教师、学生进行了深入交流并参观了学校校园环境，对社区课程有了更多视觉上的了解。教师为我介绍了社区课程的基本情况，教师在带领学生出去实践之前会有铺垫课，讲授相关的实践内容，实践课结束之后也会有课程再次进行巩固。走廊墙壁上展示了教师带领学生去植物园捡树叶、并进行美术创作的图片。

一线教师对融合教育的热忱、身体力行；学校的社区课程、铺垫课—实践课—巩固课的教学流程、各界来校的融合活动深深吸引了我，让我有强烈的意愿想走进学校去实地感受他们的社区课程，去亲身参加学习的融合活动。虽然在学校学习期间也有机会去一线学校去实习、听课、参与一些活动，但是这样长时间地走进特殊教育学校获得鲜活的体验，深入接触学生、教师、领导以及社区各类人员对于我来说还是很少的。这样的机会不仅能拓宽我的视野，充实自己一线学校的实践经验，同时也能为我今后的研究之路奠定坚实的基础。有了这样的想法之后，我与导师进行了商量，我决定利用这次做学位论文的机会，将自己投身于基层的特殊教育学校，与特殊学校的教师、家长和学生亲密接触，同时与社区乃至社会的人士多接触，了解学校开展融合教育的现状，研究他们的困惑。

第一节 问题的提出

残疾的发生以及残疾儿童的出现是从古至今都无法避免的社会现象。随着经济的不断发展和科技水平的不断提高，人类虽然可以在一定程度内降低残疾的发生率或者控制残疾发生的范围，但不可能将其完全控制或消除。在19世纪之前，大多数残疾人生活在黑暗与痛苦之中，绝大多数没有职业，没有经济来源，社会交往被限制，他们被迷信、巫术及宿命论所包围，多被看成是人类的异类，受到伤害、驱赶和排斥。英文中常用"disability"来表示残疾人，尽管这一词语随着社会发展比"handicap"歧视意味减少，但是其仍然是消极的、带有另类的标签。在中国，古代用"废""疾""伤""损"等来表示残疾，现在多说"残疾"，但人们常常把"残"与"废"联系在一起，其含义就是：残疾人是废人，是社会、家庭的负担。❶

根据世界卫生组织的数据，到2011年，全球的残疾人口已经超过10亿人。❷ 据我国卫生部门的统计数据，我国的先天残疾儿童的数量在近年来呈增长态势。现在每年有20万~30万肉眼能看得见的先天畸形儿，加上后天显现残疾儿童的数量，这个总数可达80万~120万人，约占每年出生人口总数的4%~6%。❸ 1987年全国残疾人抽样调查显示，我国残疾人约有5164万人，大约每5户就有1个残疾人或残疾人家庭。其中，0岁到14岁的残疾儿童数量大概为800万人，占我国儿童总量的2.66%，这样的数量相当于非洲小国的全国人口总数。❹ 2006年4月全国第二次残疾人抽样调查显示，我国各类残疾人总数增加到8296万人。❺ 因此，每一个人在生活中都有可能成为残疾人。社会中每一个人都可能因为疾病、意外、老化而出现缺陷，残疾涉及的人数将大大增加，几乎所有人都会面临着身或心或兼而有之的残疾，这样的经历将会逐渐大众化。残疾人是世界上最大的少数群体，且绝大部分的残障人士生活在经济不太发达的国家。人们往往会因为自己的无知和偏见而对残疾人抱有歧视，而残疾人会因为这些歧视难以获得与普通人一样得正常生活

---

❶ 党建强，常广玲.构建和谐社会呼唤树立新的残疾人观 [J].中国特殊教育，2005 (6)：51-54.
❷ 中国社会福利网.联合国：全世界残疾人口数超过10亿 [EB/OL]. http://shfl.mca.gov.cn/article/gjzx/201106/20110600164010.shtml，2011-06-23.
❸ 中华人民共和国国家卫生和计划委员会.国家人口发展战略研究报告 [EB/OL]. http://www.nhfpc.gov.cn/guihuaxxs/s3585u/201502/c62a5d1a5ad54ea3b4b268777d3ae6ff.shtml，2007-11-11.
❹ 徐云，施旒英，汪文鋆，等.弱智儿童教育经验精选 [M].杭州：浙江教育出版社，1990：36-37.
❺ 中国残疾人联合会.2006年第二次全国残疾人抽样调查主要数据公报（第一号）[EB/OL]. http://www.cdpf.org.cn/sytj/content/2008-04/07/content_30316033.htm，2008-04-07.

条件。这对残疾人来说是非常残酷的,而且会影响到整个国家的经济发展和社会进步,因为我们把残疾人的潜能、其巨大的内在力量忽视了。

人类对于残疾人的态度经历了曲折的过程,从早期的杀戮、抛弃、怜悯等到逐渐接纳,到现今的尽可能让残疾人回归进主流社会。❶ 这个过程说明了人类对于残疾的理解是随着文明进步而不断变化发展的,也反映了人类的认识过程、认识的完善程度以及认识的发展是不会一帆风顺的,会经历许多曲折。❷

如何衡量一个国家或一个社会的文明程度,残疾与残疾人的对待方式是一个重要指标。残疾人的生活水平、学习状况、就业、医疗及相关社会服务的水平可以体现这个国家或社会对待残疾人的方式,同时也能折射出这个国家或社会的政治、经济、文化和文明程度。"二战"后,反种族歧视、隔离的民权运动遍及全美,主要诉求是追求黑人与白人在教育、政治以及社会生活方面有平等的权利,这些运动对其他少数民族包含残疾人士在内的人给予了强烈鼓舞。❸ 民权运动的发展给残疾人相关的法律带来了契机,更多的法律得以通过并对残疾人接受教育、参与社会生活产生了重要影响,也带动了全球特殊教育以及残疾人的康复。美国福特总统于 1975 年签署通过了《教育所有残障儿童法案》(即 94-142 公法)。此法案经历了两次修订及确认,分别在 1990 年和 1997 年,简称为 IDEA,其对残疾人的教育与生活影响很大。94-142 公法确定了:(1)"免费、适当的、公立的教育"(FAPE)的原则,即学校应向社区所有儿童提供平等教育机会与高质量的教育(零拒绝);(2)最少受限制环境的原则(通过"瀑布式特殊教育服务体系"实现)。94-142 公法以法律的形式总结了 20 世纪 50 年代以来美国回归主流和去机构化运动的成果,成为"残障人士的权利清单"。❹ 该法案以"零拒绝"为宗旨,确定了个别教育计划、最少受限制环境等五项原则对残疾人的教育与生活产生了重大的影响。1990 年,美国通过《ADA:美国残疾人法》(*Americans with Disa-*

---

❶ Kirk S. A., Gallagher J. J., Anastasiow N. J. Educating exceptional children (7th ed.) [M]. Boston: Houghton Mifflin Co, 1993.

❷ 周甲禄,邓猛,袁朝. 中国残疾儿童教育纪实 [M]. 武汉:湖北少年儿童出版社,1997:6.

❸ Winzer M. A. The history of special education: From isolation to integration [M]. Washington, D. C.: Gallaudet University Press, 1993.

❹ Meyen E. L., Skrtic T. Exceptional children and youth (3rd ed.) [M]. Denver: Love Publishing Com, 1988.

bilities Act)，明确规定禁止公共服务中对残疾人的歧视，雇用者必须为残疾工人提供配套条件与设施，被雇用者不因"身体残障"而受到差别待遇。该法案鼓励残疾人参与主流社会与经济生活，奠定了美国残疾人法律重要的新基础，被认为是 20 世纪残疾人解放的宣言。❶ 在英国，1976 年出台的《沃诺克报告》被英国议会所接受并成为 1981 年与 1993 年"教育法"的基础，这两部法律详细规定了地方教育当局确保残疾儿童在普通教师接受适当的教育的义务与办法。❷《94-142 公法》与《沃诺克报告》作为特殊教育领域中两部重要的法律文件，对其他国家制定相应地法律法规文件以及特殊教育的实践都产生了比较深远的影响。❸ 这反映了美、英等西方国家长期以来通过法律文件以及案例判决来促进残疾儿童平等权利的获得。

除了上述提到的美、英法律之外，世界上有超过 52 个国家制定了将近 140 部法律来促进残疾问题的解决与维护残疾人的权益。❹ 意大利有《社会福利法案》（颁布于 1971 年）和"517 法案"（颁布于 1977 年）来保障残疾人在普通学校有平等接受教育的权利并获得相关得服务与支持。❺ 日本在特殊教育方面的法案为 1956 年颁布的《公立学校为残障儿童提供服务的特殊办法法案》。❻ 在我国的台湾地区，《残障福利法》（1980 年颁布）和《特殊教育法》（1984 年颁布）不仅保障了残障人士的教育与社会福利，而且也包括了天才儿童的权益。❼；中国香港受英国《沃诺克报告》的影响于 1977 年发布了《群策群力，将残障人士融入社区的白皮书》，主要内容是强调政府与非政府组织为残疾儿童提供康复等服务。❽

---

❶ Hahn H. Public support for rehabilitation programs: The analysis of U.S. disability policy [J]. Disability, Handicap & Society, 1986, 1 (2): 121-137.
❷ O'Hanlon C. Special education integration in Europe [M]. London: David Fulton Publishers, 1993.
❸ Mittler P., Brouillette R., Harris D. World yearbook of education 1993: Special needs education [M]. London: Kogan Page, 1993.
❹ 玛丽娅·里塔·索尔莉. 关于残疾人的立法问题 [J]. 特殊教育研究, 1994 (3): 28-32.
❺ Meijer C. J. W., Pijl S. J., Hegarty S. New perspectives in special education: A six-country study of integration [M]. London: Routledge, 1994.
❻ Yoshihisa A. Special Education in Japan [J]. European Journal of Special Needs Education, 1998, 13 (1): 86-97.
❼ 林玉体. 智障儿的教养 [M]. 台北: 时报文化出版企业有限公司, 1989: 210-240.
❽ Lo L. N. K. Critical issues in the development of special education in HongKong. In D. W. Chan (Ed.) Helping students with learning difficulties [M]. HongKong: Chinese University Press, 1998.

正确地对待和帮助残疾人回归主流社会的共识形成依赖于经济的发展、政治文明的进步及科技的进步。20 世纪 60 年代以来民权运动的蓬勃发展，社区融合（或融合）——即残疾人平等、全面地参与正常的社区生活成为西方残疾人康复与教育的主要目标。❶ 发展以社区为基础的残疾人康复服务是美国、英国、澳大利亚等国家用于发展残疾人从隔离教育中解放出来，提升残疾人的生活质量以及社会参与能力。❷ 从 20 世纪 80 年代以来，我国残疾人事业的发展进入了一个新高度。党和国家从人权和人类解放的角度上说明了发展残疾人事业所具有的重要意义，也是对残疾人问题解决的理论指导。"让残疾人和健全人一样成为社会中平等的一员，并在事实上全面参与社会生活；履行社区义务，且共同分享物质文化成就；能够让残疾人'回归主流社会生活'，唤起社会大众对残疾人的理解、尊重、关心和帮助"❸，残疾人首先是人，同样可以和其他人一样创造社会财富，拥有无限的创造力，忽视这个群体，既是对人的不尊重，也是会忽视社会潜在的价值群体和财富。因此，重视我国残疾人事业的发展，既是对我国残疾人的重视，也是对全世界残疾人事业的支持，更重要的是这也是有益于人类的尊严与进步的伟大的事业。

一、社区融合——残疾人事业发展的重要趋势

据 2006 年我国的第二次残疾人抽样调查的数据，我国各类残疾人的总数为 8296 万人，占全国总人口的比例为 6.34%，其中视力残疾 1233 万人；听力残疾 2004 万人；言语残疾 127 万人；肢体残疾 2412 万人；智力残疾 554 万人；精神残疾 614 万人；多重残疾 1352 万人。❹ 这一数据与 1987 年的第一次残疾人抽样调查的数据相比有所上升，表明我国残疾人口的总量增加。残疾人是社会的弱势群体，全面建设小康社会的目标达成也离不开残疾人事业的发展。残疾人同样拥有基本生活保障、就业、接受教育、康复等权利，这些

---

❶ Duvdevany I., Ben-Zur H., Ambar A. Self-determination and mental retardation: Is there an association with living arrangement and lifestyle satisfaction [J]. Mental Retardation, 2002, 40 (5): 379-389.

❷ Stancliffe R., Keane S. Outcomes and costs of community living: A matched comparison of group homes and semi-independent living [J]. Journal of Intellectual & Developmental Disability, 2000, 25 (4): 281-305.

❸ 曲学利. 听障儿童康复教师职业道德修养 [M]. 北京：新华出版社，2004：8.

❹ 新华网. 全球共有 6.5 亿残疾人约占世界总人口的 10% [EB/OL]. http://news.qq.com/a/20091202/002756.htm, 2009-12-02.

权利的实现是国家发展中义不容辞的责任,也能体现一个国家社会文明的进步程度。1979年之后,残疾人事业的发展又迎来了一个高峰。宪法、《中华人民共和国残疾人保障法》等法律都明确规定了残疾人的相关权益保障。如《中华人民共和国残疾人保障法》在1990年的全国人大上通过,内容涉及广泛,包括康复、教育、就业、社会生活、文化、环境、法律责任等,此法的宗旨是维护残疾人的合法权益,保障残疾人平等参与社会生活,与健全人一起享受社会物质文化成果。该法律也是我国最高立法机构通过的第一部残疾人专门法律,在我国残疾人事业发展史上具有划时代的意义。以"平等—参与—共享"为核心内容的现代文明社会的残疾观逐步形成与发展,残疾人事业逐渐被纳入各级人民政府国民经济和社会发展计划,残疾人的劳动、生活和教育的权利得到宪法等法律的切实保障。2000年8月29日,民政部等14部委发布了《关于加强社区残疾人工作的意见》❶,意见中指明了我国在推进残疾人工作时需要遵循的基本原则,同时也对残疾人在社区中的康复、文化生活、无障碍环境等提出了具体的工作要求。残疾人的身体情况和经济水平决定了其对社区的依赖程度会高于普通人群。长久以来,残疾人一般在社区接受教育、康复、就业培训等;生活上的救助、就业也离不开所在社区的辅助;走入社区、与社会进行信息沟通和交流也离不开社区提供的支持;残疾人社会保障体系的构建也离不开社区的支持。因此,社区逐渐成为残疾人生活、工作的立足点,社区融合也是发展残疾人教育、康复等的重要方式,是今后我国残疾人事业发展的重要趋势。

二、特殊教育的社区融合——理想和现实的结合点

国际上特殊教育的改革可以追溯到20世纪50年代,人们对特殊教育的目的、任务、实际效果展开讨论。对这些问题的思考和对隔离教育机构有效性的研究促使人们提出"反隔离"和"去机构化",开始尝试特殊教育"正常化"(normalization),即主张智力落后者及其他残疾人每天的生活模式应尽可能接近主流社会。20世纪60年代至70年代,美国提出特殊教育要"回归主流"(mainstreaming),让特殊儿童在最少受限制的环境中接受"正常、持

---

❶ 中国残疾人联合会. 关于加强社区残疾人工作的意见 [EB/OL]. http://www.cdpf.org.cn/zcfg/content/2007-11/14/content_ 30316539.htm, 2007-11-14.

续有效"的教育,以使儿童的身心得以充分的发展。这种教育体制相比隔离教育前进了一大步,但在实施过程中仍有很多问题。20 世纪 90 年代,国际社会进一步提出了"全纳教育"(inclusion education)。

在西方回归主流与融合教育思潮影响下,我国自 20 世纪 80 年代以来开展了将残疾儿童招收到普通学校就读的试验与推广;许多残疾儿童重返主流学校或社区,获得接受义务教育、参与社会生活的权利。❶ 同时,这种做法逐步改变了主流社会对于残疾的态度与观念,促进了社会各界人士对于残疾的理解与接纳。1988 年 11 月,中华人民共和国成立后首次全国特殊教育工作会议在北京召开,会议在交流各地实践经验与教训的基础上提出了我国发展特殊教育的途径,即逐步形成一定数量的特殊学校为骨干,以大量设置在普通学校的特殊教育班和吸收能够跟班学习的残疾儿童随班就读为主体的残疾儿童少年教育的格局。❷ 从此,随班就读成为我国普及残疾少年儿童义务教育的主要策略;尤其在经济落后、人口居住分散、交通不便,且残疾儿童数量较多(80%以上的残疾儿童)的偏远的农村地区,随班就读成为发展特殊教育、提升残疾儿童入学率、促进残疾青少年社会融合的主要途径。❸ 我国自 1980 年以来开始进行社区康复的试点与推广。1990 年的《中华人民共和国残疾人保障法》确保残疾人"平等参与社会生活,共享社会物质文化成果"的权利,规定"以康复机构为骨干,社区康复为基础,残疾人家庭为依托开展社区康复工作……国家和社会促进残疾人与其他公民之间的相互理解和交流……提倡团结、友爱、互助的社会风尚"。

我国特殊教育总体发展水平相比发达国家要晚,专业基础较为薄弱;特殊学校、普通学校附设特殊教育班级和随班就读是我国特殊教育长期存在的三种形式,因此根据我国特殊教育的现状和未来发展,实行特殊教育社区融合是适合我国国情的一条发展道路。现今,残疾学生的入学率逐年提升,但其毕业离开学校后不能适应社区生活又重新回到家中处于"与世隔绝"的状态的现象屡见不鲜。这使得特殊学校不仅仅需要教给学生基本的生活自理能

---

❶ 邓猛,潘剑芳. 关于融合教育思想的基点理论回顾及其对我们的启示 [J]. 中国特殊教育,2003(4):1-7.

❷ 朴永馨. 特殊教育词典 [M]. 北京:华夏出版社,2006:55.

❸ 邓猛,朱志勇. 随班就读与融合教育:中西方特殊教育模式的比较 [J]. 华中师范大学学报,2007(3):125-130.

力还需要打开学校的校门与社区接轨,为残疾学生的社区生活搭起桥梁。实施特殊教育的社区融合能够协助残疾儿童回归社区、参与社会;也能将残疾儿童在学校教育阶段的社会化发展进一步深化,促进残疾儿童的生涯发展;并对我国现有的特殊教育多种办学方式并存的局面起到资源配置的作用。

三、培智学校的社区化融合教育及其挑战

我国最早的培智学校是北京西城区培智中心学校(原北京市育德小学,1984年改名),主要是招收智力落后儿童,从智力落后儿童身心特点出发进行教育、教学和训练,补偿其智力和适应行为缺陷,将他们培养成为有理想、有道德、有文化、有纪律的能适应社会生活、自食其力的劳动者。❶《国家中长期教育改革和发展规划纲要(2010—2020年)》中,第十章第二十九条明确提出:"到2020年,基本实现市(地)和30万人口以上、残疾儿童少年较多的县(市)都有一所特殊教育学校。"❷ 由此可见,以特殊教育学校为主体的教育安置形式,是我国特殊教育发展的客观现实和发展趋势。其中,不乏大量以招收中重度智障学生和孤独症、多重障碍学生为主的培智学校(或称启智学校、育智学校、辅读学校等)。据2013年教育部的统计数据显示,在全国1933所特殊教育学校中,主要招收智力残疾学生的有428所。❸ 伴随《国家中长期教育改革和发展规划纲要(2010—2020年)》和特殊教育提升计划(2014—2016年)的具体落实,培智学校的数量也必将呈现上升趋势。在增加培智学校数量的同时,关注培智学校的教育与发展,就显得尤为重要。

近二十年来,随着经济政治的发展、培智学校教育对象的变化,原先为轻度智力障碍学生设置的培养目标、教学方法、教材等不能适应新的情况。根据《基础教育课程改革纲要》的精神,2007年出台了《培智学校义务教育课程设置实验方案》,作为培智学校课程改革的指导性文件。该方案提出了全新的理念,对于培智学校的课程改革提出了明确的要求。以生活为导向的课程体系真正体现了以人为本的思想。生活化的课程目标的达成需要教师在教

---

❶ 朴永馨. 特殊教育词典 [M]. 北京: 华夏出版社, 2006: 285.
❷ 中国网. 国家中长期教育改革和发展规划纲要 (2010—2020年) [EB/OL]. http://www.china.com.cn/policy/txt/2010-03/01/content_ 19492625_ 4.htm, 2010-03-01.
❸ 教育部. 特殊教育基本情况 [EB/OL]. http://www.moe.edu.cn/publicfiles/business/htmlfiles/moe/s8493/201412/181979.html, 2014-12-15.

学内容、教学方法、教学方式、教学评价等方面做出相应调整，如何教也成了很多培智学校教师所面临的问题。

鉴于此，不少培智学校根据自身的情况进行与社区接轨为特色的改革。有些学校开展以社区化教学为中心的改革。比如，宁波达敏学校从1997年开始进行课程改革的一系列探索，转变学科教育理念，开展"生态课程"的研究和实践，构建课堂教学在社区的教学模式与方法，探索性地研究智力落后儿童与社区自然融合与发展的教育机制。学校所在社区——海曙区对学校的接纳、开放程度让我印象深刻。学校开展社区化教学，社区成为课堂教学的支撑板块，学校又积极对资源进行合理整合、有效管理资源，建立了社区教学的支持保障体系。有些培智学校建立家长委员会，充分利用家长资源开展学校与社会的联谊活动，既能让普通人了解智力残疾儿童，也能让智力残疾儿童融入社区。有些培智学校则与社区中的企业合作，促进智力落后儿童就业等。这些尝试在一定程度上都有益于智力残疾儿童的发展，但是如何才能让智力落后儿童生活在社区，享受在社区，真正融入社区、走向社会却是现今培智学校发展中所面临的重大难题。

由于语言、交通等因素我选择了北京市一所同样开展社区融合的培智学校作为本书的案例学校。初识这所培智学校是在2010年硕士生读书期间，导师以学校的"融和育人"的文章作为课堂上的讨论话题，探讨培智学校开展融合教育的内涵与实质。起初对于这所学校提出的"融和"而非"融合"感到奇怪，觉得这是在玩文字游戏。在博士论文研究对象的选取期间，通过导师简要介绍知晓这所培智学校开展融合教育已经十余年，在社区融合方面有自己的见解。学校现今依然开设社区实践课，此外，学校联合企事业单位开展社会实践活动。在与学校教师的交谈中也了解到学校开展社会活动虽有一定成效但也困难颇多。社会人士对智力残疾儿童的认识不清晰、公共场合遇到自闭症儿童的突发状况不理解等这些都加大了学校开展融合教育的难度，也让学校教师在教学外增添了很多额外的压力，往往一腔热忱会遭遇"冷水浇头"。

综上所述，这些问题都可归结于：培智学校是怎样促进与社区的互动关系的？由于国情因素，我国的培智学校这一办学形式有其自身的独特性，国外的培智教育实践经验仅能供我们参考和借鉴，而不能直接照搬或肤浅地模仿。关于特殊教育领域中的社区融合方面的研究，国外很多学者已经取得了一些成就，但是在国内针对培智学校走社区融合道路的研究还比较少且零散。近几年来，有很多研究是从社区居民的角度来进行社区融合研究，比如流动儿童的社区融合、农民工的社区参与等。针对残疾人的社区融合的研究还比较少，用质的研究对培智学校与社区互动进行研究的更少。面对当前培智学校与社区融合发展所面临的问题，我们有必要从实践出发，系统研究当前我国培智学校与社区互动的现状、探析其在社区互动中取得的成绩以及存在的问题，以期构建培智学校与社区互动的模式，为其他培智学校的社区互动发展提供参考。因此，本书的研究问题如下：

1. 培智学校是怎样与社区建立互动关系的？
2. 培智学校、社区对两者的互动有什么样的认识和困惑？
3. 培智学校与社区互动的本质特征是什么？
4. 培智学校与社区互动的模式是什么？

第二节　研究意义

一、理论意义

回归主流环境的智力残疾儿童与正常人交往与互动，有助于智力残疾儿童健全心理与行为的发展、形成正确接纳残疾人的社会氛围。由于历史与现实的原因，我国的智力残疾儿童仍然是社会中的弱势群体，他们多数生活在社会的最底层，离平等参与社会生活、共享人类文明成果的目标还很遥远。从20世纪中后期以来，对学校与社区合作的探讨层出不穷，但都主要着眼于普通学校，专门针对培智学校或者特殊学校的社区合作的研究相对较少。因为受教育对象的特殊性，培智学校在培养目标、课程内容、课程结构、课程实施和评价等方面都与普通学校存在差异。近些年来，有些研究者与一线培智学校在社区融合方面虽有一定研究和实践，但是，对培智学校与社区互动的具体方式、关系建构、互动成效、互动模式等方面还不够深入，社区融合的理论也尚未完全成熟。

在这种背景下，本书的理论价值明显。首先，本书通过质的研究方法，探究培智学校与社区的互动关系，从研究方法和研究成果上，都是对以往培智学校社区融合研究的突破。其次，不同于以往关于普遍化学校与社区合作发展模式的探讨，本书立足于培智学校发展模式的深入探究，体现了培智学校社区发展模式研究与具体实践的紧密结合，进一步丰富了社区融合的理论研究成果，也是对我国特殊教育社区融合研究的完善。最后，现有质的课程研究，较少适用扎根理论，大多只停留于现象的描述。本书通过扎根理论，试图在质性研究中，搭起培智学校与社区互动关系的现状描述和理论探讨的桥梁，丰富此类研究的经验。

二、实践意义

发展社区教育已经成为我国推进社区发展的关键措施。对所在区域的教育资源进行整合、促进社区教育的凝聚力是极其重要的。学校的发展依赖于其所在的地域空间，作为专门的教育机构，其对社区发展、社区建设的作用是巨大的。早期，学校的主要任务是按照上级部门的要求在学校开展教学与管理即可，而现在学校除此之外还需要与周边的单位、社区尽量多联系。目前，我国对于培智学校与社区的互动、支持保障方面的实证研究很少，从社会学的角度探讨社区融合与支持的研究也很少。本书在分析培智学校与社区合作的基础上分析培智学校的发展改革、就如何建立系统的智力落后儿童的社区支持体系进行思考。首先，有助于了解智力落后儿童参与社区的现状与需求，为培养与提高智力落后儿童在正常社会环境中进行社会交往的能力提供指导策略；为智力残疾儿童能够尽可能多参与社会生活，享受社会发展的物质文明成果奠定坚实基础。其次，从实践中提炼培智学校与社区互动关系模式，与现在培智学校的发展紧密联系，有利于为其他培智学校的发展提供借鉴和参考。最后，在国际范围内融合教育蓬勃发展的今天，开展培智学校的社区合作，有助于充实特殊学校的发展方式，增强融合教育的发展。

第三节 核心概念界定

一、学校与社区互动

"学校"是有计划、有目的、有组织地向年青一代传授一定的科学文化知识、技能、价值标准，为社会培养人才的专门机构。❶ 本书所指的学校是指

---

❶ 刘淑兰. 学校和社区的互动 [M]. 成都：四川教育出版社，2003：16.

DC 区培智中心学校。

"社区"一词来源于拉丁语,意思是共同的东西和亲密的互动关系。20 世纪 30 年代初,费孝通先生在翻译滕尼斯的一本著作《社区与社会》时,根据英文单词社区"Community"翻译,此后开始沿用下来。最早对社区下定义的社会学家是美国芝加哥大学的帕克,他在 1936 年指出:"社区的基本特点可以概括如下:它有一群按地域组织起来的人群;这些人口程度不同地深深扎根在他们所生息的那块土地上;社区中的每一个人都生活在一种相互依赖的关系之中。"[1]

随着城市的发展以及不同的研究需要,学者们对社区的定义也不同。1981 年杨庆堃[2]统计有 140 多种。这些定义多涉及三个方面:地域、人口和社会互动。丁启文[3]认为社区最基本的意思是,"在人们共同生活的地域内,寻找各阶层、各群体间的共同利益,把不同的价值趋向织成一个美好的社会关系网,使人们在那里得到所需要的服务、帮助、娱乐、补偿,从而实现生活丰富、环境整洁、秩序安定、风尚良好、文明进补"。郑杭生[4]认为,社区的定义是一定的社会活动,具有某种互动关系和共同文化维系力的人类群体及其活动区域。于显洋[5]认为,社区是对在一定地理空间内的人群以及在此空间内开展的社会性活动的概括。其有三个要素:(1)特定的地理空间;(2)生活在其中的人群;(3)各种社会性活动。

综合以上观点,社区是由相关联的人组成的社会团体,也是一个地区内共同生活的有组织的人群,是居民生活的基本场所,是"地域性社会共同体"。因此,社区的特点至少要包括以下几点:有一定的地理区域;有一定的人口数量;居民在意识和利益上有共同点,并能够有密切的社会交集。我们日常生活中所常见的一个城市、一个县或镇、街道、村庄都是不同规模的社区。人们口中经常说的社区往往是和其个人生活关系最密切的小型的社区,如城市里所说的小区等。一般来说,人们的日常生活和工作都是在小区中进

---

[1] Park, Robert. Human Ecology [J]. American Journal of Sociology, 1936 (8):67.
[2] 杨庆堃(1911—1999),华裔美国社会学家,著有《共产党领导下的中国的农村社会及家庭变迁》。
[3] 丁启文. 社区的意义 [J]. 中国残疾人,2002 (5):12.
[4] 郑杭生. 社会学概论(新修)[M]. 北京:中国人民大学出版社,2003:78.
[5] 于显洋. 社区概论 [M]. 北京:中国人民大学出版社,2005:28.

行的。社区中的人也往往因为共同的生活、工作等相互熟悉了解，从而有了相同的社区意识。从抽象来说，社区意识就是人们在其所处社区的归属感、认同感和参与感，以及相互帮助、相互照应的亲密情感联系。本书中所指的社区为 DC 培智中心学校所处的周边环境的总和，即学校所处的街道、居委会以及附近的企事业单位等。

关于学校与社区的互动，刘淑兰认为是其指学校与社区中的机构、人员、组织双方的交流和合作。既然是互动，那么肯定是双向的，一方面，社区需要支持和帮助学校有效实施教育目标，这包括社区中的人、机构、组织等；另一方面，学校也应该支持社区的发展，向社区开放并为社区服务。如此，学校与社区之间互动，建立良好的双向关系，从学校到社区和从社区到学校都形成有效的传播途径。[1]

在国外，英文中一般用社区参与来表示学校与社区互动且词语很多，有：community involvement，community engagemen，community collaboration，community participation，community inclusion，community integration 等。多数文章中，这些表达相互替换。Hoppers[2]、Williams[3] 认为，community participation 常常指社区成员在不同程度上参与学校管理，包括给学校提供资金支持、课程资源等。Bauch[4] 认为学校和社区的伙伴关系是在学校和社区之间发生的一系列社会关系的总和用于提升行动。Myrna[5] 认为 community involvement 是指社区成员通过资金支持、资源分配、时间付出等方面来支持学校发展。

因此，本书中的"学校与社区互动"是指学校和社区为了育人的共同目的，建立友好的互动关系，在各项工作中相互支持、相互配合、相互协调。这一词能恰当表达当前 DC 区培智中心学校与社区两个群体，通过沟通而达成共同促进智力落后儿童融入社区的目标，并为该目标所进行的相互协作、资

---

[1] 刘淑兰. 学校与社区的互动 [M]. 成都：四川教育出版社，2003：63.

[2] Hoppers W. Community Schools as an Educational Alternative in Africa：A Critique [J]. International Review of Education，2005（51）：115-137.

[3] Williams J. Improving School-Community Relations in the Periphery. Quality Education For All：Community Oriented Approaches [M]. New York：Garland Publishing Inc，1997.

[4] Bauch P. A. School-community partnerships in rural schools：Leadership，renewal，and a sense of place [J]. Peabody Journal of Education，2001，76（2）：204-221.

[5] Myrna L. Hogue. A Case Study of Perspectives on Building School and Community Partnerships [D]. University of South Florida. Ph. D，2012.

源共享、互惠互利的努力过程。本书中将更侧重于社区的角度，即学校如何深入社区，在社区中开展各项活动、教学；学校向社区的开放；学生在社区中的生活、学习、服务等。

二、核心概念以及相关概念辨析

本书中的培智学校与社区互动涉及学校的课程、教学、社会实践、学校文化等，课程、教学与社会实践是 DC 区培智中心学校与社区互动的三个重要因素，也是本书中的研究重点，因此将相关概念辨析如下：

（一）社区本位教学

社区本位教学（community-based instruction）是在自然或者真实世界的环境中教有意义或者功能性的技能。它倡导将社区当作课堂，在社区中教授与职业、日常生活、社区或者娱乐等课程，主要围绕自然环境的使用和功能性技能教学这两大内容。❶ 由于学生们所学的知识技能最终都是要运用到真实情境中去，因此，这种在真实情境中的教学，能够有效地促进学生知识技能的泛化和保持。"社区本位教学"是建立在对学生的个别需要进行评估后制订的个别化教育计划的基础上的，并且要求具有较低的师生比。因此，能很好地照顾到智力残疾儿童的个别差异。

（二）社区课程资源及社区课程资源开发

社区课程资源，是指学校吸取社区中一切可以成为课程的素材来源与实施的条件，包括素材性课程资源和条件性课程资源。❷

社区课程资源的开发则有两层含义：一是将社区的资源课程化，把那些具有教育意义但未被充分认识和利用的自然资源和社会资源纳入课程的范畴中；二是社区的课程资源的再次开发，充分利用社区中的资源，使其利用最大化。❸

在西方国家中，社区是儿童学习的"第二课堂"。以美国为例，学校从社区获得课程资源主要有两条途径，一是将课堂延伸到社区中去，二是把社区融入学校中来。把课堂延伸到社区，主要是指学校与所在社区政府或民间团

---

❶ Thompson S. The community as classroom [J]. Educational Leadership, 1995, 52: 17-20.
❷ 李燕. 试论社区课程资源的开发 [J]. 西南民族大学学报（人文社科版），2003（12）：175-177.
❸ 孙建荣，冯建华，等. 憧憬与迷惑的事业——美国文化与美国教育 [M]. 北京：中国社会科学出版社，2000：155.

体、文化团体、服务机构、工商企业等建立相对稳定的友好合作关系,学校可以组织孩子们到当地的工厂、农场、商店、美术馆、图书馆、博物馆、动物园、科学馆等参观访问、实地考察或者利用社区各种机构的设施、场地进行教学;把社区融入学校是指基于学校和社区的友好关系,将社区的人士、资金、收藏等吸纳到学校的课程与教学中来,以丰富学校的课程教学资源。❶

本书中的社区课程资源开发是指培智学校根据学校学生的身心特点和发展需要既把课堂延伸到社区中去,与学校所在社区的服务机构、企事业单位等建立互动关系,利用社区资源进行教学;又把社区的人员、资金等资源整合到学校课程中。

(三) 社会融合与社区融合的辨析

社会融合(social inclusion)最早是作为一个社区政策的概念出现的,是欧洲学者对社区排斥(social exclusion)的研究。René Lenoir 在 1974 年提出了"社会排斥"的概念,因此,社会融合的概念作为社区排斥的反面也因此诞生。社会融合指以和谐为目的的个体或群体与社会环境的交互过程。❷ 在特殊教育方面,关于社会融合的研究不多,曹子平❸对智力残疾人士、林晨昕❹对自闭症儿童、许巧仙,施国庆❺对聋人大学生、王鑫❻对残疾人进行了关于社会融合方面的研究。其中,林晨昕认为自闭症的社会融合教育在教育对象、教育目标、教育内容、实施者、融合场合都有着特定的含义,"社会融合教育"不但吸收了"回归主流""全纳教育"的思想,还采用了"随班就读"的教育形式,更为重要的是,在此基础上,它针对自闭症社会功能完善的需要,扩展了"家庭融合""社区融合"等教育形式。王鑫认为残疾人社会融合主要是指残疾人与整个社会及周边群体的融合程度,指残疾人在政治、经济、文化和社会生活等各个领域的参与水平。

---

❶ 刘丽群,张文学. 美国社区课程资源开发及其对我国教育的启示 [J]. 学前教育研究,2007 (5):53-54.
❷ 黄匡时,嘎日达. 社会融合理论研究综述 [J]. 新视野,2010 (6):21-24.
❸ 曹子平. 上海市智障人士社会融合实践研究 [J]. 中国特殊教育,2006 (9):26-29.
❹ 林晨昕. 美国自闭症儿童的社会融合及对我国的启示 [D]. 华东师范大学,2012.
❺ 许巧仙,施国庆. 社会融合视角下聋人大学生身份认同及其影响因素研究 [J]. 社会工作理论新探,2011 (7):39-42.
❻ 王鑫. 残疾人社会融合现况及分析 [D]. 山东大学,2011.

社会融合被广泛应用于实证研究和政策研究，个体层次、群体层次和整体层次是研究者根据其所关注的对象有所不同而进行划分的。❶ 以中国为背景的关于社会融合的研究还不多，研究领域也极为有限。为数不多的中国研究者已经在研究中引入社会融合的概念，关注残疾人等，但其对社会融合未做明确定义，缺少一定的理论体系。

社区融合是指残疾人平等、全面的参与社区生活。NCOSD（the National Coalition of Self-Determination，全美自我决定联盟）认为，不论他的残疾程度有多严重，每个人拥有正常的社区生活是其基本的人权，是不可剥夺的❷；实现社会公正的有效方式就是残疾人在身心上都能参与社区生活。❸

社会融合与社区融合在特殊教育领域中的区别主要是广义和狭义之分，社会融合需要在社区中实现；社区融合的实现是社会融合的必要部分与步骤。

（四）社区康复和社区教育的辨析

社区康复（community-based rehabilitation，CBR）国际社会现在认可并大力倡导的残疾人发展策略，涵盖了残疾人发展的健康、教育、生计、社会和赋权领域，以残疾人社会融合为最高目标，强调社区在残疾人发展中的基础作用。❹ 社区康复的定义经历了 1994 年、2004 年、2010 年三次变化。2010 年的定义依然延续 2004 年的，《社区康复指南》中认为社区康复是为社区中的残疾人提供康复、平等机会及社会包容的一系列的社区整体发展策略。社区康复需要多方面的合作贯彻执行，包括残疾人及家庭、残疾人相关组织、残疾人所处的社区以及相关的政府领导部门、教育、就业、社会机构和其他相关机构。❺

社区教育（community education）是对区域中所开展的教育活动的总称，它是一种全员参与的、多方位、形式多样化、自始至终的教育。全员是指为

---

❶ 悦中山，杜海峰，李树茁，费尔德曼.当代西方社会融合研究的概念、理论及应用［J］.公共管理学报，2009（2）：114-116.

❷ Horton C., Conroy J. The power of partnerships［J］. TASH Connections, 2003, 29（4）：19-20.

❸ Duvdevany I., Ben-Zur H., Ambar A. Self-determination and mental retardation: Is there an association with living arrangement and lifestyle satisfaction［J］. Mental Retardation, 2002, 40（5）：379-389.

❹ 郭悠悠，刘林.残疾人社区康复的历史与现状［J］.中国农业大学学报（社会科学版），2011（3）：154-157.

❺ WHO 康复培训与研究合作中心·武汉，WHO 康复协作中心·香港.CBR：为残疾人康复、机会均等、减少贫困和社会包容的一种战略（2004 联合意见书）.日内瓦，2004.

社区中的全体成员服务；多方位说的是要满足社区成员的教育需求；形式多样化指的是正规教育、非正规教育和非正式教育。自始至终说的是应该贯穿于人的一生。❶ 作为社区成员之一的残疾人也有平等地享有社区教育的权利。对于残疾人来说应是以社区教育为主，社区教育中已经包含康复的内容和意义，教育本身也具有康复意义。

---

❶ 厉以贤. 社区教育—终生教育—学习社会 [J]. 成人教育学刊，2002（2）：7.

第二章

文献研究

第一节 融合的历史发展与现状

19世纪以来，在欧洲和美国首先出现了隔离的、封闭式的特殊教育机构，然后出现了公立的特殊教育走读学校与特殊班，并且其速度一直呈增长态势。更重要的是，隔离的、自足式的特殊教育班在20世纪五六十年代达到高峰并越来越被教育者们所推崇成为残疾儿童的教育服务模式。[1] 美国20世纪50年代以来声势浩大的民权运动为特殊教育的发展提供了新的动力。在来自北欧斯堪的纳维亚国家的"正常化"（Normalization）教育运动，以及发生在美国的与残疾相关的法庭裁决、专业人士以及家族组织等民间团体的倡议运动的影响下，西方特殊教育领域的理论与实践发生了深刻的变化。残疾儿童应该回归正常的环境中学习和生活逐步成为社会中的主要观念，因此也出现了很多与残疾人教育、服务相关的新思想，比如"正常化"教育原则、"去机构化"运动以及著名的回归主流、正常化运动、融合教育思想等。

一、特殊教育的正常化

正常化原则（Normalization）是丹麦的米克尔森在1950年提出，后经瑞典人尼尔耶和美国人沃尔芬伯格的倡导在20世纪60年代奠定了其基本的思想体系，即强调身心障碍者的个别性和公民权，认为身心障碍者应该尽可能与普通人一样，拥有一个良好的教育和生活环境，并享有自由的权利和公平

---

[1] Wood J. W., Lazzari A. M. Exceeding the boundaries: Understanding exceptional lives [M]. Harcourt Brace Company, 1997: 60.

的机会。❶ 其主张智障者应具备八大正常情况：①有正常的每日作息；②正常的每周作息；③正常的每年作息；④有正常的生命发展周期；⑤享有正常的经济条件；⑥享受正常的环境条件；⑦获得正常的个人尊重；⑧拥有正常的人际关系。而正常化原则的核心思想在于强调"人人皆平等，享有同等权利""接受他们的障碍情形，提供一样的机会和权利""给他们应有的尊重和了解"和"提供他们自我决定和参与的机会"。而后有学者认为正常化原则不只是针对智力障碍者，这一思想的核心是让残疾人尽可能接近主流社会，让残疾人拥有同样的权利和机会的同时，也应该为他们提供所需要的支持性服务。

正常化运动是把隔离的残疾人安置到正常的社会环境中学习和生活，这就要求原来的隔离式的公共教育机构必须进行改革，使其能够适应社会。❷ 要达到这样的方式主要有两种：一是通过改造特殊教育学校、机构等，使其在隔离的环境中提供尽可能正常的设备与环境等；二是让特殊儿童进入普通教育中，与普通儿童、主流文化保持联系。早期的正常化运动主要针对轻度智力落后儿童，而后逐步向其他类型的残疾儿童及中重度智力残疾儿童展开。

由于正常化思想的传播，西方社会开始抵制把重度残疾儿童安置在隔离教养机构中。人们开始认为所有儿童都应该被尊重，特殊教育应该停止根据特殊儿童所贴标签进行分班的做法，应该为他们提供各种服务以满足他们的个体需要。教育体制也开始朝着由特殊教育服务提供支持的正常班级方向发展。

二、回归主流教育思想

尽管美国自开国之初就在其宪法里确定了人人平等的原则，以及公民享有自由与民主等基本权利，这些理想与实践却总是存在着矛盾，平等的理想与社会上广泛存在的各种隔离的现实不断挑起社会的矛盾与冲突。平等只限于白人，黑奴与其他少数民族备受歧视，在公众场合、交通工具及学校内都是黑人和白人分开等。这些不平等的待遇在隔离的学校教育体制中得到充分的体现。第二次世界大战后，英美等西方国家对传统隔离式特殊教育的批判

---

❶ Hallahan D. P., Kauffman H. M. Exceptional children: introduction to special education [M]. Boston: Allyn & Bacon, 1994.
❷ 张福娟，马红英，杜晓新. 特殊教育史 [M]. 上海：华东师范大学出版社, 2000: 296.

主要来自特殊教育领域与社会运动两个方面。

　　公立特殊学校、特殊班在欧洲迅猛发展使特殊教育与普通教育真正成为两个互不相干、平行发展且相互独立的职业体系和研究领域。❶ 尽管公立特殊学校与特殊班在 20 世纪五六十年代成为残疾儿童的主要教育安置模式，但来自内部的批判与反对声音越来越多。"正常化"传到美国后，激发了美国国内很多学者提出了针对特殊教育改革的方案。越来越多的专业人士认为隔离的特殊教育能够使普通教师挑选自己愿意接受的学生，实际上是强化残疾、异常；而特殊班内因为教师缺乏培训，教学质量低，课程大打折扣使得学生备受歧视。20 世纪 60 年代，教育工作者、残疾儿童家长和专业人士进行讨论，反思隔离教育，并对其合理性、效益等问题进行了系统的研究，传统的公共隔离教育机构与体系面临严峻的挑战。在这一关键阶段，来自北欧斯堪的纳维亚的"正常化"教育思想对残疾人回归主流社会与教育机构的运动起到了重要的推动作用。"正常化"教育原则直接导致了美国的"去机构化运动"的产生，并孕育了"最少受限制原则""回归主流""融合教育"等新的教育原则、观念与思想。❷"去机构化运动"就是在正常化教育原则的指引下，转变残疾人在大型的、较为封闭的残疾人医疗康复或教育机构中生活、学习的方式，进入有社区作为基础的、较为小型的、相对独立的环境中生活和学习。❸ 这就将残疾人从隔离的、寄宿制的康复机构或者福利机构中解放出来，回到正常的社区中接受相关的教育与服务。❹

　　回归主流的思想主要是最大限度把特殊儿童放在普通学校、普通班级中接受教育，与正常儿童一起学习和生活。其思想主要包括：①让特殊儿童在最少受限制的环境中接受教育，根据残疾儿童的障碍程度，分配各种类型的特殊教育形式，制订 IEP（个别化教育计划），主张使大多数特殊儿童尽可能在普通学校与正常儿童一起学习和生活，转变过去主要将特殊儿童集中到特

---

❶ Villa R. A., Thousand J. S. Creating an inclusive school [M]. US: Association for Supervision and Curriculum Development, 2000: 195.

❷ Poon McBrayer K. F., Lian M. J. Special needs education: children with exceptionalities [M]. HongKong: Chinese University Press, 2002: 17.

❸ Salend S. J. Effective mainstreaming: Creating inclusive classrooms (3rd ed.) [M]. New Jersey: Prentice-Hall, Inc, 1998: 78.

❹ Lian M-G. J. Assessment of children with disabilities for educational programming [Z]. Normal, IL: University Communications, Illinios State University, 2000: 56.

殊学校，将他们与健全儿童隔离开的传统教育方式，使特殊教育的"支流"回归到普通教育的"主流"中。②让特殊儿童在最少受限制的环境中接受教育。环境的限制程度应该根据残疾儿童的实际情况而定。③开设不同类型的特殊教育安置形式，制订个别教育计划，以满足残疾程度各异的特殊儿童的不同需要。❶

回归主流与后来的融合教育思想都与20世纪50年代的民权运动息息相关，更远可以追根溯源到文艺复兴、启蒙运动时期西方国家对自由和平等的追求。在民权运动的背景下，美国布朗案的判决、1964年通过的《民权法案》以及宾夕法尼亚州政府为学龄智力落后儿童提供免费的公立教育等残疾相关的法庭裁决、民间团体倡议的影响下，一种全新的教育哲学——回归主流，于20世纪70年代在美国茁壮成长，并对全球特殊教育的理论范式与实践模式的变迁产生了重要的影响。

三、一体化教育

一体化教育（integrated education）在我国台湾地区和日本被称为"统和教育"。日本的"统合教育"也是受"正常化"思想的影响，并在20世纪80年代初期掀起改革运动，即"将所有的障碍儿童送入普通学校"。丹麦从20世纪70年代开始将盲童安置在普通公立学校接受混合式的学校教育，盲婴幼儿进入普通托儿所和幼儿园。1980年1月1日起，丹麦新立法明确规定：丹麦障碍儿童与一切其他儿童一样以同样的条件接受教育。一体化教育要求把普通教育和特殊教育简单糅合在一起，形成一种新的教育体系。主要是不管儿童的残疾种类和障碍程度如何，要把所有的障碍儿童都送进普通学校的中小学班级接受教育。统合教育的安置形式有两种：①残疾儿童在全部时间内参与普通儿童的学习、生活，由辅导员或巡回教师给予特殊的帮助；②残疾儿童部分时间参与普通儿童的学习、生活，另外的时间在特殊班进行缺陷补偿训练。

一体化教育的积极因素表现为以社会学模式占主导地位，打破了传统的隔离式特殊教育的篱笆和围墙，让特殊儿童在最少受限制环境中接受正常教育，为残疾儿童社会性发展营造了良好的氛围。其消极的一面表现为在指导

---

❶ 雷江华. 融合教育导论[M]. 北京：北京大学出版社，2012：35.

思想上以"主流学校"（普通学校）为主体的一体化，主要是让残疾儿童来适应主流学校中的课程和学校氛围，即以主流学校同化残疾儿童，而不是依据残疾儿童的特殊需要提供针对性教育。在实施过程中也存在许多不足之处，比如，美国的双轨制教育体系仍然存在，即许多一体化于普通学校普通班级的残疾儿童产生一种无归属感；普通教师对一体化教育存在误解，造成一体化教育多被认为是普通教师个体的职责，而不是整个学校的责任或者是整个教育系统的职责，使得学校在制定政策时，未能充分考虑到残疾儿童及一体化教师的特殊需要。

为了解决一体化教育存在的诸多问题，融合教育逐步被人们所接受并在国际上形成共识。

四、融合教育理论的发展与本质特征

融合教育理论的发展得从 1990 年召开的世界全民教育大会说起，在这次会议中通过了《世界全民教育宣言》和《实施全民教育的行动纲领》。在宣言中明确说明了我们需要关注残疾人的学习，作为整个教育体系中的一部分，残疾人教育也应该逐步向各类残疾人提供。通过这次会议世界各国人民认识到特殊教育是全民教育的组成部分，全民教育的实现离不开特殊教育。1993 年的"亚太地区有特殊需要儿童、青少年教育政策、规划和组织研讨会"在我国的哈尔滨召开，会议上通过的《哈尔滨宣言》指出：全民教育目标的达成需要世界各国都满足所有儿童的学习需求，包括各种策略、全纳性学校的实验策略与方案，并把"全纳性"的观念深入各类儿童的教育方案中。1994 年，在西班牙萨拉曼卡召开的世界特殊教育需要大会中通过了著名的《萨拉曼卡宣言》，宣言中的主要内容有：（1）每一名儿童都有受教育权，并有可达到保持可接受的学习水平的机会；（2）教育计划的制订和实施都必须考虑到儿童的特点和需要；（3）每一名儿童都是特殊的，有其自身的特点、兴趣、学习需要和能力；（4）普通学校必须接纳特殊教育需要儿童，这是特殊儿童的权益且学习应以"儿童"为中心；（5）全纳性的普通学校需要创造良好的氛围、创建相应的社区、全纳性的社会来促进全民教育的目标达成；此外，普通学校提供的教育应该是对绝大多数的儿童有效的，最终是提高整个教育系统的效率和成本。

2000 年 7 月，在英国曼彻斯特大学召开的第五届国际特殊教育大会讨论

的主题就是"融合教育"。大会呼吁各国进行融合教育改革，要求学校采取融合教育模式，为实现特殊需要儿童的平等权利而努力。与会代表就融合教育的政策、不同观点、特殊教育功能的变化以及全纳教育的实践以及融合教育的质量和效益五个方面进行了交流和研讨。

（一）融合教育的概念分析

"融合教育"对那些有着不同期待的人来说，含义不尽相同。[1] 例如，融合是一种态度、一种价值和信仰体系，而不是一个或一系列行为。融合教育指的是通过所有的手段为社区中的每一名儿童和社区居民提供接纳的机会和权利，是全部性的接纳。融合学校的基本信念可以用接纳（acceptance）、归属感（belonging）和社区感（community）这三个词来形容，简称 ABC。融合强调的是努力使学校内每一个学生都感受到被欢迎、安全和成功，这样就必须特别强调如何才能支持每一个学生的特殊需要和能力。[2] 融合也是指普通学校要适应儿童的年龄特征并使得其能在这样的教育环境中接受教育，更侧重的是特殊儿童自身的权力而不是学校其他人员如校长、教师、心理学专家的专业评语与建议。[3] 融合教育是寻求创建以 ABC（接纳、归属感、社区感）为基础的学校或教育机构，它应该是由家长、教育者和社区工作人员发起的。融合学校是通过在高质量、年龄合适的普通班级中给所有的儿童以热切欢迎并承认、强调他们的价值。这样的计划也是以满足一切儿童的需要为目标的，同时也是尊重个体间的差异的，从而创建融合型的社区。

从以上的定义中可以看出，融合教育的定义是多样化的，同时其定义也具有模糊性，内涵和外延还不够明确，在实践中还不足以明确为特殊教育的理论和实践提供指导。近年来，融合教育不只是单纯地指某种特教安置形式和策略，而是为促进普通儿童和特殊儿童的共同发展的教育思想，渗透着人

---

[1] Fuchs D. & Fuchs L. S. Inclusive schools movement and the radicalization of special education reform [J]. Exceptional Children, 1994, 60 (4): 294-309.

[2] Falvey M. A., Givner C. C. & Kimm C. What is an inclusive school [M]. In R. A. Villa & J. S. Thousand (Eds.), Creating an inclusive school (pp.1-13). US: Association for Supervision and Curriculum Development, 1995.

[3] Bailey J. & du Plessis D. An investigation of school principal's attitudes toward inclusion [J]. Australasian Journal of Special Education, 1998, 22 (1): 12-29.

文主义精神。❶ 总的来说，融合教育是为了在具有 ABC（接纳、归属感和社区感）的邻近学校中的高水平、合适年龄的班级中为特殊儿童提供平等的教育机会和相关服务机会，这些都是基于满足所有学生的多样化的学习需要的信念的。❷ 它的本质在于改变现有的教育和服务模式，强调所有的儿童都是特殊的，教育应该不只是为某一类儿童提供服务，应该包括所有的儿童，这就要求我们需要改革现在的教育和服务系统，重新建立学校系统。

完全融合教育派和部分融合教育派是关于融合教育争论中的最主要的两个派别。完全融合是指在全日制的普通班级中对特殊儿童进行安置。它是一种单一的安置形式，认为不能仅仅根据学生的障碍程度来制定学生在普通班级中的学习时间，而应该在普通班级中同时满足所有残疾儿童的教育需要，普通教师也应该在专业人士的指导下对特殊儿童进行教育。❸ 部分融合即让特殊儿童部分学习时间在普通教室学习，它假定普通教师安置并不适合所有的特殊儿童，"完全融合"只是一系列特殊教育服务形式中的一种选择。因此它支持等级特殊教育服务体系，尤其是资源教室的存在，提供从隔离的学校或机构（最多的限制）到普通教室（最少限制）的多种教育安置选择。❹ 尽管完全融合与部分融合教育的支持者们有着不同的观点，但是他们都认同融合教育不仅仅是在物理空间上进行融合，更多的应该是教育观念、社会文化产生根本性的转变。❺ 一般而言，多数的研究者会倾向于认为完全融合教育的理念过于极端，理想化，在实际中的操作主要采取部分融合的做法。

（二）融合教育的基本要素

1994年，十个教育专业组织包括"全美教师联盟""美国教育协会""异常儿童委员会"召开了"融合教育学校工作论坛"，对融合学校的要素进行了深入总结，这些要素包括社区感、领导、高标准、协作与合作、角色与责任

---

❶ 陈云英. 中国特殊需要在线远程咨询报告 [J]. 中国特殊教育, 2004 (9): 1-7.

❷ Salend S. J. Effective mainstreaming: Creating inclusive classrooms (3rd ed.) [M]. New Jersey: Prentice-Hall, Inc, 1998: 78.

❸ 邓猛, 颜廷睿. 融合教育理论反思与本土化探索 [M]. 北京: 北京大学出版社, 2014: 70.

❹ Smith T. C., Polloway E. A., Patton J. R. & Dowdy C. A. Teaching students with special needs in inclusive settings [M]. 3rd ed. Boston: Allyn and Bacon, 2001: 112.

❺ Tilton L. Inclusion: A fresh book: Practical strategies to help all students succeed [M]. Shorewood, Minn.: Covington Cove Publications, 1996: 19.

的变化、多种服务、与家长的合作、弹性的学习环境、基于研究的策略、新的责任制度、准入和可持续的专业发展十二个因素。❶ Salend 认为沟通与协作的质量，以及教师、家庭和社会资源能否有效整合是融合教育成功的关键因素。❷ Lang & Berberich 指出只有在学校与教师得到足够的人力与物质资源的情况下融合教育才有可能获得成功。❸

通过融合教育实践开展比较早的英国、美国、澳大利亚等国家的经验来看，融合教育能否获得成效取决于相关的政策与立法、地方人员对政策的执行以及管理、特校与普校的合作以及是否拥有足够的资源和教师水平。❹ 事实上，不同的国家制定了相关的法律文件来不断推动融合教育的不断发展。例如，美国的 94-142 公法和英国的《沃诺克报告》对全球特殊教育政策的制定与教育实践产生了巨大的影响。❺ 从理念上来说，这些是可以从法律政策文本中得到进一步规范的，从目标上来说，这些是通过政策的执行来实践的。融合教育的政策执行应该是一个将政策目标通过相应的途径、手段得到实施的过程，它要包括各级教育机构及人员对融合教育的解读，以及如何在教育单位中实践的过程。回顾现在各国做的关于融合教育的实践，我们看到更多的是理想多一点，现实少一点；信念多一点，实践少一点。因此，我们更应该关注融合教育的实践，更少关注融合教育中理论观点的争论，只有这样才是对融合教育的真正实践。

（三）融合教育的效果分析

关于融合教育的效果分析，研究结果是存在很大的差异的。这样的差异源自于研究者自身，其在研究中采用的研究方法、选取样本的方法以及价值取向等是有差异的，也是源于每个国家开展融合教育的国情、资源和服务体

---

❶ Lipsky D. K., Gartner A. Inclusion and school reform: Transforming America's classrooms [M]. Baltimore, Md: P. H. Brookes Pub. Co., 1997: 41-50.

❷ Salend S. J. Effective mainstreaming: Creating inclusive classrooms [M]. 3rd ed. New Jersey: Prentice-Hall, Inc., 1998: 114.

❸ Lang G. & Berberich C. All children are special: Creating an inclusive classroom [M]. York, Me.: Stenhouse Publisher, 1995: 24-25.

❹ Daunt P. Western Europe. In P. Mittler R. Brouillette & D. Harris (Eds.), World yearbook of education 1993: Specail needs education [M]. London: Kogan Page, 1993: 89-100.

❺ Mittler P., Brouillette R., Harris D. World yearbook of education 1993: Special needs education [M]. London: Kogan Page, 1993: 89-100.

系是有差异的。根据大多数研究者的研究结果可以看出：第一，在促进特殊儿童的学业发展方面，融合教育并没有产生根本性的影响，相反普通教育与特殊教育相结合的方式更有利于特殊儿童的学业发展。第二，在社会性发展方面，融合环境更有利于促进残疾儿童的社会情感、沟通行为的积极表现。第三，家长对融合教育的态度和对子女的期望相关。第四，普通教师对发展融合教育的信心明显不足，原因是他们虽抱有积极的态度但是在技能、经验上他们是缺乏的。

总之，融合教育的发展对普通教育和特殊教育的理论和实践提出了挑战。它要求特殊教育的功能进行转变，特殊教育学校需要根据融合教育的思想内涵进行变革，进行资源整合，发挥优势，同时要对普通学校的特殊儿童服务；也要求普通学校的教育在教材、教法、评价等方式上进行改革以适应特殊儿童的需求。

第二节 残疾人社区融合及其影响因素

20世纪60年代以来出现的"去机构化"运动、"正常化"原则、"回归主流"以及融合教育思潮都对残疾人的融合与康复都产生了很大影响。残疾人康复与服务的理论是建立在特定社会的政治、经济、文化基础之上的，当某一社会对残疾、平等的观念发生变化时，残疾人的社会服务模式也会随之变化。❶

一、残疾人的社区融合

残疾人的融合，除了在普通学校接受教育外，更应该体现为"对社区生活的平等、全面的参与，即社区融合"。❷ 它通过残疾人在社区融合过程中的身心体验实现社会融合。❸ 社区融合的思想对残疾人康复与服务产生了较大影

---

❶ Berdine W. H., Blackhurst W. E. (Eds.). An introduction to special education (2nd ed.) [M]. New York: Harper Collins Publishers, 1985.

❷ Duvevany I., Ben-Zur H., Ambar A. Self-determination and mental retardation: Is there an association with living arrangement and lifestyle satisfaction [J]. Mental Retardation, 2002, 40 (5): 379-389.

❸ 邓猛. 社区融合理念下的残疾人康复服务模式探析 [J]. 中国特殊教育, 2005 (8): 23-27.

响。Stancliffe、Keane❶（2000），O'Brien❷ 等（2001），Heller❸（2002）等的研究发现社区环境比福利机构、医院等更有益于残疾人独立生活、工作、社会交往等。这些发现更加印证了"去机构化"运动对残疾人的积极影响。这说明，以社区为基础的服务体系更能为残疾人士提供与家庭类似的氛围、环境，也能提高家庭、社区的参与度。到目前为止，无论是公共事务的参与还是残疾人社区服务组织的建立，都还没有达到普遍化的程度，可以看出残疾人的社区生活还处于边缘化阶段。社区参与主要包括两个部分，一是意识方面的，即残疾人参与社区生活的意识；二是是否有社区组织为残疾人提供服务，包括残疾人的康复训练、社区就业、社区中的继续教育等。关于残疾人的社区参与，更重要的是在于社区为残疾人的服务，而不是用以往的"废人论"或者"无用论"的思想来评价他们，根本的是要让残疾人从内心深处能感受到社区的"温暖"即社区归属感。❹

二、残疾人社区融合的意义

美国最高法院的 Olmstead 决议（Olmstead decision）❺ 是残疾人拥有社区生活权利的重要决议。这项决议后，美国的残疾人可以参加各种社区活动。联邦政府也明确表明，社区应该尽快给残疾人提供居住、职业、康复等方面的各项服务。Abdallah 等❻（2009），Granerud and Severinsson❼（2006），

---

❶ Stancliffe R., Keane S. Outcomes and costs of community living: A matched comparison of group homes and semi-independent living [J]. Journal of Intellectual & Developmental Disability, 2000, 25 (4): 281-305.

❷ O'Brien P. et al. Perceptions of change, advantage and quality of life for people with intellectual disability who left a long stay institution to live in the community [J]. Journal of Intellectual & Developmental Disability, 2001, 26 (1): 67-82.

❸ Heller T., Miller A. B., Hsieh K. Eight-year follow-up of the impact of environmental characteristics on well-being of adults with developmental disabilities. Mental Retardation, 2002, 40 (5): 366-378.

❹ 彭兴蓬，邓猛. 博弈与融合：社会分层背景下的全纳教育研究 [J]. 外国教育研究，2013 (8): 45-53.

❺ Olmsteadetal. v. L. C. etal., 119S. Ct. 2176 [EB/OL]. http://www.accessiblesociety.org/topics/ada/olmsteadoverview.htm, 1999.

❻ Abdallah C., Cohen C. I., Reyes P., Ramirez P. (2009). Community integration and associated factors among older adults with schizophrenia [J]. Psychiatric Services, 2009, 60 (12): 1642-1648.

❼ Granerud A., Severinsson E. The struggle for social integration in the community—The experiences of people with mental health problems [J]. Journal of Psychiatric and Mental Health Nursing, 2006 (12): 288-293.

Prince & Gerber[1]（2005），Townley 等[2]（2009），Ware 等[3]（2007）指出社区融合不仅能达成一般性的目标（如就业、教育、社会支持）还能提升精神健康、增加生活满意度、降低孤独感、加强社区成员的接纳程度。GregTownley[4] 等（2013）认为，尽管很多文献研究中表明了社会支持对精神残疾者很重要，但是支持仅局限于朋友和家庭的支持而忽视了社区中各种社交关系对精神残疾者的支持。通过对美国东南部 300 名精神残疾者的精神健康的研究发现社区支持对精神残疾者的社区融合、社区康复有积极意义。Diane E. Taub[5] 等（1999）认为身体残疾的残疾人可以参加体育活动增加其社区参与，还能减少其因为身体残疾受到的歧视。Ellen Fennick、James Royle[6]（2003）指出，随着自闭症以及其他发展性障碍的残疾人走入普通课堂中，课堂外的社区融合活动必不可少。研究发现，对于发展性障碍的残疾人来说，游泳或其余体育活动可以促进其喜悦的表达、提升娱乐活动技能。Trainor[7] 等（2008）认为通过在暑假期间为残疾人提供各种社区参与的活动以及短期就业既可以给残疾人增加社区参与的机会、丰富其经历又可以有益于特殊教育中的转衔。

---

[1] Prince P. N., Gerber G. J. Subjective well-being and community integration among clients of assertive community treatment [J]. Quality of Life Research, 2005 (14): 161-169.

[2] Townley G., Kloos B., Wright P. A. Understanding the Experience of place: Expanding methods to conceptualize and measure community integration of persons with serious mental illness [J]. Journal of Health and Place, 2009, 15 (2): 520-531.

[3] Ware N. C., Hopper K., Tugenberg T., Dickey B. Connectedness and citizenship: Redefining social integration [J]. Psychiatric Services, 2007, 58 (4): 469-474.

[4] Greg Townley, Henry Miller, Bret Kloos. A little goes a long way: The Impact of Distal Social Support On Community Integration and Recovery of individuals with Psychiatric Disabilities [J]. Am J Community Psycgol, 2013, 52: 84-96.

[5] Diane E. Taub, Elaine M. Blinde, Kimberly R. Greer. Stigma management through participation in sport and physical activity: experiences of male college students with physical disabilities [J]. Human Relations, 1999, 52 (11): 1469-1485.

[6] Ellen Fennick, James Royle. Community inclusion for children and youth with developmental disabilities [J]. Focus on Autism and Other Developmental Disabilities, 2003, 18: 20.

[7] Trainor Audrey, Carter Erik, Owens Laura A. Swedeen, Beth. Special Educators' Perceptions of Summer Employment and Community Participation Opportunities for Youth with Disabilities [J]. Career Development for Exceptional Individuals. Proquest: 2008.31: 3.

三、残疾人社区融合的影响因素

Goncalves[1]（1994）提出社区融合应该包括与社区成员接触、获得技能和支持、参与社区活动三个要素。融合应该是残疾者在生命的各个时期中与不同残疾者参与到跨社区的各种活动中。知识和技能的获得可以提高社区参与的可能性。在研究中发现，与青少年残疾者社区融合的因素有：社区特征、为残疾儿童设计的社区项目的便利性、接纳程度、残疾儿童家庭财政、家长信念、家长的社会支持、残疾儿童的残疾情况等。Tom等[2]（2007）通过对家长、残疾儿童的质性研究发现残疾儿童很享受与普通儿童一起参与活动，家长的参与、环境和人力资源是残疾人参与社区活动的三个主要因素。Russel等[3]（2004）指出，社区融合需要给服务提供者给予支持。

四、残疾人社区融合的实践研究

残疾人与健全人一样享有参与社会文化生活、享受物质文明发展成果的权利与愿望。由于健全人对残疾人的种种漠视、误解和偏见，以及一些封建迷信观念的影响，残疾人往往被视作家庭和社会的负担，健全人不愿意跟残疾人交往或在交往中有意无意地侵犯到他们的人格尊严，形成对残疾人的"交际排斥"力量。[4] 随着融合教育的发展，使得普通学校学生群体多样化，残疾学生逐渐进入普通课堂。

多数研究都认为特殊儿童在融合学校里学业进步即课程融合方面的结果并不能令人满意，但社会发展与自信方面都进步明显，是融合教育最为成功之处。Stangvik[5]；Kennedy[6]等比较融合课堂和特殊教室这两种教育安置对残

---

[1] Goncalves, Linda M. A model of community integration and its application to the community integration of young children with disabilities [D]. Temple University. Ph. D, 1994.

[2] Tom Heah, Tara Case, Brianna McGuire. Successful participation: the lived experience among children with disabilities [J]. CJOT Early Electronic Edition, 2007, 6 (1): 74-85.

[3] Russel J. Kormann, Michael R. Petronko. Community participation: Challenges for people with disabilities living in Oaxaca, Mexico, and New Mexico, United States [J]. OTJR: Occupation, Participation and Health, 2004.

[4] Deng M., Poon-McBrayer K. F. Inclusive Education in China: Conceptualization and Realization [J]. Asia-Pacific Journal of Education, 2004, 24 (2): 143-157.

[5] Stangvik G. Beyond schooling: Integration in a policy perspective. In S. J. Pijl, C. J. W. Meijer & S. Hegarty (eds.), Inclusive education: A global agenda [M]. London: Routledge, 1997: 32-50.

[6] Kennedy C. H., Shukla S., Fryxell D. Comparing the effects of educational placement on the social relationships of intermediate school students with severe disabilities [J]. Exceptional Children, 1997, 64: 31-47.

疾中学生社会关系的影响。研究结果表明在融合课堂的残疾学生与普通学生有更多的互动和社会接触，他们接受和提供更高水平的社会支持举动、有更大的人际网络，该网络主要包括同班的普通学生、与普通学生能建立更持久的社会关系。Fryxell 和 Kennedy[1]研究发现回归主流的儿童少年有更高水平的社会交往与联络，并有更多机会与正常儿童形成朋友圈子，与在隔离的特殊教室的同龄人相比，他们接受到更多的社会支持。Vaughn 和 Klingner[2]指出全纳比隔离的环境为残疾青少年提供更多的交友机会。Salend 和 Duhaney[3]指出：回归主流的残疾青少年与正常人交流增加，接受的社会支持增多，与正常青少年发展更长期、丰富的友谊关系，但这种互动本质上是支持性质的而非平等友谊关系，且随着年龄增长逐渐减少。Roberts 和 Zubrick[4]发现残疾青少年难以被正常同伴接受并经常面临被拒绝的境地，他们更易被选定为不受喜欢的同伴。Lewis 和 Doorlag[5]认为残疾青少年在正常环境中经常遭遇被拒绝的情景，这对他们的自信心与自我概念有负面影响。Sale 和 Carey[6]（1995）通过提名法对残疾青少年社会地位进行了研究，发现残疾青少年很少被选定为最受喜欢的人，但被看作最不喜欢的同伴的可能性较高。

Davidson[7]（2005），Nelson et al.[8]（2001），Townley and Kloos[9]（2011），

---

[1] Fryxell D., Kennedy C. Placement along the continuum of services and its impact on students' social relationships [J]. Journal of the Association for Persons with Severe Handicaps, 1995, 20: 25.

[2] Vaughn S., Klingner J. K. Students' perceptions of inclusion and resource room settings [J]. The Journal of Special Education, 1998, 32 (2): 79-88.

[3] Salend S. J., Duhaney G. The impact of inclusion on students with and without disabilities and their teachers [J]. Remedial and special education, 1999, 20 (2): 114-126.

[4] Roberts C., Zubrick S. Factors influencing the social status of children with mild academic disabilities in regular classrooms [J]. Exceptional Children, 1992, 59 (3): 192-202.

[5] Lewis R. B., Doorlag D. H. Teaching special students in the mainstream (4th ed.) [M]. Englewood Cliffs, N. J.: Merrill, 1995. 123.

[6] Sale P., Carey D. M. The sociometric status of students with disabilities in a full-inclusion school [J]. Exceptional Children, 1995, 62 (1): 6-19.

[7] Davidson L. More fundamentally human than otherwise [J]. Psychiatry, 2005, 63 (3): 243-249.

[8] Nelson G., Lord J., Ochocka J. Empowerment and mental health in community: Narratives of psychiatric consumer/survivors [J]. Journal of Community and Applied Social Psychology, 2001, 11: 125-142.

[9] Townley G., Kloos B. Examining the psychological sense of community for individuals with serious mental illness residing in supported housing environments [J]. Community Mental Health Journal, 2011, 47 (4): 436-446.

Ware et al.[1]（2007），Yanos[2]（2007）发现精神健康倡导者、决策者和研究者都倾向于研究各种方式鼓励社区融合和社区参与。Terry，Sarah & Tracey（2002）指出，建筑设施对轮椅和其余辅助设施的使用障碍大大限制了残疾人的社区参与。在使用美国残疾人法案中公众设施的指导原则（Americans With Disabilities Act Accessibility Guidelines Checklist for Buildings and Facilities）对美国新墨西哥州的阿尔布开克以及墨西哥瓦哈卡州的瓦哈卡市进行调查后发现，阿尔布开克的大楼设施相比瓦哈卡更有利于残疾人的使用，建立无障碍的环境更有利于残疾人参与社区。Stuart，Pamela & Leo（1996）通过对484个社区闲暇时间服务机构的调查显示，财政（如欠缺资金购买设备、聘请专家）、员工（如职员技能缺乏、参与者员工比例失调）这两方面是机构在举办残疾人社区参与活动方面遇到的主要障碍。

综上所述，从我收集到的国外相关文献来看，国外对社区融合的研究多是针对融合教育背景下残疾人的社区融合或社区参与，多为微观的具体操作研究，很少有完全针对特殊学校与社区合作的研究。究其原因，可能是西方出现了一系列与残疾人教育与服务相关的新思想或概念，如"去机构化"运动、"正常化"原则、"回归主流"以及全纳教育思潮，导致大部分特殊儿童在主流学校学习，只有中重度残疾儿童在资源教室或自足式特教班学习。因此，研究者们更多探讨的是普通环境中残疾人的社区融合，而较少专门对特殊学校的社区融合进行探讨。

第三节　我国社区融合发展概述

一、我国融合教育发展历史与现状

在我国，谈融合教育首先应谈"随班就读"。从定义上说，随班就读是一种实用主义的融合教育模式，旨在为我国大量还没有机会接受任何形式教育

---

[1] Ware N. C., Hopper K., Tugenberg T. Connectedness and citizenship: Redefining social integration [J]. Psychiatric Services, 2007, 58 (4): 469-474.

[2] Yanos P. T. Beyond "landscapes of despair": The need for new research on the urban environment, sprawl, and the community integration of persons with serious mental illness [J]. Health and Place, 2007, 13: 672-676.

的特殊教育需要儿童提供上学读书的机会。❶

(一) 我国融合教育发展的历史

残疾人（盲、聋）在普通班级中学习的情况中国文献早有记载。❷ 行政部门对随班就读的探索更多聚集于 20 世纪 80 年代。它是在 1988 年国务院批转实施《中国发展障碍人事业五年工作纲要（1988—1992）》中首次提出来，"坚持多种形式办学，办好现有的盲、聋和弱智学校，新建一批特教学校。同时，采取有力措施，积极推动普通学校和幼儿园附设特殊班，以及普通班吸收肢残、轻度弱智、弱视和重听等特殊儿童随班就读"。这一新的发展模式得到强调与确认能在 20 世纪 80 年代以来几乎所有特殊教育相关法律、法规中看到。例如，1989 年国务院颁布的《关于发展特殊教育的若干规定》（国务院，1989），《中华人民共和国残疾人保障法》（全国人大，1990），《残疾人教育条例》（国务院，1994）等都强调要大力发展随班就读，普及残疾少年儿童义务教育。

20 世纪 90 年代，我国对随班就读的法律保障有了进一步发展。1990 年 12 月通过的《中华人民共和国残疾人保障法》第二十二条规定："普通教育机构对具有接受普通教育能力的残疾人实施教育"。《关于开展发展障碍儿童少年随班就读工作的试行办法》（主要针对 7～16 岁的学龄特殊儿童）于 1994 年 7 月通过，总结了我国随班就读近十年以来的经验与教训，对随班就读工作的对象、教学、管理等方面进行了规定，并明确指出：随班就读是发展残疾青少年义务教育的主要形式。无数的实践也说明这是开展残疾儿童义务教育的有效途径。

进入 21 世纪，我国的随班就读也进入了质量保障的深化阶段。2003 年 2 月教育部和中国残疾人联合会印发的《全国随班就读工作经验交流会议纪要》中就明确指出："十多年的实践证明，随班就读已经在普通残疾儿童义务教育方面起到了重要作用，已成为我国发展特殊教育的重要战略，也是我国在学习西方国家经验的基础上，根据我国国情做的调整和创新，充分体现了我国

---

❶ 邓猛，景时. 从随班就读到同班就读：关于全纳教育本土化理论的思考 [J]. 中国特殊教育，2013 (8)：3-9.

❷ 朴永馨. 融合与随班就读 [J]. 教育研究与实验，2004 (4)：38.

特殊教育发展的强大力量,也推动了我国基础教育工作的开展。"❶ 2006 年 6 月 29 日第十届全国人民代表大会常务委员会第二十二次会议修订的《中华人民共和国义务教育法》中的第十九条、第三十一条、第四十三条、第五十七条不仅从法律上确定了随班就读的合法性,并从经费、教师、奖惩等方面给予了保障。2008 年 4 月 24 日修订后的《中华人民共和国残疾人保障法》从学前教育到高等教育规定了残疾儿童、少年在普通学校接受教育的权利。

(二) 我国随班就读发展的布局

我国特殊教育的发展格局是以一定数量的特殊教育学校为骨干,以普通学校附设大量的特教班和随班就读为主体。随班就读的布局可以从以下四个方面来看:第一,从残疾类型来看,不同类型的特殊儿童都可以随班就读。《关于开展特殊儿童少年随班就读工作的试行办法》中指出,残疾儿童随班就读的对象包括视力(包括盲和低视力)、听力语言(包括聋和重听)、智力(轻度,有条件的学校可以包括中度)等类别的特殊儿童。❷ 第二,从接受教育的层次看,随班就读包括学前教育、初等教育、中等教育、高等教育。针对学前教育,普通幼儿教育机构应接受特殊儿童入园,对特殊儿童进行早期智力开发和功能训练。针对初等教育,普通小学接受特殊儿童入学,对特殊儿童实施义务教育。针对中等教育,普通初中要接受特殊儿童入学,对特殊儿童实施义务教育,普通高中和职业高中应接受特殊儿童入学,为特殊儿童升学及就业打下坚实的基础。针对高等教育,高等学校应招收符合条件的残疾人入学。第三,从各地区的随班就读发展来看,形成了各具特色的随班就读体系。首先形成城乡兼顾发展特殊儿童少年接受教育的新格局。其次是通过随班就读发展先进的学校、地区来带动落后的学校和地区。第四,在特教学校(班)合理布局的基础上,各省、自治区、直辖市及其所属地、市,有重点的办好几所盲、聋和弱智学校或特教班,作为特教研究中心,发挥以点带面、典型示范的作用。

---

❶ 教育部基础教育司. 中国残疾人联合会教育就业部. 关于印发《全国随班就读工作经验交流会议纪要》的通知 [EB/OL]. 2003-2-9. http://www.moe.edu.cn/publicfiles/business/htmlfiles/moe/s3331/201001/xxgk_82026.html.

❷ 关于开展残疾儿童少年随班就读工作的试行办法. 中国特殊教育网 [EB/OL]. 2009-01-13. http://www.spe-edu.net/Html/tejiaofagui/200901/2627.html.

(三) 目前融合教育的发展成就

我国当前融合教育的办学形式主要是特殊儿童在正常儿童就读的班级随班就读，要求针对特殊儿童少年的随班就读要做到：有助于增加特殊儿童的入学率、普特儿童的相互理解、普特教育的有机结合，共同提高。

目前，融合教育由基础教育向两头延伸。越来越多的普通幼儿园在融合教育的推动下，主动接受了有特殊教育需要的儿童，并通过教育与康复相结合来提高儿童的能力。越来越多的残疾学生在普通高等学校接受高等教育。融合教育的实践也有更多技术和服务支持。科技的发展，特别是计算机多媒体技术的发展，从根本上改变了传统的教学方式，使特殊学生能够在融合班级上获得更多的感觉刺激，大大提高了教学质量。

综上所述，作为发展中国家，我国的经济文化水平还不够发达，选择随班就读也是我国在国情下的一种行之有效的方式，也有很多无可奈何的意味。当然，这样的形式充分考虑了我国特色，在因地制宜的基础上探索发展，它与融合教育的思想是不相违背的，相反它丰富了融合教育的理论和实践并为其他的发展中国家提供了不错的经验。融合教育作为未来教育发展的大趋势，其目标是通过教育建构一个融合的社会。因此，融合并不是某一个公民的事情，它与社会中每一个公民都密切相关，它需要全社会乃至社会中每一个教育机构或每一种体制都作出相应的调整。现在社会中存在的歧视、隔离的价值观或政策等都要作出一定的变革来促使融合的生存和进一步发展。

二、我国社区融合发展

从笔者收集到的文献来看，国内对社区融合方面的研究较少。在查询的文献中有一部分是关于残疾人的"社会融合"，国外研究中"社会融合"更多的是一种社会学领域的研究，多为政策研究等。从国内研究者对"社会融合"的理解来看，社会融合与本书中的社区融合有一定的重合度，从社区和社会的概念来说，社会与社区是大小概念，社会层面的社会融合为宏观层次，关注内容涵盖政治、经济、文化等领域；社区更聚焦于一个微观层面，社区融合关注的多为残疾人在所在社区的生活、教育、就业等。

(一) 我国残疾人社区融合的历史

我国社区康复的工作始于 1986 年，那时还只是试点❶，1990 年通过的《中华人民共和国残疾人保障法》规定对残疾人康复工作做出了具体部署，包括要以康复机构为骨干、社区康复为基础、残疾人家庭为依托开展康复工作，此外，国家和社会也要从各方面促进残疾人与其他公民之间的理解和沟通❷。2000 年 8 月 29 日，中国残联、民政部等 14 个部门联合发布了《关于加强社区残疾人工作的意见》，对于社区残疾人工作的重要意义、基本原则、工作内容等进行详细阐述，全国范围内的社区残疾人工作进入了大规模的宣传、发动和部署阶段。国务院、民政部、中国残联、各省、自治区、直辖市政府、民政部门及残联也相继出台了一系列的文件、纲要、方案，对社区残疾人工作进行了有益的探索，涉及残疾人的社区康复、社区就业、扶贫救助、教育培训、社会保障等各个方面。全国各地抓住国家大力推进城市社区建设的机遇，主动争取，切实融入，以创建示范区为先导，积极开展社区试点工作，并加大协调指导力度，以点带面，促进社区残疾人组织建设和各项服务的落实。

2002 年，各地以直选等方式组建社区残协，将生活困难残疾人纳入最低生活保障范围，安置残疾人在社区就业，使残疾人在社区接受康复服务等。《中国残疾人事业"十一五"发展纲要》和 2005 年《关于进一步将残疾人社区康复纳入城乡基层卫生服务的意见》等文件的颁布进一步说明我国的残疾人康复、就业、教育等都不断在与社区拉近，推动着残疾人的社区融合。

(二) 残疾人社区融合概览

近年来，随着党和政府对残疾人教育与康复事业的重视，我国对残疾人社区参与和社会交往方面的研究逐步增加。林友华❸认为在我们国家，人们对残疾人群的公开歧视已经大大减少，隐藏的歧视依然存在且比较严重。具体表现为："残废人"这样的称呼已经很少见，逐渐被"残疾人"这样的词汇所代替；高等教育学府中已经能看到越来越多的残疾人学生，说明残疾人接

---

❶ 张景元，赵悌尊，焉晋占. 社区康复教材 [M]. 北京：华夏出版社，1996：8.
❷ 国家教育委员会基础教育司，中国残疾人联合会. 教育部特殊教育文件选编（1990—1995）[M]. 北京：人民教育出版社，1995：75.
❸ 林友华. 从社会工作角度正视残疾人的社会问题 [J]. 闽江职业大学学报，2002 (3)：11-15.

受高等教育、享受基本的受教育权利，但是残疾人大学生的就业问题仍然形势严峻，很多大学生毕业后依然找不到合适的工作。除隐藏的歧视现象外，对残疾人的"忽视""仰视""俯视"现象依然存在，这些与我国现在推行的残疾人观是相违背的。残疾人应该得到大众的"平视"和"正视"。

许家成[1]认为应该从社区支持以及社区服务的角度去探索残疾人康复与教育的方法与模式，并且需要构建残疾人的社会支持系统。刘昊[2]认为在推行融合教育的过程中，社区中蕴藏着的各种教育资源可以发挥出巨大的作用。社区中的文化资源有助于特殊儿童对本社区生活的融入；人力资源既可以为特殊儿童提供专业帮助，也可以对社区内的单位和个人进行协调；通过加大对教育的物力财力投入；利用自然中的原生态环境对残疾儿童进行关于环境的教育提供生动而且便利的教学材料，增强儿童对自然环境的认识，促进其对社区的认同意识。黄兆辉、万荣根[3]认为社区实施融合教育可以打破学校教育、家庭教育和社区教育各自为政的状态，将学校教育与社区教育紧密联合在一起。

周彩姣、李湘[4]论述了残疾人政治参与的议题，认为残疾人政治参与的发展程度是可以用来衡量一个社会的和谐程度、民主政治的发展水平的，也是现在社会中的一种政治行为。布文锋[5]认为盲生多数时间生活在学校与家庭当中，更愿意采用书信、电话的方式与人交往且不愿独自外出与人交往；盲生与人交往的目的性较强，且内容和信息较为贫乏；盲生的主要交往手段是语言，但是语言的丰富性和艺术性较差；参与社交活动的热情不高等。马珍珍、张福娟[6]通过调查发现聋校初中生表现出对听障人群体、对家庭和学校的较大依赖性，较少认识到友谊的心理支持作用。他们不愿意发起主动交往，稚嫩的交友观念和浅层次交往行为之间形成互动；从友谊观念和交往能力两个方面入手改善聋校初中生的同伴交往情况，提升其社会适应能力。马红英[7]认为

---

[1] 许家成. "智力障碍"定义的新演化 [J]. 中国特殊教育, 2003 (4)：19-23.
[2] 刘昊. 社区中的教育资源对于推行全纳教育的作用 [J]. 中国特殊教育, 2003 (6)：7-9.
[3] 黄兆辉, 万荣根. 社区：融合教育实施的重要场域 [J]. 教育发展研究, 2008 (23)：79-81.
[4] 周彩姣, 李湘. 论残疾人的政治参与 [J]. 湖南社会科学, 2009 (9)：31-35.
[5] 布文锋. 论盲生社会交往障碍及其解决对策 [J]. 中国特殊教育, 2001 (1)：42-55.
[6] 马珍珍, 张福娟. 聋校初中学生同伴交往情况的调查研究 [J]. 中国听力语言康复科学杂志, 2008 (30)：35-37.
[7] 马红英. 智障人士社会接纳度调查 [J]. 中国特殊教育, 2007 (3)：6-11.

绝大多数居民对全纳教育的认识是有所提升的。首先，认为接纳智力残疾人士是社会进步中的必然，这样的全纳对促进社区发展是有益的，但是仍然会在接纳的过程中有所选择或保留，还有一部分人会把重度智力残疾人士看作社会的负担；其次，社区居民在具体的社会行为中表现出了对智力残疾人士的高度接纳。全桂红[1]以上海市长宁区一所特殊教育学校和社区的合作为例，重点研究成年智力残疾人士的终身教育实践。从合作共建、调研评估、资源整合三方面探讨了学校、社区合作推进智力残疾人士终身教育的机制。"阳光之家"是智力障碍人士主要的活动场所，其根据智力障碍人士的特点和需要展开教育、康复、特奥等活动，有步骤提升他们的生活自理能力、劳动能力和社会交往能力。通过多年实践发现，"阳光之家"对智力障碍人士提升技能、发挥才能、发掘潜能、走出家庭、回归社会是有益的。[2]

可见，当前我国残疾人面临观念、就业、教育、物质环境等方面的排斥。近年来我国对于残疾人社区参与的研究还不多，对残疾人青少年社区参与的研究重视还不够，相关研究成果微乎其微。

三、特殊学校的社区融合之路的争论

"融合教育"自从20世纪70年代被提出以来，"公平、平等""尊重个体差异""多元性"的观点以迅雷不及掩耳之势占据了理论的制高点。无论是发达国家还是发展中国家都在尝试走融合教育的道路，虽然每个国家开始的时间不同，但总的来说都是让特殊学生离开隔离的特殊教育学校或机构，在普通的教育环境中接受教育。在融合教育大力发展的背景下，特殊教育学校是否还应该存在是一个值得商榷的话题。认同完全全纳的教育者认为政府应该关闭所有的特殊教育学校，特殊教育学校的存在本身就说明隔离和不平等，这些都是与融合教育的理念相违背的。应该让特殊儿童在普通的环境中接受教育。还有一些学者认为特殊学校的存在和全纳教育是不存在冲突的，认为融合教育并不是"将所有学生放在一个屋檐下"，而应该是让所有的学生无论在哪种教育安置环境中都可以更好地学习、接受教育。还有一些学者认为，特殊学校的存在有其自身的意义，第一，重度或极重度的、多重残疾的学生，

---

[1] 全桂红. 学校、社区合作推进智障人士终身教育的研究 [D]. 华东师范大学，2011.
[2] 曹子平. 上海市智障人士社会融合实践研究 [J]. 中国特殊教育，2006 (9)：26-29.

包括那些在情绪行为方面存在严重问题的学生，在现在的融合性学校中是得不到符合其特殊教育需要的服务的，而这些服务只有特殊学校能给予；第二，特殊学校作为一个小的社会环境，对学生来说有着深厚的归属感，学校在社会的、心理的和情感上都为他们提供了相对安全的环境，进入普通学校中会让他们的焦虑感更加严重；第三，家长还是愿意把孩子送入特殊学校而不是融合学校，他们还是认为融合学校在相关服务和支持方面还不够完善。

综上所述，随着越来越多的学生进入融合学校学习，我国的特殊学校将会呈现减少的趋势。融合教育的出现让特殊学校陷入了两难境地，一方面，因普通学校的资源有限，特殊学生在普通学校中得不到合适的教育和相关服务；另一方面，特殊学生在特殊教育学校中学习很有可能是与社会、其余相近年龄的孩子隔离开来的，很可能会遭到排斥和拒绝，不被社会中的他人所接纳。无论选择如何安置，特殊儿童都应该能够接受适合其自身服务和教育，然而我国特殊教育的发展、融合学校都还没有做好这样的准备，不是所有特殊儿童都能够进入融合学校进行学习，此时特殊教育学校需要承担普通学校中有特殊教育需要需求的学生的教育职责，即特殊学校应该转型成为融合教育的资源中心。此时，关于特殊学校与融合教育之间的二元悖论也愈加热烈，特殊学校对融合教育的作用是促进还是阻碍？

融合已经成为教育发展的重要趋势，实现融合教育已经成为世界各国教育政策的重要目标。特殊学校、普通学校附设特殊教育班级和随班就读是我国特殊教育长期存在的三种形式，特殊学校的角色被定位为促进全纳教育的发展。一是作为专业的教育机构为多重残疾和重度的学生提供教育和相关服务，因为目前普通学校还没有达到为其提供专业服务的水平。二是与融合学校进行分享，这些共享主要是专业知识和技能方面的，为融合学校提供相关的支持。后一种也是目前特殊教育学校的主要功能。为了更好扮演新的角色和更好地为还在特殊学校的特殊儿童提供教育，特殊教育学校需要在普通学校和社会之外中独立，抛弃过去的隔离方式。然而，特殊学校如何打破学校的围墙，深入社区，进入社会是值得深思的。社区融合的道路是目前培智学校在寻求发展变化的一种尝试。

第四节　特殊学校的职能转换及在融合中的作用综述

一、特殊学校在融合教育过程中的职能转换

特殊学校作为我国特殊教育发展的"骨干",且拥有丰富的特殊教育资源,融合教育的发展必然使得作为传统隔离式教学场所的特殊教育学校的功能发生重大转变。特殊学校不仅要对本校的残疾学生进行教育,还需要对本地区的幼儿园、小学、初中等普通学校中的随班就读学生提供必要的教育支持和辅助,使得特殊教育的职能开始转变,其作为资源中心的功能也日渐明显。

(一) 特殊教育学校成为融合教育的支持者

随着《国家中长期教育改革和发展规划纲要(2010—2020年)》和《特殊教育提升计划(2014—2016年)》的颁布,国家对特殊教育学校的投入力度逐渐增强。在融合教育的背景下,特殊教育学校作为特殊需要儿童安置的主要方式之一,"关起门来办学"的传统模式是与融合教育的理念相冲突的,也会产生很多矛盾。现在,随班就读的工作已深入,特殊教育学校的生源减少且生源的残疾程度愈加严重,这就使得特殊教育学校需要变革旧有的方式,变封闭为开放,成为融合教育的强有力支持者。[1]

首先,特殊教育学校需要克服自身的隔离性、封闭的弱势,从自身的发展出发,结合融合教育的先进理念为残疾儿童提供融合的教育环境,促进残疾儿童的教育质量。长期以来,我国的特殊教育学校处于隔离式的安置环境中,其严重影响了特殊儿童参与社区生活、适应社会,教育的隔离也使得社会大众对特殊教育、特殊教育教师、残疾人群体的看法是消极负面的。融合教育的发展,特别是北京、上海等经济发达城市对融合教育的大力推进,特殊教育学校在这样的环境中也须与时俱进,接纳融合教育中的先进观念,变革学校的管理方式,从教育方面为特殊儿童提供支持。特殊需要儿童的教育也不再是局限于校园内的狭隘的教育,从学校走进了家庭、社区,破除了以往围墙式的教育,形成了包括社区、家庭等多种社会环境的开放式教育。

---

[1] 朱楠,王雁. 融合教育背景下特殊教育学校职能的转变 [J]. 中国特殊教育, 2011 (12): 3-4.

其次，随班就读的质量问题已经逐步进入我国融合教育发展的中心视野。特殊儿童借由随班就读走进主流社会，但是普通学校却因为各种原因不能为其提供合适的教育。财力投入不够、管理方式不合理、普通学校教师对随班就读的态度存在消极等因素都阻碍了随班就读质量的提升。而为随班就读教育提供相应支持性保障体系是解决这个问题的关键所在，特殊教育学校拥有更为丰富的特殊教育资源，逐渐成为所处区域的特殊教育的资源中心，为该区域随班就读学生、普通学校开展融合教育、教师、家长及教育行政管理者提供必要且恰当的支持和服务。

(二) 特殊教育学校功能从单一化走向多重服务

在过去，特殊教育学校的主要功能是承担着特殊儿童的教育教学任务，而今，特殊教育学校除去教学职能外，需要承担本地区普通教育学校中的特殊教育服务和支持，成为所处区域的特殊教育资源中心，尽可能为特殊教育学生提供合适的支持和帮助。展开说来就是特殊教育学校不仅需要为随班就读学生提供教育咨询，还要为教师开展培训，更要为普通学校的随班就读工作提供指导。总的就是，特殊教育学校的功能走向多重化。

朱楠（2011）认为特殊教育学校主要有评估职能、资源教师功能、培训中心职能和巡回指导功能。评估职能指的是特殊教育学校变成了评估体系中的协调员，具体工作职责是为评估准备资料、收集资料；联络专业人士或专业机构准备评估工具；联系特殊教育学校和教育行政部门人员；同时向家长和特殊儿童提供安置建议并对教育的效果进行监督。资源教室的功能包括教育评量和为普通教师和特殊儿童家长提供咨询服务，为随班就读的学生进行教育评估、收集基本资料，制订个别化教育计划，同时为家长和普通教师提供帮助，更好地开展教育教学。培训中心的职能指的是对普通教师职前培养中普遍缺乏特殊教育的相关内容进行培训，同时也对家长进行培训，改变家长的观念和教育方式。巡回指导功能主要是定期对普通学校进行走访，帮助普通学校中的教师开展个案研究、筛查评估训练等协助普通学校及时解决融合教育中的各种问题，这个工作主要是由巡回指导教师完成。

(三) 特殊教育学校教师角色转变：单一定位转向多重定位

传统上，特殊教育学校教师的角色主要是教育者，为学生传递文化知识、促进残疾学生的发展。随着全国化融合教育的推进，特殊教育学校的教师角色也将从单一的教育者的角色走向教育者、合作者、协调者、督导者的多重角色。教育者的角色是继续为处于特殊教育学校中的残疾儿童提供适当的教育，为残疾儿童的进一步发展，生活质量的提高努力。合作者的角色是特殊教育学校教师需要与普通学校的教师深度合作，既要为普通教师开展教学提供支持和服务，同时也要充当合作者的角色参与残疾儿童的评估和教学工作。协调者的角色主要是合理分配所在区域内的特殊教育资源，为特殊教育学校资源中心的功能发挥一臂之力。督导者的角色主要是特殊教育学校教师要以巡回教师的身份进入普通学校定期进行工作指导，监督随班就读工作的开展。

总的来说，特殊教育学校的职能不是一成不变的。从学校整体的角度来考量，特殊教育学校逐渐成为融合教育的支持者；特殊教育学校的功能从以前的单一的教育功能，兼具评估职能、资源教师功能、培训中心职能和巡回指导功能；从学校中的个体——教师来考量，特殊教育学校教师从单一的教育者的角色走向教育者、合作者、协调者、督导者的多重角色。

二、特殊学校在社区融合中的作用及相关研究

残疾人走向社区除了依靠融合教育外，还需要通过社区融合来加以配合。残疾人更多地参与社区生活，全面、平等参与能够有效减少社会对残疾人隔离造成的歧视和排斥。对于处在发展中的国家来说，特殊教育学校还将是残疾儿童获得教育机会与教育资源的有效途径。近年来，我国很多的特殊学校发展出社区化的融合教育模式。这种教育模式将以前的缺陷补偿理论转变为支持性教育理论，将以前的封闭式的课堂教学转变为开放式课堂，以社区为课堂，以生活为教师，以社区内的公民为辅助教育，开展社会化的融合教育。

特殊学校在社区融合中的作用主要有以下几点：❶❷

第一，为保证残疾人能够过上和普通人一样的生活，应该把与普通人生活品质一致的准则作为教育成效的指标系统和成效目标。

第二，课堂教学的社区化，打破隔离式的特殊教育中"以教材为中心，以教师为中心，以课堂为中心"的封闭式的教育，让残疾人走出校园，进入

---

❶ 许家成. 社区化：中国特殊教育改革的突破口 [J]. 现代特殊教育，2012（1）：14-17.
❷ 刘佳芬. 培智学校社区化教学模式的实践探索 [J]. 现代特殊教育，2012（1）：8-11.

社区，在社区中获得相应的技能。残疾儿童的社区化教育能够帮助残疾人提高社会适应能力，具有学校教育、家庭教育不具备的优势。❶

第三，给残疾人创造无障碍的物理环境，能够让残疾人更容易融入普通学校和周围的常态环境中。一方面，要为残疾人提供便利的物理的无障碍环境，让残疾人能够有机会进入社区中的任何角落；另一方面，要在社区中形成平等与接纳的人文主义环境，在这个环境中，一定要没有公开的歧视与偏见，社区或社区人都十分愿意为残疾人的生活、就业、社会交往等提供方便。

第四，对于残疾儿童保持较高的期待，重视残疾人内在的需求与梦想。特殊学校的社区化融合教育着重是对残疾儿童提供支持性的课程，这种课程的设置不把残疾人的能力作为限制因素，而是将残疾人视为有着与普通人一样的内在需求和梦想。

第五，调动资源，构建残疾人的社会支持体系，同时增强残疾人的独立性、参与性以及生产性，终究是为提升残疾人的幸福指数。例如，宁波达敏学校就联络各方人士组织建立"特殊教育协作理事会"，并选出理事长、秘书长等，制定章程、工作计划。特殊教育协作理事会拥有上千位理事和上百家理事单位，这些理事单位为特殊教育顺利开展，社区化教学的进行提供物质环境和人文环境，社区中的设施因其齐全和完整也已成为特殊教育中的无限资源。❷

第五节 文献研究总结与评述

特殊教育学校是目前我国特殊儿童接受教育的主要场所。在我国特殊教育的发展历史中，其功劳是不容小觑的。在我国经济、文化等条件还不发达的年代，特殊教育学校解决了残疾儿童接受教育的问题。早年的各项文件中也基本说明了特殊教育学校的任务。最早在1989年的《关于发展特殊教育若干意见的通知》中就要求"各级各类特教学校都应贯彻执行德、智、体、美、劳全面发展方针，在对残疾学生进行思想品德教育、文化教育和身心缺陷补偿的同时，切实加强劳动技能和职业技术教育，为他们参与社会生活，适应

---

❶ 肖艳. 关于社区教育在特殊教育中的作用的思考 [J]. 中国特殊教育, 2004 (9): 13-16.
❷ 徐德荣. 特殊教育社会支持系统的建立和运作 [J]. 现代特殊教育, 2012 (1): 11-13.

社会需要创造条件❶"。特殊教育学校的主要任务有二，一是素质教育，要对残疾儿童进行"五育"的全面发展教育；二是要对残疾儿童进行缺陷补偿，适应社会。可是，随着国际上融合教育的发展以及国内特殊教育理念的转变，随班就读的学生越来越多，留在特殊学校的学生残疾程度越来越严重、残疾类型也越来越多重化，这些都给特殊学校的发展带来了很多困难。目前，我国仍然有1933所特殊教育学校，如何在国家大力发展特殊教育、推进融合教育的良好社会氛围中促进特殊教育的发展也日益成为重要的问题。总之，特殊教育学校需要转变过去的运作模式，变为资源中心，成为普通学校的支持者等。

自1994年世界特殊教育需要大会通过《萨拉曼卡宣言》以来，融合教育已经成为国际普遍认同的特殊需要儿童教育安置模式。倡导融合教育的学者们多数将焦点放在如何使普通学校接纳特殊需要儿童，进而引发了对独立的特殊教育学校未来命运的担忧。但是在这么多年的融合教育发展过程中，全国始终没有形成一个统一的融合教育范式，出现了融合教育理论和特殊教育实践严重脱节的现象，特殊教育学校仍然按照自己的惯有轨道向前发展。尽管也有部分地区的个别普通学校走向了融合学校的实践，但其成功仅仅是个案，未能被更多的普通学校所效仿。因此，目前国内的绝大多数中重度智力障碍学生都不能通过理想的融合教育接受适合其身心特点的教育。在探寻特殊学校与融合教育结合发展的这条道路上，有很多特殊学校已经进行了尝试，有成功的案例，也有失败的苦涩。如宁波达敏学校在发展社区化教学的过程中，一路保持了自身学校的特色，并推动了社会各界的参与与支持，为接纳智障学生提供了良好的社会氛围，实现了智障学生在不离开特殊教育学校的基础上进入社区并融入社会，从另一条道路上实现融合教育的理想。也有很多学校在实践后发现社会对特殊儿童的社会接受度不高，充满了前进道路上的苦涩。融合是必由之路，是特殊学校浴火重生的必然，这也是中国式融合教育道路上必须做的选择。

综上所述，国外关于残疾人的社区融合的研究相比我国来说已经取得了

---

❶ 国务院办公厅转发国家教委等部门关于发展特殊教育若干意见的通知, 国务院. [EB/OL]. 1989-5-4, http://www.law-lib.com/law/law_ view.asp?id=99098.

不少成果，我国对残疾人的社区融合以及培智学校的社区融合仍然在起步阶段或者还存在一些不足之处。

一、学校与社区互动研究具备充分的理论和实践基础

首先，从学校与社区互动的研究现状来看，从20世纪中期开始的普通学校与社区互动的理论和实践研究，已经形成了包括学校与社区互动的概念界定、理论基础、行动策略、评价方式等方面在内的比较成熟的研究体系。国内外都有很多关于学校与社区互动的专著和硕博士学位论文。这给特殊教育领域的学校与社区互动奠定了坚实的基础。

其次，从特殊教育领域内的社区融合研究来看。近些年来，人们对残疾儿童的社区融合为培智学校与社区互动搭建了桥梁。尤其是社区本位教学、社区化发展、生活适应课程等以社区为基础的课程、教学，直接指向了与社区为本的融合发展，与培智学校的办学目标等不谋而合。在这样的背景下，培智学校与社区互动的呼声是越来越高，也有一定的研究和实践氛围。而培智学校中重度障碍学生的培养目标是具有一定的生活能力、社会适应能力，对社区互动的需求也显得尤为突出，因此培智学校的社区课程、社区实践等成为培智学校的主要阵地。

我国有大量的培智学校在进行生活化课程、综合实践课的课程改革，这种客观的实际情况，一方面说明培智学校社区融合已有一定的实践基础；另一方面说明培智学校有其自身的特殊性，不能照搬普通教育中的社区互动方式和实践经验，更不能直接用国外的社区教育的模式。因此，培智学校与社区互动需要更多的专门性理论研究支持与促进。

二、培智学校与社区互动研究的系统性不足

第一，关于社区融合的研究，我国现在的研究很多都是介绍国外的实践经验、理论。例如，通过介绍某一个国家或某一类残疾人的社区融合的模式，进而阐述其对我国社区融合的启示。采用实证方式的、规范化的方法进行的研究还不是很多，零星所见的研究还是侧重于宏观层面的大数据的调查研究，用于描述残疾人社区工作的开展情况等。

第二，从研究对象的年龄层次来看，涉及18岁以下（青少年儿童）的社区融合的研究还比较少。现有的研究中有针对成年人社区融合的研究，也有

关于残疾人社会支持的研究，但是目前还是多从宏观层面对整个社会支持体系进行研究。针对某一类或者某一类特殊学校的融合教育的研究还比较缺乏。

第三，针对培智学校的社区融合研究还比较缺乏。虽然有宁波达敏学校已经在开展社区化教学并已经取得了一定的成果，但是单个的研究还不足以用于所有培智学校开展社区融合。对于很多智力落后儿童来说即将面临从学校毕业进入社会，社区仍然是智力落后儿童主要的生活场所之一，因此智力落后儿童目前对社区生活的参与状况，直接影响到融入主流社会后的生活质量。

三、培智学校与社区互动研究方法的科学性和规范性有待提高

从实践研究的角度来看，当前的这些较为零散的培智学校与社区互动的实践研究结果，大多是来自培智学校一线教师的科研成果。他们在实践教学方面经验充足，但是往往缺乏理论的高度，很少接受有关科学研究方法的系统训练。另外，一线教师的科研时间、科研条件、科研水平等有一定的限制，使得他们的研究成果多为提出观点和一些看法，难以将研究更深入推进，提高研究成果的质量。当前，从CNKI上搜索的关于培智学校与社区互动的学术论文多为一线学校的实践总结，缺乏理论的指导。研究方法的科学性会直接影响研究成果的质量，在这些方面，我国培智学校领域的社区互动还在起始阶段。

从理论研究的角度看，现在培智学校与社区互动、特殊学校与社区互动都没有形成自己特色的理论体系。现在的理论大多来自普通教育理论，再加上理论研究者对特殊教育领域特别是培智学校缺乏实践性的研究，这对于培智学校与社区互动的理论形成系统性、达到一定高度，是有一定难度的。

因此，对现在培智学校与社区互动研究所面临的瓶颈，研究者应该在理论的指导下，通过收集培智学校与社区互动的大量实践资料作为第一手资料，全方位了解培智学校与社区互动的背景和现状，加强培智学校一线教师与社区的交流与合作，实现自下而上的、以"实征"为基础的归纳式的研究。在此基础上提炼出培智学校与社区互动的基本理论。因而，本书将通过对培智学校与社区互动的历史、现状及存在的困难进行研究，旨在发掘培智学校开展社区融合的本质特征及模式，从而为智力落后儿童构建完善的社区服务支持体系提供依据。

第三章

研究方法的选择与使用

第一节 研究内容

本书围绕"四个问题、四项内容"展开对培智学校与社区互动的探讨。本书以一所与社区互动的培智学校为个案,具体的研究内容包括以下四个方面:

一、培智学校与社区互动的发展历程

具体包括两方面内容:首先是培智学校与社区互动的历史背景。包括:(1)个案学校的基本情况;(2)个案学校与社区互动的原因。其次是培智学校与社区互动的方式、措施和成果。包括:(1)个案学校与社区互动的历史阶段;(2)个案学校为促进与社区互动所采取的具体措施;(3)个案学校的社区实践课程的开发;(4)个案学校融合活动的实施。

二、学校人员、社区等对培智学校与社区互动的认识与困惑

这一部分主要是从社区课程开发参与者、融和活动参与者、家长的体验和感受出发,描述培智学校与社区互动的开发参与者对培智学校与社区互动的理解及其过程中出现的困惑与问题,主要包括:(1)对培智学校与互动实施的课程、融和活动的认识;(2)对培智学校与互动实施的课程、融合活动的评价;(3)培智学校与社区互动中的问题与困惑。

三、培智学校与社区互动的本质特点及影响因素

这部分以培智学校与社区互动的现实状况为出发点,结合研究资料的分析进行探讨,以建构培智学校与社区互动的整体性认识。具体包括:(1)培智学校与社区互动的特点;(2)培智学校与社区互动的基本特征;(3)培智

学校与社区互动的影响因素。

四、对我国培智学校未来与社区互动开展的启示

在本部分主要以个案学校与社区互动的现实问题为基础，结合对培智学校与社区互动的本质特点和规律的研究，提出对我国培智学校未来与社区互动的走向与策略的建议。

第二节 理论基础与分析框架

一、理论基础

（一）融合教育理论

融合教育的发展经历了一段不平凡的历史。从民权运动的起源到20世纪70年代的"回归主流"运动都说明融合教育是处于不断地发展过程中的。20世纪90年代以来，融合教育的理论发展变化从连续召开的国际会议中可以看出。融合教育的理论是赞同异质平等的后现代观，其核心是认为每个学生的个别差异普遍存在，每一名儿童都是独一无二的，具有其独特的个人特点、学习兴趣、能力和学习需要。"参与"和"合作"是融合教育理论中最基本的原则，也是其实践方式，更是整个社会全纳与公正目标实现的核心指标；融合教育理论认为把残疾儿童及其他处于弱势群体的学生边缘化，把他们排除在主流文化和社会之外是极其不公正的做法。[1] 融合教育理论的核心观点是"尊重多元"。不管是少数族裔还是草根阶层，抑或是残疾人士都应该有平等的教育权，应该拥有平等的权利参与到主流学校及社会生活中去，发出自己强有力的声音。

在融合教育理论中，障碍是社会政治活动的结果，是文化压制的结果；特殊教育领域中的分类、对残疾儿童的诊断、教学等这些知识或技能体系都是政治体制与文化相互作用的产物，残疾更是学校和社区应对能力匮乏所导致的，并不是这些人本身有缺陷或不足。因此，学校和社区应该对日渐多样化的服务对象抱以尊重，这种多元化带来的是动力、资源，而不是压力。因

---

[1] 邓猛，肖非. 全纳教育的哲学基础：批判与反思 [J]. 教育研究与实验，2008 (5)：18-23.

此，学校应该有"所有儿童都有学习能力和获得成功"的共识；社区应该成为每一名儿童享受生活、获得成功感受的地方，社区和学校都不能因为学生存在残疾或有差异而有排斥和歧视。❶

社区融合是指导残疾人康复的重要理念，其内涵中包括了正常化、去机构化和融合教育等思想。社区融合主要是将残疾人日常生活和康复都与健康人群一致看待，都能享受到基本的社区成员的权利和社会服务。此外，残疾人更应该走出特设的康复机构，积极全面、平等地参与社区生活，实现社会融合。

谈到社区融合，我们就自然而然会想到社会融合，社会融合与社区融合在特殊教育领域中的区别主要是广义和狭义之分。

残疾人的社会融合可以包含两方面的含义：一是其不断融入社会的过程；二是当残疾人身处在社会环境中时，其与周围的人不断地相互接纳，合为一个群体的状态。这两个方面的含义详细说来有三个层面的意义：第一，社会层面，一般是指残疾人以社会成员的身份能够参与到政治、经济、文化生活中，也能参与到普通的社会机构、组织和活动中，这样就可以融入主流社会中，有一定的人际关系和社会交往。第二，文化层面，说的是价值观和思想观念的融合。在社会中，如果大众都能够保持一种积极的价值观，会把残疾现象和残疾人参与社会的创造性视为社会丰富性、文化多元以及人文多样性的独特点。也因为残疾人的存在，才能让人们对生命更加敬重，对残疾人的精神更加钦佩，对自己和他人更加珍视，形成一种凝聚人心的文化力量。第三，心理层面，这个层面的融合指的是残疾人与社会之间的认同、接纳的过程。残疾人的内心越健康，越能够对自己和社会有正面评价，与周围人的关系、环境的关系都会越和谐，越能得到社会接纳。社会人和残疾人双方都用平和、平等的心态面对，相互接纳，逐步达到感情上的融合，心灵上的融洽。❷

从残疾人运动的历史进程来看，其历史也是残疾人的融合史。尤其在第二次世界大战之后，人权运动加速了融合在世界范围内的速度，残疾人也越发活跃地反对歧视，争取平等权利。去机构化运动、一体化运动、融合教育

---

❶ Gerber M. Postmodernism in special education [J]. The Journal of Special Education, 1994, 28 (3): 368-378.

❷ 吴文彦, 厉才茂. 社会融合：残疾人实现平等权利和共享发展的唯一途径 [J]. 残疾人研究, 2012 (3): 34-37.

观念的提出都不断显示出残疾人要求返回家庭、社区和社会群体，"过上正常人的生活"。残疾人融合社会的新篇章是由 1981 年的国际残疾人活动和 1982 年通过的《关于残疾人的世界行动纲领》开启的。会议的主题是"全面参与和平等"，充分说明了残疾人融入主流社会的两个重要方面。50 多个国家在 20 多年中都颁布了反对残疾歧视法或关于残疾人的社会融合的法律，这些都不断促进残疾人融入主流社会。2006 年 12 月，第 61 届联合国大会通过了《残疾人权利公约》，这部著名的国际法把"机会均等"和"充分参与和融入社会"定为帮助残疾人实现其基本权利的一般性原则，再加上约束性的条款和可操作的执行方式加以规范，为世界各国加快残疾人的社会融合进程提供了新的机会。[1] 残疾人要想更好地融入社会，既需要消除物理环境中的障碍，也需要社会大众给予大力支持，更加需要残疾人自己的积极参加。换句话说，社会融合是实现残疾人平等共享目标的唯一途径。

特殊教育学校是我国目前残疾人接受教育的主要场所，学校与社区融合是残疾人走向社会的一种方式，这样的形式也是社会融合的主体。学校与社区的融合更多注重的是学校与社区的互动。目前，我国培智学校的教育对象以中、重度智力落后儿童为主，主要目标是通过教育使他们学会基本的技能，提高社会适应能力，并能够与社会融合。结合融合教育的基本观点，本书聚焦于培智学校与社区互动，这是学校打破围墙与社会接轨；社区也走入学校、参与教学或活动，双方相互合作，为学生进一步融入社会奠定基础。

（二）学校发展规划

"学校发展"是近年来教育管理领域中热点关注的，也是学者想清晰定义的一个名词，但至今其定义仍没有统一。学者们从社会学的角度、学校功能演变的角度、学校组成要素等方面来对其进行定义。具体来说，一些学者认为，"学校发展"就是学校通过改革来使学校变得更好；一些学者认为"学校发展"更是一个过程，是正在进行的、综合而系统的。一旦一所学校开始了真正的变革或改革，它就不是短时间内可以发生的事情，而是一个持续的过程。"学校发展"的变革是符合社会主流方向发展的，目标在于促进学生的全

---

[1] Gerber M. Postmodernism in special education [J]. The Journal of Special Education, 1994, 28 (3): 368-378.

面发展;"学校发展"不是学校在出现困难或问题时的一种应急机制,是有计划、有目的且不断调控的系统连续过程。❶

从"学校发展"的维度来说,主要有数量方面和质量方面的发展,分别称作外延式发展和内涵式发展。外延式的学校发展主要是从学校的规模和数量上进行扩展。内涵式的学校发展主要是在学校内部资源和潜在资源上下功夫,学校在现有的条件下,通过多种途径深入挖掘学校内部的潜力,迸发出勃勃生机,进而推进学校的发展。这种发展也可称为学校改进。❷

学校发展规划（School Development Plan，SDP），主要是用于改进学校管理,提升学校教学质量。随着国际教育合作项目在20世纪90年代后期进入我国,因其在西部地区学校管理改进中取得了很多成就而引起了国内学术界的高度关注。关于"学校发展规划",目前学术界并没有统一的认识。英国的大卫·哈格里夫斯和大卫·霍普金斯是较早明确而系统提出"学校发展规划"这一概念的学者,他们认为学校发展规划是为了学校的发展、管理改革而采取的必要行动,是对学校发展过程进行更为规范化描述和设计的过程,是学校采取的一种具有创造性的革新方式。

综合国内外学者对学校发展规划的各种定义,我们可以认为：

第一,学校发展规划是一种教育规划。这种规划不是通常意义上的教育规划,是学校为了发展并以此为核心,规划只是形式,根本上是为了学校发展,是实现学校发展的"抓手",只有通过计划实现了学校发展才是最终目的,也是学校发展规划的终极追求。换句话说,学校发展规划建立在对学校发展状况分析的前提下,知晓学校发展的目标、存在且需要解决的问题,并有明确应对方法和具体实施步骤。

第二,学校发展规划是学校管理中的一种思想,主要是学校要从被动管理转变为主动发展。这种思想具有三个层次的内涵：首先,在与办学主体的关系中,不仅要理解上级教育行政部门的要求,而且要了解人民群众对教育的需求,通过规划,积极主动将教育政策法规落到实处,满足人们的教育需要。这样的规划其实是学校的办学承诺,通过规划得到学校自主发展的空间和外界条件支持。其次,在学校对教师的管理上,就是把教师的个人职业发

---

❶ 江雪梅,褚宏启.学校发展过程研究[J].教育理论与实践,2011(5):18-22.
❷ 张兆芹.影响学校发展的内在要素探析[J].外国教育研究,2005(9):7-12.

展与学校的发展相结合，通过制订和实施"教师个人发展计划"，要求教师在专业发展、职业道德、专业技能方面得到提升，学校方面也需要尊重教师个人发展的自主权利，进而实现教师自主发展。最后，在教学管理和学生管理中，通过制订和实施"学生个人成才计划"，对学生的行为进行约束，也使得学生明确自己的发展目标，实现学生自身的个人发展。

第三，制定和实施学校发展规划是实现学校发展的途径和手段。学校发展规划要从分析诊断学校存在的问题、教职工积极参与、社会支持学校办学这三个方面一起努力。这样，学校既扩充了办学的资源，调动了教师和社会的积极性，又对学校的困难和问题进行了分析，在这样的过程中不断实现学校的发展，并且建立一种与以往发展不同的发展机制。

总结前文所述，我们能够看出学校发展规划有三个方面的特点。第一，学校的发展规划需要学校全体成员的共同参与。学校全体成员不仅包括领导班子、教师、学生，还包括学校的后勤工作人员、家长、社区工作人员和所处区域的教育官员。要求共同参与，就是通过不同层次的分组讨论，收集意见与建议，形成规划的具体内容。第二，需要社区的参与。社区参与到学校的发展规划中是因为如果没有社区的支持，学校的发展是难以实现的。社区参与进来是通过第三方的方式分析学校自身的问题与不足，同时了解社区的需求，也得到社区的支持，利用社区中的各种教育资源来促进学校的发展。第三，学校发展规划与其说是规划还不如说是一个过程。这样的过程不仅是静态计划（plan）的生成，更是动态的规划实施过程和评估过程（planning）。

总而言之，学校发展规划注重的是自下而上的生成性，强调学校视自身情况而采取不同的方法，具有地方性；重视全员参与，民主决策；关注质量，从而促进学校的整体发展。本书中的个案学校从"十五"开始注重学校的发展规划，将社区纳入学校教育中，同时也将学校的资源辐射到社区中去。在十余年的发展过程中，注重学校共同体的全员参与。从学校发展规划的角度去分析个案学校的发展，能更清晰地了解个案学校的发展历程，并从中对学校与社区互动进行剖析。

（三）社区发展及互动理论

"社区发展"（community development）是20世纪50年代开始推崇的关于社区发展的理论，在世界各国的乡村复兴建设运动中曾被广泛应用。其主要内涵是把社区作为载体,通过政府和人民的合作致力于改善社区中的经济、社会和文化环境,进而推进整个国家的进步。

长期以来,社区发展的定义随时代的变化与地区差异不断丰富和扩展。最早英国提出的社区发展主要是用于对发展中国家的资助计划和第三世界国家的发展工作;美国则将社区发展作为社区组织工作模式中的一种;欧洲一些国家则认为社区发展是开发社区的方法。罗列社区发展的定义,主要有以下四种。①在1948年非洲行政剑桥会议中,社区发展被定义为:"它是一种运动,主要目标在于促进人民群众的参与,从而改善生活并尽最大可能提倡社区的创始精神。如果这种精神不是自然而然产生的,也可以用各种技术来激发这种精神,用于大家此有热烈而积极向上的反应。"②1986年香港社会服务联会的社区发展部在公开发表的《社区发展立场书》中将其定义为:"社区发展是以集体参与、鼓励居民表达自身需要,并能够采取合适行动的社会意识提升的过程。这是一种社会工作方法,以社区为导向性,内容包括有计划的行动,终极目的是达到社会正义和提高社区生活的品质。"❶ ③联合国提出的社区发展常用定义为:"即由人民和政府一起努力,改善社区经济、文化环境以及社会,把社区和国家的生活融为一体,并对国家的发展进步做最大贡献的过程。"❷ ④现在,社区发展更被看作"由决策者、社会活动家、市民、专家等和社区成员一起改善生活品质的学术术语或实践术语"。

尽管"社区发展"的定义多样化,但是我们依然可以从中看到很多共同点。"社区发展"中的核心词汇包括"人民""社区""参与""沟通""合作""引导""行动""过程"等,这些词汇组合起来说明社区发展需要有一群人在社区中能够形成一个共同的决定,为了这个决定需要有一个社会行动过程,进而去改变他们的社会、文化、经济等方面的情况。"社区发展"定义的演变过程也说明社区发展是以社区空间为载体,以人为本,将社区的发展作为根本目标;同时它需要外部的支持与推动,包括政府层面的也包括多样化的社会机构;需要社区内的所有成员共同参与,群策群力;更是一个过程,有计划、有目的地将外部资源进行实践的过程。

谈到"社区发展"就不能不说到"互动理论",社区的发展是离不开人

---

❶ 徐永祥. 社区发展论 [M]. 上海:华东理工大学出版社,2001:102.
❷ 徐震. 社区发展在欧美 [M]. 台北:编译馆,1983:37.

与人的互动,群体的互动的。"互动理论"是 20 世纪 60 年代后影响较大且流行程度很高的社会学理论。社会学中将"互动"定义关注人与人之间的社会互动,包括个体与个体、个体与群体、群体与群体,借由接近、接触等发生交互作用的过程和方式。互动会带来成员之间的关心、帮助,会给生活带来便利,加强认同感和整合力。❶

互动论的基本观点有以下三点:(1)"自我"是"主我"和"客我"不断在互动中展开的过程,也是社会互动的结果。(2)群体互动是自我互动产生的前提。对个人来说,群体互动是互动产生的前提条件,也是互动的必不可少的情境。(3)互动的实质在于:自我互动和社会互动都是主体与客体之间的往返活动,是两者之间的沟通。交换、合作、冲突、竞争和强制是研究学者们认为的社会互动的四种主要形式。人们在语言和非语言的互动中不断学习由社会建构所具有的象征意义且由大家共享,人们通过角色借用,理解别人的想法,在符号互动中完成了交流,建构了意义系统。也正是在互动中,分享意见,实现情感共鸣,进而影响文化建构和变迁。❷

本书主要研究培智学校与社区的互动,培智学校和社区成员、社区中的组织、机构之间的双向交流与合作。培智学校与社区的互动,可以实现资源上的共享;社区方面也可为培智学校的特殊儿童提供互动的环境。残疾人身处在社区或学校中时,受互动模式的影响,可以与残疾人、普通人产生相互依赖性的互动交往。这样的互动交往不仅对残疾人是有益的,同时对正常人也是有意义的,可以传递出平等、接纳的残疾人观;对于学校来说,也能提升教育质量,促进资源共享。因此,在研究中将社区互动理论作为分析培智学校与社区互动的中观层面的理论分析视角。

(四)课程理论

建构主义在 20 世纪 80 年代兴起,对当前的教学改革产生了非常深远的影响。建构主义的奠基人当属皮亚杰,他对教学、课程等方面都提出了相当独到的见解。社区课程是培智学校与社区互动中的重要方式之一,也是从微观层面来探究培智学校与社区互动的主要窗口,因此将建构主义理论中的课

---

❶ 文森特·帕里罗,等. 当代社会问题 [M]. 周兵,等,译. 北京: 华夏出版社,2002: 29.
❷ 中国大百科全书·社会学卷 [M]. 北京: 中国大百科全书出版社,1991: 68.

程理论作为分析视角中的一部分。

建构主义的学习理论认为,知识的学习是借助于教师和学习伙伴通过一定的学习资料在社会文化的背景下借由意义建构的方式而得到的。因而,建构主义的课程研究范式的方法论特点是:(1)注重研究过程中的情境性和生成性。在建构主义理论视野中,课程研究是一个讲究用自然探究的方式去发现的过程。需要研究者把自己置身于课程活动的现实情境中,一方面随着研究的开展不断有新问题产生,获得新的经验;另一方面研究者不断根据周围环境的变化而调整自己的研究方法与研究思路。从整个研究过程来看,这是一个不可预期的、非线性的、不断推进和生成的过程。(2)将人作为主动的建构者。研究者在研究课程时,不能忽视对每一个具体的人的研究,需要理解不同的人是如何对知识和意义进行建构的,尊重个体在经验上的差异性和多样性。与此同时,研究者自身也是一个主动建构者,也应该发挥自身的独特性,从各自的角度对课程中的现象进行解释,而不是简单进行重复性的验证。(3)提倡课程行动研究。研究者在研究过程中要积极进入研究现场,与研究中的参与者共同解决遇到的问题。(4)重视研究反思。通过有策略地制订研究计划,在研究过程中不断进行自我反思,反思个人在研究中产生的变化,从而把握这些变化将会对整个研究产生哪些影响。[1] 总之,建构主义课程研究范式将"现实乃个人建构或社会建构的结构"作为核心的理念,高度重视研究过程的生成性、主动性、广泛参与性和反思性,在理论上富有创新,在实践上给人启迪。

综上所述:虽然本书中的理论视角有四个,但每一个理论在本书中都不可或缺。融合教育的理论从宏观视野的角度为本书提供研究视角;在融合教育的基础上,学校需要提升自身质量为基础的改革,社区也需要走符合社区自身建设发展的道路,同时学校和社区作为残疾学生成长、发展的两个主要环境,其重要意义是均等的,其必然是需要互动融合的。因此,学校发展规划和社区发展理论作为本书的中观基础,用以分析本书中培智学校与社区互动中的关系;课程作为培智学校与社区互动中"双管齐下"中的重要部分,是从微观视角中更细致地看待培智学校与社区的互动,因此,建构主义中的

---

[1] 黄清. 质的研究课程研究——原理、方法与应用 [M]. 广州:广东高等教育出版社,2006:74-76.

课程理论是本书的微观理论。具体如图 3-1 所示。

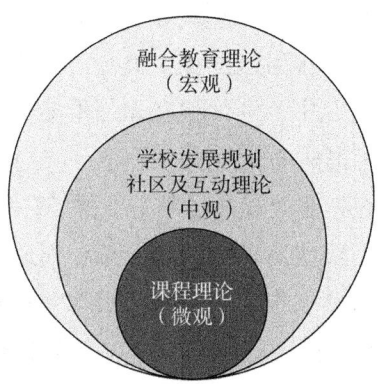

图 3-1　本书的研究理论视角

二、方法论基础

（一）建构主义的方法论基础

建构主义逐渐成为揭露某种社会现象、发现人类经验和客观事实的主要范式是在 20 世纪 60 年代之后。其发展过程是与西方人本主义思潮的兴起以及激进结构主义、人种志的方法、新马克思思想分不开的。建构主义的研究范式是重构不同的主观含义，这就是说"人在某一特定的情景中建构的意义以及这些意义如何相互联系形成一个整体的解读与理解"。[1]

持建构主义研究范式的研究者立足于世界观和人性论的多元化，主要去探索人类现象或某些行为的意义或价值这些主观的存在，倡导对话、理解、解释这些人文体验。[2] 同时，研究者也相信多样化的主观事实存在于人的心理结构中，认为"对某一情境中正在发生的事情是扎根于经验的，而不能通过假设或者演绎推理而得出"。[3] 因此，建构主义的研究范式多采用质的研究，具体来说是通过观察、访谈、文本分析等研究方法对某一现象、某种情境或某一过程进行描述，归纳总结性地对其内在意义进行阐释，同时也需要不断

---

[1] Greene J. C. Three views on the nature and role of knowledge in social science. In E. C. Guba (Ed.), The paradigm dialog. Newbury Park, Calif: Sage Publications, 1990: 227-246.

[2] 邓猛，苏慧. 质的研究范式与特殊教育研究：基于方法论的反思和倡议 [J]. 中国特殊教育，2011（10）：4-8.

[3] Patton MQ. Qualitative evaluation and research methods (2nd ed.). Newbury Park, Calif: Sage Publications, 1990: 20.

探索不同要素之间的联系并形成理论模型，根据这些对人们的行为方式、价值观、认识观等进行影响。总之，质的研究方法充满深厚的人文主义色彩，理论探索性质凸显，坚定地认为这是对人类行为、现象进行具有解释性意义的解读与理解。在质的研究中，主体和客体是不能分开的，研究结果的达成是主体和客体交互作用而形成的。

质的研究同样需要在特殊教育领域中加强。[1] 第一，特殊教育需要与质的研究范式相结合来达到其价值追求。人本主义和人道思想是特殊教育领域中的价值追求，而这些价值追求与质的研究的根本特点相一致。从特殊教育发展的历史中我们可以看到，追求人文主义在文艺复兴运动之后逐渐成为特殊教育发展的根本动力，其"人性与自由、平等、博爱"的社会文化氛围夯实了特殊教育发展的基础。狼人维克多的教育实验、早期的盲人接受教育的记载等都充分反映了特殊儿童可以通过教育发生很大改变，也充分反映了人文主义精神中的积极乐观的信念。质的研究的本质就是对人文价值的追求和主观意义进行建构。特殊教育的人道主义与质的研究及建构主义的追求是不冲突的，尊重多元、个性化的本质与特殊教育的核心观念相结合也是当今融合教育的哲学基础。第二，特殊教育理论的发展创新需要质的研究。相比于其他学科，特殊教育的学科发展还不够完善，其理论体系还不够完整化和系统性。多年来，特殊教育领域中的研究很重视实操性的内容，更多地关注利用教育与康复训练改善残疾儿童的学习成就和生活质量。特殊教育的学科发展不仅需要这些应用性很强的技能，更需要基于事实和有科学论证的理论。质的研究立足于实际，具有开拓性和探索性，这点与特殊教育的理论发展相契合。第三，特殊教育的实践发展需要质的研究。特殊教育是具有很强实践性、操作性的学科，主要是通过不同类别残疾儿童的教育活动、教育现象来探寻现象背后存在的本质规律，从而寻求更有效的干预方式或教育方法。质的研究来源于现实生活，非常注重在参与的过程中形成理论、改变社会现实。这点与特殊教育实践中的本质特点是相符合的。残疾儿童的特点有很大的差异性和独特性，这些都注定了研究者不能旁观而需要真正参与到他们的生活中，只有这样，才能够解读他们的内心世界，改善他们的生存、生活质量。

---

[1] 邓猛，苏慧. 质的研究范式与特殊教育研究：基于方法论的反思和倡议 [J]. 中国特殊教育，2011 (10): 4-8.

因此，本书以建构主义研究方法论为基础，从研究对象的现象描述和概括中提炼出研究问题和讨论焦点，逐步深入地建构理论框架。其方法论思想与当代质的研究的理念基本吻合，因此，本书将采用质的研究方法。

(二) 扎根理论

扎根理论（Grounded Theory，GT）主要是从获得的经验资料中形成理论。[1] 在研究开始之前研究者是没有理论假设的，研究者从实际的观察开始，从收集的原始资料中归纳总结出经验，并上升为系统的理论。这种方式是自下而上形成理论的方式，主要是在系统广泛收集资料后寻求反映事物本质规律的核心概念，然后通过这些概念进一步建构相关的社会理论。扎根理论更讲究用经验证据来支撑，但是它的核心特点不在于它的经验性，而是在于在经验的事实中有新的概念和思想产生。扎根理论起源于格拉斯和斯特劳斯在1965年、1968年对一所医院里医务人员对即将去世病人的实地观察研究，其思想来源于美国的实用主义和芝加哥社会学派。这两个学派都认为，变化是社会生活中不变的特点，需要对变化的社会方向、社会互动和社会过程加以研究。因此，扎根理论特别强调实际行动，从研究者的角度建构理论，而理论必须来源于资料。

扎根理论的基本思路主要有以下七个方面：（1）扎根理论强调只有对资料进行深入分析，才能从资料中逐步形成理论框架，进而提升理论。（2）扎根理论的第一要务是建立适用于特定时间空间的理论，即介于宏大理论和微观操作之间的实质性的理论。（3）要求研究者对理论保持高敏感度。（4）扎根理论中主要采用比较的分析思路，即在资料之间、理论之间不断进行比对，然后根据资料与理论之间的关联提炼出类属（category）及其属性。（5）在进行资料分析时，研究者初步形成的理论可作为下一步对资料进行抽样的标准。（6）灵活运用文献。文献的运用在扎根理论中是很关键的，可以更好地帮助研究者生成理论。（7）研究者在对理论进行检核和评价时要有自己的标准。

具体来说，扎根理论的主要步骤包括：（1）通过对所收集的资料进行阅读，逐级登录从而产生概念；（2）运用比较的方法对资料和概念进行分析，

---

[1] Strass A. Qualitative Analysis for Social Scientists [M]. Cambridge, UK: Cambdidge University Press, 1987: 5.

系统追寻与概念生成相关的理论问题；（3）通过建立概念与概念之间的联系，不断地对资料发展理论性概念；（4）系统地对相关资料进行编码，这个过程就是理论性的抽样；（5）理论建构的过程，就是对获得的理论进行高度的整合。对资料进行逐级编码是扎根理论中最重要的一环，其中包括开放式登录、关联式登录、核心式登录三个级别的编码。开放式登录也叫一级编码，要求研究者抛开个人的"偏见"和研究领域中的"定论"，以开放的心态对所有的资料按照其本身的状态进行登录。关联式登录也叫二级编码，主要是发现和建立概念和类属之间的联系，用于说明研究资料中各个部分之间的关联。核心式登录也叫三级编码，即在已发现的概念类属中通过系统分析选择"核心类属"，将大部分的研究结果包括在一个较为宽泛的理论范围之内。❶

三、研究的技术路线

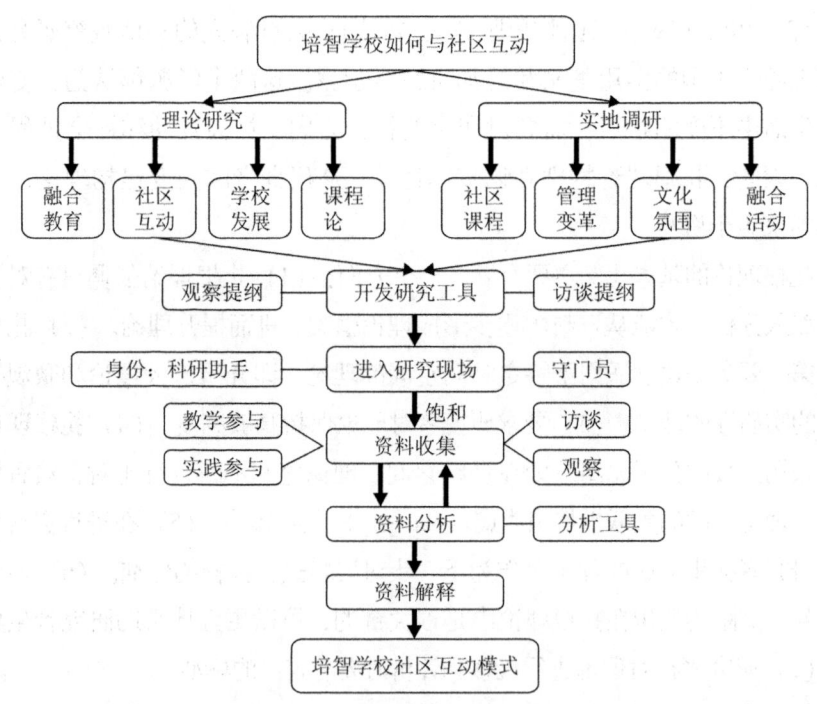

图3-2 本研究的技术路线图

---

❶ 陈向明. 质的研究方法与社会科学研究 [M]. 北京：教育科学出版社，2011：332-334.

第三节 研究方法

一、质的研究方法的选取

本书以建构主义研究范式为基础,采用质的研究方法(qualitative research methodology),通过田野考察,对北京 DC 培智中心学校的学校与社区互动进行个案研究。研究方法是针对研究问题的性质和特点采用具体的研究手段,是研究思路的具体化。培智学校与社区的互动研究需要理论的指导,但又不能仅局限于理论层面,需要走入真实的培智学校课堂,也需要走入社区。只有这样,才能了解学校与社区互动的真实情况,了解他们行为背后的真实想法。另外,学校本身所具有的复杂性、多变性和情境性也在客观上决定了单纯的理论思辨是无法细致深入、有针对性地开展研究的。只有深入培智学校的实际教学活动、关注现实的课堂教学以及学校与社区开展的各项活动,依靠对实践活动的动态的、整体的观察与记录并结合访谈与文本分析等来解释蕴藏在现象里的意义,才能使研究结果具有一定的说服力。质的研究方法是以研究者本人作为研究工具,在自然情境下采用多种资料收集方法对社会现象进行整体性探究,使用归纳法分析资料和形成理论,通过与研究对象互动对其行为和意义建构获得解释性理解的一种活动。❶ 质的研究不是致力于揭示普适性规律,而是描述现象和关系,这与本书中培智学校与社区互动的动态性、情境性和复杂性相契合。因此,本书采用质的研究较为适切。

在具体研究方法方面,本书采用个案研究。个案研究就是对单一的研究对象进行深入而具体研究的方法。个案研究的对象可以是个人,也可以是个别团体或机构。其研究目的主要是通过剖析个案,形成对某一类共性(或现象)较为深入、全面和详细的认识。斯蒂克(Stake)认为,"个案"是一个"有界限的系统"。在有界限的系统中存在某种行为形态,研究者可以借由此行为形态或活动性质来了解系统的复杂性及过程性。因为有一个需要建立普遍理解的问题,而且希望通过研究特殊的个案深入地认识这个问题。❷

---

❶ 陈向明. 教师如何作质的研究 [M]. 北京:教育科学出版社,2001:12.
❷ 潘慧玲. 教育研究的取径、概念与应用 [M]. 上海:华东师范大学出版社,2005.

本书以北京市一所培智学校为个案,探寻其开展与社区互动的出发点和目的,剖析其与社区互动的现状和特点,透视培智学校与社区互动的成效与困境,探索其与社区互动的发展模式,为提高智障儿童走进社区、融入社会提供支持。

二、研究对象的选定

根据"典型个案抽样原则",选取北京市 DC 培智中心学校为个案研究的对象。DC 区培智中心学校原来是 CW 区培智中心学校,创建于 1987 年。这是一所以智障儿童为主要招生对象的特殊教育学校,是北京市首批创建的实行九年义务教育的培智教育学校之一。学校早在 2002 年就提出了"社区融合教育",让特殊教育走出学校围墙,以一种有效的办学方式让智障儿童回归生活,融入社会。"十五""十一五"期间,学校一直都在探索培智学校的社区融合,已有多项科研成果发表。近五年来,该校致力于由"社区融合教育"向"融和育人"转变的实践研究,遵循学生的实际需求,充分发掘身边的社会活动资源,开发环境生态课程,强调使用自然刺激、自然时间表和自然结果,强调自然、真实的环境。与此同时,学校结合"融和育人"的教育理念,开展丰富多彩的"融和"社会实践活动,对学生实施全面教育。除此之外,社区的企事业单位、学校、志愿者等都参与到学校的教学、实践活动当中,形成了学校与社区共同为智障学生学习、生活提供支持性条件的有效共同体。在各个特殊学校都在全力推进《特殊教育提升计划(2014—2016)》《北京市中小学融合教育行动计划》的背景下,以该校为个案进行研究,既有代表性,又有很深的现实意义。

三、资料的收集与整理

(一)研究者扮演的角色以及与研究对象的关系

与个案学校的初步相识是在 2010 年,导师在特殊教育导论的课上分享了一篇关于"融和教育"的文章,以此作为主题探讨"融和教育"与"融合教育"。"融和"来源于一所特殊教育学校在实施融合教育过程中创新提出的理念,是学校发展的一种尝试。学习生涯中接触最多的是"融合教育",对"融和教育"从未听闻。清晰记得,本人(即研究者)的理解是"融合教育"是不能用"和"来取代的,即使是想表达"和睦、和谐",也有些牵强。因为

"合"可以囊括这些含义，它需要内外相合，上下相合，左右相合，前后相合等。此后，在确定研究选题的过程中，研究者与学校 MH 校长取得了进一步联系，了解了学校开展融合教育的情况。研究选题确定之后，研究者与 MH 校长沟通，介绍了自己到校的主要工作有三项：一是进入班级听课，二是参加教研活动，三是进行访谈。MH 校长表示会尽全力支持，随后 MH 校长考虑到研究者会经常到校，特意在教学段办公室为研究者安排了办公桌，请信息办的老师帮研究者安装学校内部的沟通软件——小蚂蚁，方便与校内教师联系。研究者对于学校的细致安排很感动，也在这个过程中充分感受到了学校的欢迎与接纳。

为不影响学校的正常教学安排，获得真实的数据材料，在进入班级听课前，研究者对自己的定位是旁观者，即非参与式观察者。但是，这样的定位在后续的研究中还是有了一些变化。研究者旁听的课程是社区课程，这门课程有铺垫课、实践课、巩固课三个课型，出于教学、安全等各种因素的考虑，研究者也实地参与了课程中的部分环节。其中，实践课是带领学生在社区中进行实地学习，需要有教师负责安全、引路、讲解等，学校教师在教学安排中也会把研究者列为教师中的一员参与教学。有时候是负责学生的安全、秩序等；有时候是给学生做讲解。在校内的铺垫课、巩固课，大多还是非参与式的观察。每到一个班级，研究者都尽量坐在教室靠后方的位置，教师在进行课堂教学时，研究者只是观察者而已。尽管这样，也难以完全忽视掉由于研究者在场而对教学产生的影响。在与 ZQ 老师访谈中她就提过，研究者在课堂听课会促使她更认真对待课堂教学，对教学是一种积极促进。但是，这样的话也显示出研究者所看到的课堂相比平时的课堂会多少有一些差别。

此外，关于教研活动的观察也有所变化。最初研究者也是定位为非参与式的观察者，但这种定位很快就被打破了。WY 老师以及教学段的教师们多次提到，学校目前的社区课程到了"瓶颈"阶段，虽然教师们在尝试探索新的路，但他们更希望通过研究者为学校社区课程的发展出谋划策。因此，教研活动中研究者经常会参与教师的讨论，或针对教师们的困难给出一些建议性的解决方案。此外，MH 校长还邀请研究者参与学校"十二五"课题的研究设计，学校未来在课程方面的改革方案等。这一切都说明了研究者不可能在教研活动中是一名"沉默"的旁观者，在研究者看来这样的方式也能更深入地了解学校发展，剖析个案学校与社区互动中的困难与问题，有利于研究的生动性和丰富性，对个案学校融合教育的开展也是有益的。

(二) 资料收集的具体方法

1. 访谈法

在制订研究方案时，研究者预想对该校教师的正式访谈以个别访谈为主，结合焦点团体访谈。在研究过程中发现，学校的教研会议都是分段召开的，时间分别在周一、周三下午的3:30—4:20。每个段对教研主题都有详细安排，本想利用此时间段进行社区融合的焦点访谈，但考虑到会影响教师的下班时间，焦点访谈则没在此时间段进行。在实际的访谈过程中，康复段、职培段的教师提议访谈内容没有涉及隐私，可以多位教师一起进行访谈，所以这6名教师的访谈为团体焦点访谈。为保证访谈的深入性和访谈时间的完整，本书中的其余访谈都采用个别访谈的方式进行。

正式访谈的对象有六类：

一是个案学校的前任校长❶、现任校长2人（见附录1、附录2：校长访谈提纲）。

二是个案学校的教导处主任❷1人（见附录3：管理层人员访谈提纲）。

三是个案学校的康复段、教学段、职培段教师共15人（见附录5、附录6、附录7：教师访谈提纲）。

四是学生家长代表3人（见附录9：家长访谈提纲）。

五是社区人员代表4人（见附录8：社区人员访谈提纲）。

六是学校督学1人（见附录4：督学访谈提纲）。

访谈内容主要是关于个案学校与社区互动的历史与现状，学校与社区互动的评价，教师在学校与社区互动中遇到的困难与问题，社会实践活动的开展思路等。除正式访谈外，研究者也会根据自己的所见和所想在参与的社区课程、融合社会的实践活动中，向相关教师请教，并随时进行沟通和交流。此外，研究者还在课余与教学段的学生们就"喜不喜欢社区课程""社区课程

---

❶ 因学校的社区融合开展已久，很多教师对过去的情况已经记不清楚了，很多工作也是在前期累积下来的，所以特向前任校长请教。

❷ 个案学校的副校长于2013年因病去世，其主要负责教学工作。现在是由教导处主任负责教学工作，故访谈的学校管理层人员为教导处主任。

想上什么"等问题进行了零散的交流。

在访谈对象的选择方面，主要以参与社区课程、社区实践活动较多的教师为主，这些教师对社区融合了解较多且参与深入。本书中正式访谈对象的基本情况见表3-1~表3-3。

表3-1 访谈对象的基本信息——学校领导及教师

序号	姓名	职务	性别	到本校时间	学历	毕业专业	教授课程	职称	访谈时间	访谈地点
1	MH	校长	女	2009年	本科	教育管理		小高	2014-6-11 13：30—15：20	校长办公室
2	WH	前任校长	女	1998—2009年在校工作	本科	教育管理		小高	2014-6-6 9：40—10：30	青少年课外活动中心
3	WY	教导处主任	女	1991年	本科	教育学	德育	小高	2014-6-3 12：00—15：20	必胜客餐厅
4	XWJ	一段教研组长 A班班主任	女	2001年	本科	特殊教育	社区	小高	2014-5-13 11：00—11：45	康复段办公室
5	WX	C班班主任	女	2000年	本科	美术	社区	小高	2014-5-13 11：00—11：45	康复段办公室
6	LXJ	一段年级组长 B班班主任	女	1994年	本科	特殊教育	社区	小高	2014-5-13 11：00—11：45	康复段办公室
7	ZYC	体育教学训练前任科研工作负责者	男	1987年	本科	体育教育	体育	小高	2014-5-30 9：25—11：00	体育组办公室
8	YZ	一段教师	男	2012年	本科	体育教育	体育	小一	2014-5-28 12：25—13：00	体育组办公室
9	ZY	二段年级组长 E班班主任	女	1991年	本科	普通师范	社区生活数学	小高	2014-3-21 12：40—13：20	F班教室
10	ZYJ	二段教研组长 F班班主任	女	2005年	本科	教育原理	社区语文	小高	2014-3-31 14：15—15：10	F班教室
11	ZQ	D班班主任	女	2007年	本科	特殊教育	社区语文数学	小一	2014-3-31 12：40—13：20	F班教室
12	WSW	教师	女	1987年	本科	美术教育	美术	小高	2014-4-11 11：25—11：45	个训教室

续表

序号	姓名	职务	性别	到本校时间	学历	毕业专业	教授课程	职称	访谈时间	访谈地点
13	XY	教师 负责科研工作	女	2006年	本科	特殊教育	手语	小一	2014-4-2 10:45—11:20	个训教室
14	LQS	教师 负责电教	男	2005年	本科	电子信息工程	计算机	小高	2014-4-11 11:00—11:30	个训教室
15	NBQ	负责学校人事、党务等	男	2005年	本科	师范教育		小高		
16	HWD	三段教师	女	1988年	专科			小高	2014-5-29 11:05—11:40	职培段办公室
17	HL	三段年级组长	女	2003年	本科	音乐教育	烘焙	小高	2014-5-29 11:05—11:40	职培段办公室
18	CYH	三段教研组长	女	2003年	本科	数学教育	职业培训	小一	2014-5-29 11:05—11:40	职培段办公室

表 3-2 访谈对象的基本信息——学生家长

序号	姓名	孩子性别	孩子年龄	所在班级	障碍类型	到校时间	访谈时间	访谈地点
1	LX妈妈	女	14岁	E班	脑瘫	2011年	2014-4-10 11:15—11:40	E班教室
2	YWB妈妈	男	16岁	F班	自闭症	2009年	2014-4-16 15:45—16:05	学校操场
3	ZDY妈妈	女	13岁	D班	智障	2008年	2014-4-23 15:45—16:05	学校操场

表 3-3 访谈对象的基本信息——社区人员及督学

序号	姓名	性别	单位	职务	访谈时间	访谈地点
1	大学生A	女	北京工业大学建筑工程学院	学生	2014-4-9 14:00—14:20	E班教室
2	大学生B	男	北京工业大学建筑工程学院	学生	2014-4-9 14:20—14:35	E班教室
3	WY	女	DCCW青少年科技馆	教师	2014-6-8 14:00—14:30	DCCW青少年科技馆
4	WJH	男	便宜坊集团	书记	2014-6-13 9:00—9:30	书记办公室
5	XYP	女	DC区培智中心学校督学	退休前为普校校长	2014-7-2 16:00—16:30	教导处办公室

2. 观察法

观察法主要用于分析个案学校社区课程的教学过程和社区融合活动的实施情况。本书采用非参与式观察和参与式观察相结合的方法，在预研究阶段（2013年6月—2013年12月），研究者根据学校的教学、社会活动安排到校进行观察。正式研究阶段（2014年3月—2014年7月），研究者在个案学校进行了为期一个学期的实地研究。观察内容主要是社区课程的课堂教学、融和育人的社会实践活动以及学校的教研活动。在研究期间，研究者根据研究计划的安排进入教学段、康复段的班级进行非参与式的观察，并同时对该段的教研活动、学生课外活动进行观察。

在整个研究期间，研究者一共对个案学校的66节社区课进行了随堂观察，其中以教学段的D、E、F三个班为主。除此之外，研究者还以社区课辅助教师的身份参与了教学段三个班级的外出社区实践课程。在教研活动方面，研究者先后对13次各段教研组进行了参与式观察，对4次学校全体教师会议进行了非参与式观察，对18次融和育人社会实践活动进行了非参与式观察。观察所采用的研究工具是课堂观察与分析表（附录9）和教研活动观察记录表（附录10）。

另外，研究者还参与了个案学校2014年4月教师"东兴杯"决赛的赛前模拟、研讨以及正式比赛，2014年5月开始进行的学校"融和杯"教学大赛。除此之外，在校期间我还于2014年4月3日和4月28日邀请研究者所在学校访问学者SMQ老师到校与教学段的教师进行数学教研；以副班主任的身份参与了F班7月10日的家长会以及职培段2014—2015学年改革方案的家长会；以学校教师的身份参加了学校所在街道举办的定向越野运动会；并于7月5日面向全体教师做了关于综合课程改革与教师专业发展的专题讲座。

3. 文本资料收集

文本资料主要是用于补充和验证访谈法和观察法所获得的个案学校与社区互动的相关信息，从而更深入地探究培智学校与社区互动的现状与存在的问题。本书通过获取纸质文本、复制电子文档、数码照相、录制视频等方式广泛地收集了个案学校关于社区融合的日常教学管理文件、学校年鉴、科研报告、各学段教学计划与教研计划、各班社区课程的教学计划与反思、学生作业等文本。其中，主要的文本资料如下：

（1）校级资料：学校1994—2013年年鉴、学校管理手册、学校"十二五"发展规划（2011.11—2016.08）、2013—2014学年第二学期学校工作计划、2013—2014学年第二学期学校科研工作计划。

（2）教研资料：康复段、教学段2013—2014学年第二学期科研计划、教学计划。

（3）教学资料：学校早期（CW区智障学校）的社区课程纲要、目标、评价标准等；康复段、教学段2013—2014学年第二学期的课表；教学段3个班级2013—2014学年第二学期社区课程的教学计划、教案、任务单、素材、照片、反思、家长信等；康复段3个班级2013—2014学年第二学期社区课程的照片、素材等；教学段、康复段课外活动的安排表、活动记录等。

（4）科研资料：学校"十五"期间课题"社区融合教育研究"的教材集、论文集以及反思集；学校"十一五"期间课题"社区融合教育"的教材集和论文集；学校"融和育人"办学特色大讨论的相关资料；学校"十二五"期间"培智学校融和育人办学特色的实践研究"的课题申请书；2013—2014学年第二学期各位教师的子课题研究计划。

（5）出版物：CW区《教育均衡发展、学校办学特色建设集锦》中关于学校的介绍；《现代教育报》关于学校"融和育人"的报道。

（6）教师工作评价表：学校"融和杯"青年教师基本功大赛评比标准。

（7）影像资料："东兴杯"教师公开赛录像资料2节；学校与便宜坊活动的集锦视频；学校活动及学校环境建设的照片若干。

（三）资料的收集过程

在2013年6月到2013年12的预研究阶段，研究者主要是到学校听课、进入班级与学生互动交流，随机与学校领导、教师、社区志愿者、家长进行交流。

2014年3月5日—7月10日，进入正式研究阶段。根据学校的教学安排，研究者开始常驻学校进行实地研究。根据研究计划以及实际研究中的调整，研究过程主要分为三个阶段。

第一阶段：3月5日—5月5日。这段时间主要是进入教学段所在的D、E、F三个班级进行社区课程的听课，并参加教学段的教研活动。听课2周后，从 3 月 31 日开始对教学段的社区课程教师、教研组长、其余学科教师、家长进行访谈。在此期间，如果学校安排的融和育人社会实践活动教学段学生会参加的，研究者都会全程进行观察。此外，还收集了教学段的社区课程的教学资料等。

第二阶段：5 月 6 日—6 月 3 日，进入康复段听课。康复段从 2013 年开始进行课程改革，打破原有的分科课程的教学安排，实行了运动康复、认知、感统训练、思维训练等多模块组合的课程。社区课程有一定的灵活变化，本学期的主题为种植。除进入社区课程的课堂上听课外，在此期间，研究者还进入 A、B、C 三个班级的课堂进行随机听课，以便对学生和教师有深入了解。听课 2 周后，研究者对康复段的社区课程教师、年级组长、其余科任教师等进行了访谈。此外，研究者还参与了康复段课程改革的总结会议、3 次周一下午组织的课外亲子活动，收集了社区课程的相关照片等资料。

第三阶段：6 月 4 日—7 月 10 日。这个阶段开始接触职培段的学生和教师。由于职培段没有专门的社区课程，研究者没有过多进入课堂进行随机听课，主要的方式是参与职培段的融和育人的实践活动。通过这些活动对学生进行了解，随后才对教师进行访谈。此阶段，学校的各种活动较多，研究者的研究重心主要是对融和育人实践活动进行全程式的观察和部分参与（主要是后勤、辅助性的工作）。

除在校期间对校长、管理层人员进行了访谈外，考虑到学校的融合教育早在 10 多年前就已开展，很多教师对之前的情况记忆都比较模糊。为了更好地对社区融合的历史进行深入了解，研究者于 2014 年 6 月 6 日对学校的前任校长进行了访谈，以充实研究资料。7 月 5 日在个案学校的实地研究以研究者对全体教师所做的《培智学校课程改革与教师专业发展》的讲座作为学校对研究工作支持的感谢。7 月 10 日，以参加学校家长会作为研究者在个案学校进行资料收集工作的结束。

（四）资料的整理与分析方法

在资料收集进入尾声的时候，面对电脑中 7G 的电子资料和一堆很高的纸质资料，研究者内心一直有个声音在问，这么多的资料，要如何才能真实地将调研过程中的所见所闻呈现出来？一种两难的心态一直存在于资料收集的过程中，收集时往往会担心自己在哪些方面想得不够周到，忧虑自己收集的资料不够详细；拿到那么多资料后又有一种手足无措的感觉，不知道该从哪儿开始。陈向明认为整理和分析资料是研究者根据研究目的对所收集的原始资料进行系统化、条理化的过程，资料反映出来的方式是逐步集中和浓缩的，最终目的是对资料进行有意义的解释。整理和分析资料是质的研究中不能回避的，也是必需的，是为确保结果的"严谨"和"确切"。❶

面对小山似的资料，初步统计出访谈文本有 15 万字，实地观察和反思日记 8 万多字，纸质文本资料 15 本，个案学校的各式电子资料 20 余万字。如何把这些内容变厚为薄，"升级"成理论是一个很艰难的过程。就如武功修炼一样，它需要有不同的阶段。在质的研究中，需要对原始资料进行编码、分类、理论生成、成文，这也是对原始资料进行"揉散""重新排列""浓缩"的过程。在实际研究过程中，收集资料和资料整理是同步进行的。每天从个案学校回到宿舍时，研究者都会将当天在学校的感受和想法以日记的形式记录下来，这对于后期整理资料、回顾收集资料的场景很有帮助。

在资料的整理过程中，征询个案学校 MH 校长的意见，学校名称可以用实名出现在文中，对受访者则进行模糊处理，即用字母代码代表访谈对象的名字。编码（Coding）是质的研究中资料分析的第一步。一般编码是从原始资料中逐字逐行开始的。首先需要将访谈的内容转化为文本，之后再进行反复阅读，借助分析软件 QSR N-vivo.10 建立节点，然后将所有的节点进行类别化，找到节点与节点之间的关联，从而建立树状节点（也可称作主题）。当树状节点都开始浮现后，就要对主要的类别进行分析整理并归纳，形成"讲故事"（资料呈现）的脉络。以下将结合本书的分析过程做简单说明。

（1）通篇阅读文本资料，对重要的句子进行编码。研究者在进行编码的过程中也仔细阅读了研究进行时写的研究日记，按照某些词语出现的频率或研究日记中标注的关键词进行登录。本研究采用的是开放式的访谈，这样使得收集的资料是比较庞杂的，在进行登录的过程中需要与研究内容进行核对、筛选，删除或搁置离主题较远的材料。编码的命名主要从原始的资料中进行提取，比如"教师尝到甜头""单摆浮搁""东一榔头西一棒槌""教师开阔眼界"等。

---

❶ 陈向明. 质的研究方法与社会科学研究 [M]. 北京：教育科学出版社，2001.

（2）建立类属间的联系。经过初步编码后，研究者对研究中的主题有一个大概的了解，这个步骤主要是通过主题的引领，生成新的节点或增加新的观点，要在分析的过程中把所有的主题串联起来，最后作为轴心的关键类属。研究者按照个案学校开展社区融合教育的历史脉络，学校与社区互动的历史发展、原因，学校开展社区融合的举措，学校与社区融合发展的评价等进行整体性的情境分析，然后对涉及的课程观、融合活动、融和育人评价、困难和建议等类属进行总结性的分析。在该阶段，每次研究者只对一个类属或培智学校与社区互动的某一环节进行深度分析，围绕这一主题寻找相关关系。

（3）选择核心类属，统领故事脉络。简单来说，这个过程就是说明和验证的过程。说明就是要对主要类别和其他类别的关系进行阐释，验证也大体如此。核心类属在整个的研究中起着统率的作用，能够将研究中的大部分研究结果在一个宽泛的理论框架中展现。研究者确定"从相融到相合""存异而融，求同而合""从融合到融和"个案学校与社区互动的实践样态，向读者呈现一个真实的特殊教育学校与社区融合发展的故事。

第四节　研究的效度和伦理问题

一、研究的信效度

为了增强本书的信效度，主要采用了以下四种方式：第一，在正式研究开始前通过阅读个案学校的社区课程资料、融合教育的文章以及进入个案学校观察、访谈等方式进行预研究以提高研究者的访谈和观察的技能，完善访谈提纲和资料收集的具体类目。第二，对各种数据的信息来源做三角互证，考察观察、访谈和文本资料的可靠性。第三，采用人员校验法（member-checking）。在初步的研究报告出来之后，研究者将其反馈给个案学校参与本书的校长和教师，请他们核实了所述资料的准确性。第四，在研究报告中，研究者通过写研究日记，不断进行自我反省，努力形成一个开放的、公正的叙事，不断澄清自身可能带入研究的偏见。

二、研究的伦理问题

质的研究重视研究者与研究对象之间（主体与客体）的关系对研究的影

响，伦理问题是质的研究不可回避的问题，贯穿于研究的全过程。本书遵循了知情同意、尊重隐私和保密等伦理道德原则。首先，进入每个学段听课之前，研究者会与年级组长进行沟通。在进入班级进行随堂观察之前，研究者向教师表明来意，征得教师同意后再进行课堂观察和访谈。每一次访谈录音之前，研究者都会向访谈对象说明录音的意图是用于后期资料的整理，征得访谈对象同意后再进行录音。其次，本书可能涉及隐私，为表示对研究对象的尊重，在研究成果的呈现中，隐去了研究对象的真实姓名，以字母编码的方式对涉及个人隐私的信息进行处理；对于难以隐蔽的数据保证不用在本书中。所收集的文字材料、作品、照片、录音等仅用作本书的素材，使用后将进行妥善保管，未经研究对象同意，绝不外泄。再次，在整个研究过程中，力图做到价值中立，完整、真实地呈现研究事实。最后，本书也包含了所有研究对象的心血，最终的研究成果将与他们一起分享。

第四章

从相融到相合——培智学校走向社区的机制

第一节 从相融到相合——培智学校走向社区的背景

一、培智学校：融和育人的校园文化

（一）学校基本情况

北京市 DC 区培智中心学校（原名北京市 CW 区培智中心学校）始建于 1987 年，是一所以智障儿童为主要招生对象的特殊教育学校，是北京市首批创建的实行九年义务教育的培智教育学校之一。原校址在锦绣三条 9 号，后迁入 CW 区清华街 46 号，2010 年 7 月迁入新址体育馆西路 33 号。

从学校年鉴中查阅到 1994 年学校有教职工 29 人，领导干部 7 人，除了书记、校长专职外，其他人员均兼课或监管其他方面工作；教师 17 人，学校学生 97 人，分布在二至九年级 8 个班，其中智力障碍为轻度的学生有 54 人，中度 33 人，重度 10 人，均为走读。2014 年学校共有学生 106 人，全部是智障学生，其中中重度智障学生占 80%；教职工 36 人。其中校长 1 人，教导主任 1 人，3 个教研组长，3 个年级组长，1 名保卫主任和 1 名信息中心主任。一线教师全部为大专或以上学历，拥有中高级专业技术职称的教师占教师总数的 62%。

（二）学校办学理念

快乐、分享、自信、自立是个案学校的校训。MH 校长在访谈中介绍"2010 年后学校提出融和育人的办学理念，具体为在快乐中成长，在成长中分享。办学目标是让学生快乐成长、让教师专业发展、让社会文明和谐。[1]"该

---

[1] 本书所引用的访谈对象的语言，除非特别说明，其余皆指正式访谈时的访谈对象的话语。具体的访谈时间和地点参见表 3-1~表 3-3，后面不再一一赘述出处。

校的办学目标、办学理念、校训的确立以及校徽设计的过程都体现了学校民主办学的理念。任何一项学校理念的形成从开始到最后决议都需经过行政会讨论—拿出初稿—再将初稿向家长、学校教师以及特教专家征求意见—教职工大会表决的过程。图4-1为个案学校的校徽❶，是由MH校长亲自参与设计的以心手相连为主体的图案。

图4-1 个案学校校徽

个案学校的校徽由大小心形图案叠加、人形组合为视觉中心，周围以环绕的人形图案为辅助配以中文校名组成。具体含义：主体部分较大心形象征学校教师、较小心型象征学生，寓意学校及教师以包容、博爱的心关怀学生的学习及成长。

学校的办学宗旨是以"融和育人"为办学理念，为学生的快乐成长服务，为教师的专业发展服务，为社会的和谐文明服务。这"三个服务"体现了其办学理念的三个层次，为学生、教师服务，促进社会和谐稳定；终极目标是为社会服务、为家庭服务、为自己服务。这也是寄希望于教师和学生每天都有幸福的笑脸，每天都有收获，在快乐成长中分享彼此收获的喜悦。总体来说，就是从学生、教师、家长及社会方面层层递进，让学生在快乐中学习、生活，在家校、社会中成长，在成长中学会与人分享，体现在学会分享情感、技能，交流沟通；同时，教师、家长也在学生的成长中共同分享体验，分享社会资源。

（三）学校课程特色

通过个案学校老教师的介绍，结合该校的历史资料，可以明显感受到该校从20世纪90年代开始就很重视课程改革以及教学的发展。以1994年10月国家教育部颁布的《中度智力残疾学生教育训练纲要（试行）》为契机，学

---

❶ 本书中使用的个案学校的校徽、照片等已经征得个案学校同意，并可用真实图片呈现。

校在 1996 年到 1999 年为提升教学质量，更好地施行素质教育开展了教学管理、分类教学、教学质量一系列的改革。学校在 1994 年提出在教学管理中进行分类管理，对年龄、智龄、行为障碍等诸多因素进行综合性考虑后进行一级分类，即把全校学生分为三大类，第一大类为中度训练班 2 个；第二类为劳动技能训练为主的岗前培训班 1 个；第三类为以轻度为主的班 5 个。二级分类是课堂教学主渠道中的分组，分层备课、指导与训练。1996 年到 1998 年，学校进行了中度智力残疾儿童教育训练的实践和研究，对分类教学、实施纲要等进行改革。在中度班进行教学研究时强调"两贴近"，即教学内容贴近生活，教学方式方法贴近智障学生的实际需要。在教学工作中对不同阶段、不同学科的侧重进行了规定，语数侧重于数学设计与过程两个实际相结合；科任课侧重于课堂教学结构的优化，如何在导课、新授、练习中体现趣味；中度教学侧重于课堂教学的全过程。1999 年，学校提出了监控教学质量的九项标准。

2002—2009 年，在融合教育的理念下学校比较注重学校课程的改革。2002 年，学校教师从中度智障学生的自身特点出发，编写了学校的"实用语算大纲"，以丰富学校的中度课程设置。2003 年，学校召开围绕"源于生活、回归生活——综合训练的理念与实践"主题的综合训练现场会，展示学校语文、数学、音乐、美术 4 节研究课。2004 年，学校开设社区实践课程，利用社区环境在天坛公园、新世界百货、麦当劳和新世界超市等地进行实地教学，采用学生自主学习方法，打破分科教学界限，学习包括社区地理、居家、学习生活、出行、休闲娱乐、购物、公共设施、政府机构和信息查询八项知识与技能。2004—2006 年，学校增设烹饪、泥塑、家政服务课程，在职业培训课程方面有了进一步发展。2008 年，学校结合奥运会主题开展以"寻找身边奥运特色"为主题的社区课程。2009 年，学校将学生分为康复班、教学班和职业培训班三个层次，并以康复组、教学组、职培组和科任组四个大组进行教材编写与整合。通过提出整体框架、周密计划、拟定教材框架、分头编写、集体研究、修改整理等步骤，编写与整合《沟通》《认知》等 24 册涉及 "数学""语文""劳动""社区"等 14 门学科的教材。

2010 年至今，学校在原有基础上进一步深化教学和课程，继续深化社区实践课程，开展融合教育活动。学校目前共有三个教学段九个教学班，一段为康复段，以康复训练为主，除国家课程开设的沟通、认知、生活适应、唱游律动、运动保健等科目外，还开设有视听、思维、社区三门校本课程，此外还有感知、音乐治疗、语言训练等个训内容。教材方面，尝试编写各科教师用书，配以家校沟通计划。二段为教学段，学生多为普通小学转来，有一定认知理解能力，所以课程以国家课程中所开设科目为主。教材方面，不同年级同一学科采用纵向单元形式，知识技能体现阶梯层次且有连贯性，同时本段尝试走班制和个训课程，以发展潜能为主，开设美术、舞蹈等课程。三段为职培段，以生活技能和手工技能内容为主。教师编写技能用书，逐渐形成职业培训训练册；同时授课形式多样化，有班级授课制，还尝试技能分组。

学校根据教育部颁布的课程设置方案以及本区、校的特点，从学生实际情况及发展需求出发，开设基础课、活动课、康复课等课程。基础课包括生活语文、生活数学、劳动、沟通、生活适应、计算机等课程，采用协同教学、以班级为基础的分层教学、个别教学等形式；活动课充分调动并发挥学生的学习兴趣及个性特长，设置音乐、体育、美工、休闲几门课程，采用跨班级动态分组教学形式，定期轮换；康复课包括脑瘫训练、认知训练、思维训练、感统训练、蒙氏训练、语言治疗、音乐治疗及自闭症训练等内容，形式为一对一及小组训练两种，康复训练分为六大步骤，分别为一诊、二查、三定、四练、五评、六存。

二、培智学校走向社区的动因

从最早的"开放型社区"到"社区融合"再到现在的"融和育人"，学校开展融合教育并不是一蹴而就的。在实行"开放型社区"之前，学校和当时很多特殊学校一样都是关起门来办教育，用一堵无形的"围墙"把学校封闭起来，使学校成为学生受教育的唯一场所。学生接受九年封闭式的义务教育之后，适应社会、融入社会就成了一句空话，很难落到实处。

（一）开辟融合教育新纪元

西方特殊教育经历了由分到合再分的过程。从没有人为智障人士提供教育到把智障人士集中、孤立地进行训练。20世纪60年代，这种大型的智障人士寄宿中心逐渐关闭，智障人士回到社区与正常人融合生活。自进入20世纪70年代，"回归主流""一体化"等一系列思想的引入，教育呈现出融合趋势。融合教育的概念是 20 世纪 90 年代国际特殊教育界明确提出的，其思想和实践都是指所有健全的、残疾的儿童包括智障儿童都要在一起学习，享受平等的教育。它的目标是没有一所没有残疾儿童的学校，也没有一个没有残疾儿童的班级。正如 ZYC 老师在访谈中说到的："90 年代初期，朴老师和肖老师在北师大办了一期和美国的卡氏基金会（音同）合作的精英班。当时从苏联的智力残疾教育观念到美国的特殊教育理念，尤其是韦氏量表测量师的资质也是在这个班级中了解的。这个班讲得比较深入和突出，对各省市的教育具有开拓性，是一个新纪元的开始。这个班把美国的各种理念带到了中国，培智学校初期就是按照美国的成功案例去做的。"我国特殊教育在人口众多、普通学校班额较大的具体情况下，以特殊教育学校为主体，随班就读和附设辅读班为辅的格局。更重要的是，面对社会、经济飞速发展和世界融合发展的今天，我们的特殊教育不能再坚持封闭的教育观念，忽视以特殊学生为本的教育思想。

（二）国内特殊教育发展需求的驱动

我国智力障碍儿童的教育起步较晚，特别是成立专门的培智学校只有近 30 年的历史。从办学模式到安置形式，从课程到教材，从课堂到教学方法都有了天翻地覆的变化，但是随着社会的迅猛发展，智力落后儿童的教育不能仅满足于九年义务教育（满 16 岁），他们需要升入高一级的学校，融入社会。我国的特殊教育在 20 世纪 90 年代还处于一种纵向与横向彼此分割的状态。幼儿教育、中小学教育、高等教育、成人教育以及特殊儿童教育、校外教育、家庭教育等都各成体系，彼此间缺乏联系与协调。教育和社会、社区及其他行业基本上是脱离的。因此，学校所培养的人才与社会需要也有差距。这样，就很难实现社区整体协调发展的最佳效果。

社区的概念在国外自 20 世纪 80 年代兴起，90 年代迅速发展，逐渐从城市推及农村。自 1998 年全国召开第一次特殊教育工作大会以来，国务院及有关部委制定的政策法规中提出了残疾人事业要推进社会化管理的要求和社区教育的重要性。1990 年实施的《中华人民共和国残疾人保障法》、1993 年《中国教育改革与发展纲要》和《关于加快发展社区服务的意见》中都重申了社区教育的重要性。1994 年中国与联合国儿童基金会合作进行的"有特殊需要儿童的教育"项目（SEN 项目）开始在中国推行以残疾儿童家庭为基础、特殊学校为骨干、社区服务和地方政府为指导的社区教育网络，形成学校、家庭、社会一体化教育。但是，那时社区教育网络建设还处于尝试阶段，一般是以学校为基础与家长之间的网络或者家长之间自己组织的网络，涉及的层面还不够广，也没能把建立社区教育网络的经验加以总结和推广，社区教育网络的构建和研究还面临很大挑战。当时一直沿用的1992年出台的教学大纲，早已跟不上社会发展，特别是社区概念快速发展的步伐；教育与社区资源整合有效利用不够等。走与社区融合的道路是解决上述问题的唯一途径。

（三）教育理念的改变

无论办学模式，还是课程、教材和教学方法的探讨，个案学校从建校至今有了充足发展。发展变革与教育理念是息息相关的。建校初期，特殊学校还不够普遍，那时的教育理念还停留在让智障儿童可以接受教育，而不是留守在家庭或被社会遗弃。个案学校的办学也像"关起门来苦练内功"，就是让学生在学校这个单一的环境中接受教育。20世纪90年代末，融合教育的理念被介绍到中国，学校当时的领导者和管理人员最早接触了这些理念，"90年代末美国开始提到回归主流，但是中国已经全面铺开封闭式的培智学校模式，基于这种情况，我们又不能追着美国的方式完全去做，但是回归主流的方式又适合孩子的全面发展，所以学校前瞻性地、开拓性地提出社区融合教育❶。"因此，培智学校从相对孤立的办学实体转变为与普通学校以及附近社区有密切联系的开放式办学实体。

从2000年开始，个案学校提倡"开放型社区"的理念，历经15年的发展，经历了"开放型社区""社区融合教育阶段"和"融和育人"三个阶段。每一个阶段的变化，都显示出学校教育理念的转变，亘古不变的是以学生的发展为核心。这些都进一步说明了教育理念的变化也促成了学校走向社区。

（四）以学生为本的转向

智力残疾学生学习知识是有限的，九年义务教育之后程度较轻的学生也就刚达到小学四年级的文化程度。他们更突出的问题是不能把在课堂上学到的知识迁移到实际生活中，"比如在课堂上学生们认识了颜色，知道过马路要走人行横道，红灯停，绿灯行，可学生们到了马路上却仍会不知所措。要么

---

❶ 资料来源：ZYC老师正式访谈录音。

记不清到底什么灯该走,什么灯该停,要么甚至颜色都分辨不清了;看到来回变化的指示灯、川流不息的车辆和行人不知道该怎么办"❶。再如"有的学生毕业时在学校教育中是优秀的学生。可是到了社会上,有的被欺负、挨打,身心受到伤害;有的很不容易找到一份工作,但遭到歧视、不堪重负,最终回到学校;程度更差一些的学生毕业后待在家里,连购物都帮不上忙,这样孩子反而成了家庭、社会更沉重的负担"❷;"在拥挤的公交上,有培智学校学生的地方就会有一块'安全距离';有的孩子为自己的某项成就而自豪,却发现别人投来的不是和老师一样的赞赏眼光,而像是在看一个怪物。"❸

学生们在校园外遇到的这些困难,教师都看在眼里也深深为这些学生的发展着急担忧。前任 WH 校长认为"学校的发展虽然是由课题开始,但不是为做课题而做,而是以课题为载体,通过这个载体给学生生存发展、回归社会创造条件;给老师发展创造条件;带动学校的整体工作发展,包括教师发展、学生发展"。这种以课题为契机,学生发展为实质的观念,充分体现了学校并不是单纯为了获得某项成就,不是为了争得某项荣誉,把过去的学校整体发展、教师发展转向以学生发展为本。

学校建校至今,无论学校领导怎么变换,学校的发展始终把学生的发展放在根本地位,制定学校发展规划、课程改革、教学发展都是以学生为本。MH 校长在访谈中说:"学校的发展始终是要与学生的发展紧密结合的。学校一直是把学生发展放在首位,只有学生发展才是学校的发展。"

三、从相融到相合——培智学校走向社区的阶段

纵观学校开展融合教育的历史资料,结合学校老教师的访谈资料,DC 区培智中心学校开展融合教育至今已有 15 年历史。通过对学校 15 年融合教育工作的分析,学校的融合教育可以分为开放型社区阶段、社区融合阶段、融和育人阶段三个阶段。

(一) 开放型社区阶段:打开校门让孩子跟外界接触

学校从打开校门开始,创造机会让学生接触外界。开放型社区是由学校

---

❶ 资料来源:WH 校长正式访谈录音。
❷ 资料来源:HL 老师正式访谈录音。
❸ 资料来源:MH 校长正式访谈录音。

前任 WH 校长提出的,"刚接手这个工作时,开始(2000 年)我提的是开放型社区,就是必须打开校门让孩子跟外界接触,不然这些孩子怎么融入社区啊?""打开校门让孩子跟外界接触"就是当时学校在充分考虑学生实际情况后提出开放型社区的主要缘由。20 世纪末,当很多特殊学校还在关起门来给特殊儿童提供教育、办学理念、课程设置、教学方式还都处于相对封闭的状态时,个案学校(原 CW 区培智中心学校)率先提出走开放式道路。

学校在 2000 年 9 月提出了"开放式,社区型"的办学模式并开展了一系列活动。学校成功举办了 CW 区❶首届特殊奥运日活动。国际特奥会主席、副主席、亚太地区总监夫妇,中国弱智人士体育协会主席,市教委、区政府、区教委的领导都出席了会议。此次活动后教委把三所学校的辅读班合并为中心学校,并将原来的清华街小学腾出来给学校。同时,学校还成立了职业培训班留住了本校毕业生,当时学生就增至 100 余人。扩大了办学规模后,学校开设了音乐、康复、感觉统合训练、美工、家政、烹饪等专用教室。2001 年,学校拟定《CW 培智中心学校"十五"发展规划》,规划中对学校今后的办学宗旨做了明确表述:遵循弱智教育规律,突出弱智教育特点,真正做到一切从弱智儿童实际出发,树立一切为了提高残疾儿童生存能力的意识,不仅着眼于学生的现在,更着眼于学生的未来,使开放式社区型办学模式初具规模,从两支队伍、校园环境到硬件设施都为今后进一步发展奠定一定的基础。❷

在此阶段,学校主要是打开校门,让校外人士走进校园与智力残疾儿童一起参与体育、文艺类的活动,增加社会人员、社会单位对智力障碍儿童的认识和了解。学校在校园环境、教师队伍、课程设置等方面进行的调整为后续的社区融合奠定了基础。

(二)社区融合教育阶段:给学生生存发展、回归社会创造条件

社区融合教育阶段是指学校"十五""十一五"十年间(2001—2010

---

❶ 2010 年 7 月 1 日,国务院正式批复了北京市政府关于调整首都功能核心区行政区划的请示。调整方案为,北京市 DC 区和 CW 区合并,仍称"DC 区",西城区与宣武区合并,命名为西城区。合并后新设立的 DC 区,辖区范围为现 DC 区和 CW 区辖区范围,面积 41.84 平方公里,常住人口 86.5 万人。后文出现的 CW 区都是指的 2010 年合并之前的叫法,2010 年后学校的叫法更为 DC 区培智中心学校。

❷ 资料来源:CW 培智中心学校档案,案卷号:378,页次:第 34 页,表号:2001007。

年)围绕"社区融合"所开展的教育教学活动。十年之间,"学校以课题为载体促进学生发展,给学生生存发展、回归社会创造条件,给教师发展创造条件。通过课题带动学校的整体工作发展,利用学校资源影响周边社区。"❶个案学校的"社区融合"是教育与社会的融合,体现了教育社会化,社会教育化,教育社会一体化的大教育观。具体来说就是学校与社区、社会相结合,特殊教育与普通教育、职业教育、成人教育相沟通,通过教育与其他行业共建,最终达到教育与社区诸因素相互协调,双向服务利益互补、整体发展。

2001年11月,学校召开了"社区融合教育的理念与实践"现场会。学校的办学理念得到了特殊教育专家和市区领导的充分肯定。经过一年多的实践,学校将办学模式概括为"社区融合教育",使学校社会化功能得到进一步的发挥,使社区内资源得到充分利用,提高弱智学生的适应能力和独立能力,建设教师队伍,帮助家长和社区成员更加主动和积极地参加学校活动。

2003年10月30日,CW培智中心学校召开综合训练现场会,会议围绕"源于生活、回归生活——综合训练的理念与实践"的主题,展示学校语文、数学、音乐、美术4节研究课,充分体现源于生活、回归生活综合训练的理念。❷2003年12月20日,CW培智中心学校完成社区融合教育实施方案的制订。该方案包括社区实地教学研究计划,选择社区教学,教师带领学生学习使用社区设施,帮助学生融入社区生活等内容。2004年3月18日,CW培智中心开设社区实践课程。该课程利用社区环境,采用学生自主学习方法,打破分科教学界限,包括社区地理、居家、学习生活、出行、休闲娱乐、购物、公共设施、政府机构和信息查询8项知识与技能,在天坛公园、新世界麦当劳和新世界超市等学校周围社区中开展实地教学。❸2005年5月,CW培智中心学校出台了《社区实践课教学方法集锦》。❹

2006年5月,CW培智中心学校"十五"教育科研课题"社区融合教育研究"结题。该课题历时五年,特殊教育学校从封闭走向开放,智障儿童更多地参与社会生活并得到正常人士的理解与接纳。学校教育教学、德育及队

---

❶ 摘自学校前任 WH 校长访谈记录。
❷ 资料来源:北京教育年鉴,页次:264页,出版日期:2004年11月,表号:2003002。
❸ 资料来源:北京教育年鉴,页次:276页,出版日期:2005年11月,表号:2004002。
❹ 资料来源:2005—2006年教学工作计划,日期:2005年,表号:2005021。

伍建设等工作均以其为主线进行探索研究。❶ "'十五'时期就是我们自己做，'十一五'就是初步有了一些基础后，觉得效果不错，我们就报了一个市级课题结果就批了，后来还获奖了。'十五''十一五'期间在社区融合这一块没有太大区别，但是发展更厚重了，在原来的基础上更深入了。"

从 2007 年开始，学校进入"社区融合研究"的下一阶段，主要从教学方面进行深入发展。2007 年 4 月 13 日，CW 培智中心学校校长 WH 开展了关于源于生活，回归生活教学理念的讲座。❷ 2007 年 4 月 27 日，CW 培智中心学校在学校举行了"源于生活，回归生活"理念在教学中运用为主题的教学研究课活动。活动从开学初开始进行，活动中的四节课是在学校"语文""数学""科任"和"职培"四个教研组内推选出来，并经过三到四次集体备课和试讲、修改之后进行的。无论是从主教材知识点的把握方面，还是从教学方法的运用、教学环节的安排方面，都得到了很好的改善，老师们一致认为，这种教学研究方式，使大家增强了彼此之间的凝聚力，更可依聚集体的力量，提高自身的教学水平。❸

总结以上"社区融合"教育阶段的发展变化，学校主要是通过以下两种方式实现社区融合。

1. 学校面向社区开放

第一，学校为 16 岁以上的学生提供技能培训。许多年满 16 岁或受教育满九年的智障儿童虽从学校毕业，但绝大部分不仅没有走上社会，反而更被隔离于社会之外。既失去了继续受教育与训练的机会，又没有就业。个案学校对本校毕业生和社区内未受教育的智力残疾学生进行手工制作、体能训练、竞技体育、康复训练，还对学生感兴趣的舞蹈、陶艺、电子琴等开设课程，进行兴趣培养。

第二，学校组织"五同活动"，面向家长开放。"五同活动"包括同爸爸妈妈一起完成——五一劳动技能展示；同爸爸妈妈一起锻炼——六一趣味运动会；同爸爸妈妈一起歌唱——十一朗诵会；同爸爸妈妈一起献爱心——为灾区小朋友募捐。除此之外，家长开放日、社会实践等活动都是家长和学生

---

❶ 资料来源：CW 教育信息，日期：2006 年 6 月 2 日，版次：第 39 期，表号：2006006。
❷ 资料来源：学校信息，日期：2007 年，表号：2007033。
❸ 资料来源：CW 培智中心学校信息，日期：2007 年，表号：2007034。

同参与、同活动、同训练、同展示。这些活动不仅在实践中教育了学生学做人、学交往,增强了自信;更加深了亲子之情,增加了教育的沟通力,调动了家长参与教育的积极性;同时为家长在教育中遇到或可能遇到的问题答疑解惑,也使家长卸掉包袱、树立信心。许多家长在开放日、融合活动中看到自己孩子的变化,都非常感动惊讶,甚至不相信。校外人士包括专家来到学校,认为学校的学生障碍程度较轻甚至应该不是智障学生。事实上是因为教育训练使学生的能力得到了提高,缩短了与正常人之间的距离。学校相信每个学生都有自己的潜力,在学生全面发展的同时注意培养个性,使每一个学生都有一技之长,都有其闪光点。

第三,利用特殊奥运活动和志愿者活动,面向普通学校开放。学校开展社区特奥活动、新年庙会等都邀请正常孩子一起参加,不仅增强了智力残疾学生的自信,提高了交往能力;同时,这也是对普通学校学生的教育,在活动中普通学生会降低自身的优越感,通过与智力残疾学生的接触触发普通学生的同情心,珍惜拥有,也会从智力残疾学生身上学习到刻苦、努力、乐观的精神。这样的互动,也培养了普通学生的责任感,也是对社会的负责。

2. 通过社区课程和社区实践活动,帮助学生从学校走向社区

培智教育的最终目标是发展智障学生良好的社会适应能力。运用社区资源,实施以学生需求为中心的课程是实现这一目标的重要手段。在社区内的场所为学生提供社区学习的机会,善用社区资源,可以增进智障学生社会适应能力,也可以促进智障学生融合于各项社会活动之中。然而,大多数中重度智力障碍学生无法把课堂上的学习类化到实际的生活上。因此,走入社区,面对实况的社区实践教学应运而生。社区实践教学是指利用社区环境作为教学背景,教导学生相关的功能性技能,促使学生能从虚拟的学习情境类化到自然的环境。

除了社区课程外,学校还组织社区实践活动。学校教师带领学生到普通学校进行社区实践,然后走上社会,到酒店、国贸大厦义卖、义演,这些活动都取得了良好的效果。实践中既展示了智障学生亲手制作的书包、套袖、围裙、鞋套等劳动产品,手工缝制的工艺小包,编制的中国结、软陶等手工艺制品,还用学到的本领为他人服务,如配钥匙、塑封照片。普通学校的师生和社会人士给予了孩子们极大的赞扬,智力障碍学生在自然和谐的社区氛围中学习与他人交往，找到了真正的自信，有自豪的情感体验。社会中的公司、企业在活动中也给予学校很大支持，支持学校发展。

总的来说，社区融合阶段是学校紧紧抓住"课堂"这一实施素质教育的主渠道，紧紧围绕中度智障儿童生存、发展实际，以一切为了智力残疾学生的生存与发展，使每个儿童最大限度地融入社会、自食其力为宗旨，以认识社区、适应社区、为社区服务，培养良好生活习惯和态度、充实社会经验、培养交往能力和实用学习技能、发展良好社会行为、最大限度地发展他们的职业能力为目标，对课程设置、教材编写、教学方法进行了一系列扎扎实实较为深入的学习、探讨与实践，并提出"源于生活，回归生活"的综合训练的教学理念。与课程相适应的发展，学校在教学改革、科研等方面都进行适合社区融合发展的调整。

(三) 融和育人阶段：教育康复、融和共享、和谐发展

"十一五"❶ 期间在社区融合教育的课题研究指引下，学校取得了诸多成绩，获得"北京市教育教学成果（基础教育）"二等奖、"CW区残疾人之家""北京市特殊教育先进集体""北京市区级巾帼园丁岗""北京市康复工作先进单位""区级教育先进集体"等。"十二五"❷ 伊始，DC培智中心学校提出"融和育人"的办学特色，开展从"融合"走向"融和"的实践研究。

"融和育人"即借助特殊教育学校这个平台，帮助有特殊需要的学生融会贯通地应用所学的知识，以便更好地自理生活、自立社会，并能和社会上的人士进行长效的融合互动。在融合共享中，发挥学校的教育主导和辐射社会的作用，充分利用社会上的一切可应用的资源，致力于特殊学生尊严和价值的体现、特殊学校教育主导功能的加强、特殊家庭进一步得到理解和尊重，使社会各界人士更加深入认知、理解并尊重特殊学生，达到整个社会和谐发展。学校提出"融和育人"的办学特色，以"为学生的快乐成长服务、为教师的专业发展服务、为社会的和谐文明服务"为办学理念，建设"教育康复、融和共享、和谐发展"的学校文化，形成以国家级课程为主体，社区实践、校本课程为特色，潜能康复、个训组训课程为辅助的课程文化，融和共享的

---

❶ "十一五"指的是2006—2010年。
❷ "十二五"指的是2011—2015年。

"五同"活动为载体的教育模式,彰显培智学校的教育、康复、指导、服务的多元功能。

"融合育人"阶段,学校的整体发展经历了学校领导换届、负责教学科研的主要领导离世、学校内部改革等,社区融合一直在延续前10年的方式平稳发展。此阶段,"融和育人"已经从过去的"融合"结合中国特色的和谐发展走向"融和",进一步提升了学校在探索社区融合发展的思想高度。

第二节 从相融到相合——培智学校走向社区的体制

一、培智学校走向社区的文化氛围创建

(一)从"合"到"和",逐步深入

个案学校从2002年明确提出"社区融合教育",是集合社区内的各教育因素,使之协调、融合、互动。一方面,学校教育面向社区开放最大限度地体现教育的服务功能;另一方面,学校充分地利用社区资源,发掘社区的教育因素,以实现"回归生活,融入社会"的培养目标,教育与社区和谐发展。学校承担了社会责任,跳出了学科教学,走出了学校的围墙,以一种有效的办学模式成功地引领智障学生回归生活,融入社会;"源于生活、回归生活"以学生发展为本的教学理念,设立与实施"社区课程",学校与家长之间已有的网络与其他社会力量的密切联系初步形成多渠道集中力量办学的特色。

随着"十五""十一五"期间学校对社区融合的实践,学校于2010年提出了"融和育人","融合"开始走向"融和"。"融合"在《新华词典》和《中华词典》中是这样解释的:相合在一起。"融和"有四种释义:①融化和合;②和煦,暖和;③随和,调和;④和谐。两词各有多义。"融合"注重形式上和普通特殊学生在一起学习,可是学习效果如何,如何有效地进行伙伴交往,这些深层次的问题还没有涉及。"融和"不仅强调了方式、行动上的"融合",更注重了在关系上要达到协调、和谐。学校"融和育人"的办学特色是更具体化、更本土化的表达,"融和育人",其中"融和"是方式,"育人"是目的,就是通过国家社会政策法规以及整体大环境、家长、企事业单位等社会资源以及校内资源的支持;通过学校文化建设的开展和深化、课程

文化的挖掘及实践、各种实践活动的方式,真正做到融合各界资源、有效融汇整合资源,达到育人目的,最终促进社会的和谐发展。❶

(二) 德育"总管",渗透各方

初到学校时研究者曾经很好奇为什么处处可见德育的影子,无论是与社区融合相关的社区课程、社会实践活动,还是学校日常事务中周一升旗仪式,每天学生的进校离校,抑或是班主任的学生日常管理都有德育的影子。德育就像一个"总管"一样掌管着学校的各方。"我在特殊学校工作这么多年,也没找到别的学校还有干德育工作的,这么多年知道的就是 DC 区还有一个和我一样干德育工作的。德育工作范围特别广,学生放学要管、学生不见了也要管,工作繁多。"❷ 事实上,德育是个案学校的一个特色。

早在 1994 年 3 月,CW 培智中心学校在制订该学年工作计划时确立的学校办学思路中就指出了以德育工作为首,教学工作为中心,职劳康复为重点,科研为龙头,校办企业为保障,形成五位一体的办学思路。❸ 由此可以看出,德育工作在学校工作中是首要地位,随后学校的诸多文件都说明了德育的重要地位,如 1996 年 6 月 12 日,CW 培智中心学校在《培智中心学校特色材料总结》中对学校的办学特色做出如下表述:"德育为首,全员育人。特色内涵:以德之长,补智之短,把德育工作渗透在学校工作的各岗位、各环节。把德育过程作为对智残儿童多种器官、多种能力、综合训练的过程。充分发挥德育在弱智教育中的功能和作用,培养学生适应社会、自食其力、残而不废、自尊、自爱、自强、自立,学会做人,提高生存能力。"❹ 2003 年 CW 培智中心学校对学生开展"目中有人、心中有事"的教育。教育包括:第一,利用每周一"红旗下讲话"的时间向学生开展文明礼貌的教育;第二,通过五一、六一的传统活动让学生懂得尊重父母、爱戴师长,提高道德素质;第三,在学中开展"诚实、礼让、助人"的教育及活动;第四,各班通过平常生活或班会时间向学生贯彻"说三句话、做三件事"的活动;第五,在高年级学生中开展"心中装有国家大事"活动,每周一让学生利用"新闻发布"

---

❶ 资料来源:来自学校关于"融和育人"的宣传介绍。
❷ 资料来源:WY 老师的正式访谈录音。
❸ 资料来源:CW 培智中心学校档案,案卷号:180,页次:26,表号:1994003。
❹ 资料来源:CW 培智中心学校档案,案卷号:179,页次:134,表号:1996011。

的时间宣读自己收集的一周要闻。❶

同时，德育的工作也在社区课程中渗透。"德育中提到的情感，爱国情怀，完全可以通过社会实践课展现出来，因为在课堂上光讲团结、爱国是很难理解的。对正常的学生都有难度，更别说咱们学校的学生了。出去游玩的时候说，相互手拉手，照顾彼此，这完全就是对学科课程的完美实现。去历史博物馆，看过去的历史，实际上就是对学科课程的检验、实现。"❷ 德育是心灵的教育，是行为的教育，其教育效果是要在日常的生活中表现出来的，老师在课堂上讲授的道理和知识学生不懂得在生活中应用就达不到德育的效果。学校的社区课程在设置过程中就考虑到了德育在课程中的渗透。社区课程的DY老师在教学反思中写道："在上'书店购书'这一内容时，我把学生带到了花市书店，在临近书店前，我又把班中的一个孩子留下，特意对他嘱咐几句，这个男孩子平时很爱动，总是大叫、大笑，尤其在情绪较高时，就更是难以控制，笑个不停，而且他还有爱动东西的习惯，看到新鲜的，都要摸来摸去。在社区铺垫课中，他已经兴奋得不行，情景模拟时还故意说一些不礼貌的话，这次来这里学习，我最担心的就是他。在书店统一学习后，学生开始了自由选书，我则寸步不离跟着那个男生。可是他的实际表现让我松了口气。他在书架前特别小心地翻看着一本书，可能不是很满意，他又去换了一本，同样轻手轻脚，我都怀疑不是这名学生了，跟在课上模拟时一点也不一样。在小结和反思中，我找到了答案。那就是参与的氛围，也就是真实的学习环境使学生受到了感染。再有就是书店中不仅仅有学生熟悉的教师，更多的是售货员，是陌生人，这也让学生有一种'约束感'。"❸ 借助社区课的这一学习渠道，使得学生参与更直接，能让德育中的各种品质得到渗透。

二、培智学校走向社区的管理变革

无论是早期的"开放型社区""社区融合教育"还是现在学校开展的"融和育人"，学校在管理上面都形成了一定的机制来保障学校社区融合的开展。学校目前有效发展抓住了两支队伍建设，一是干部队伍的建设，二是学

---

❶ 资料来源：CW培智中心学校教导处2003年德育工作总结，表号：2003010。
❷ 资料来源：LQS老师正式访谈资料。
❸ 资料来源：学校"十一五"重点资助课题"社区融合教育"课题研究成果中的工作报告。

校教师的发展。在干部管理实践中,坚持干部建设的规范化,对中层干部的培养和思想引领,坚持干部深入年级组、基层、群众中,到困难和问题多的年级去解决问题、推动工作。学校在教师发展方面,加大对全体教师的专业培训。学校开展专家大讲堂系列活动,开展"名家带名师,名师带骨干,骨干促教师"工程,开展让教师幸福工作,创造工作的幸福,请市区特教领导、专家定期讲座,成立名师课堂,专家进校指导、工作,带领教师拓宽视野。

学校还向国内外特教学校学习先进的管理经验,引进 ISO 教育质量管理运行体系,对学校管理的各个环节和各项工作全面进行质量设计和质量控制,具体的做法是:全员培训、全员参与、全员实施和全员监督,力求全校工作做到凡事有准则,使干部在各岗位职责更明确,提高工作效率;凡事有程序,强调管理规范干部教师的服务行为,克服工作随意性和盲目性,将管理制度化,不因人而改变;凡事有监督,通过制度化管理,对学校的每一项职能进行过程监控与改进,并逐步建立自我完善、持续改进的机制。

个案学校对融合教育的发展在管理上进行了一系列变革。

(一)三段九班,分段管理制度化

现在,学校分为康复段、教学段和职培段三个段九个教学班级。从 2002 年开始,学校对九个班级的命名进行了改革,原有的从一到九命名的班级一方面是单调的数字缺乏亲和力,不适合智力障碍学生;另一方面是学校特有的分班原则❶会导致学生在调整班级时会因班名的升降而被家长误解,造成学生的自卑心理而不利于学生发展。现在学校三个段的班级命名为:康复段有蓓蕾班、海燕班、花蕊班三个班级;教学段有彩虹班、晨光班、春苗班三个班级;职培段有职一班、职二班、职三班三个班级。学生们在校学习是从康复段升到教学段,再从教学段升到职培段。

管理制度方面,"学校目前的管理机制,分三个段,每个段有一个年级组长,有一个教研组长,年级组长管理日常的事务,教研组长抓教学、科研。"❷每个段管理自己段内的事务,年级、教研组长在组内落实教学常规要求,鼓励并引导教师开展听课活动,通过老带新、示范教学等方式帮助青年教师和

---

❶ 学校目前的分班原则不是所有学生同时升班或降班,学生能力发展较快的可以在下一学年转入高年级,而能力较弱的学生则会继续留在原有班级学习。

❷ 资料来源:MH 校长的正式访谈录音。

教学上有困难的教师尽快提高教学水平，促进组内教师教学质量的提高。这种管理制度是由MH校长建立的，学校之前没有这些概念。"以前都是什么事情校长说了算。我觉得管理必须是分层管理，没有分层管理的弊端很多。校长一换，下面就全乱了，是人治而不是法治；不是制度在管，而是人在管。管理的最高目标是离开校长，中层干得特别好；中层中走了1~2人，别的人还知道怎么干。"❶

分段管理的建立明确了学校各个段、各部门的职责，使得各项工作的开展不因某一个人离开而受到影响。2013年，分管学校教学工作的DY副校长去世，学校教导处、各段教研组长在一定时间内工作量、压力是很大的，但是学校的分段管理体制经受住了考验，使得学校的教学工作并未瘫痪。分段管理制度也使得各个学段的负责人、教师可以灵活安排自己段内的教学活动、实践活动等，形成了学校走向社区制度上的保障机制。

(二) 段内教研，教研教学体系化

分段管理制度建立后，学校康复段、教学段、职培段三个段的教学、教研都是分开进行的。每个学期初，每个段的年级、教研组长需要结合学校工作安排，制订出切合本组实际的教研计划，组织并带领教师有计划、有系统地开展教研、教学活动并做好记录。一般来说，每个段每周有两次教研活动，具体内容、时间、地点都由组内确定。同时，年级、教研组长要了解、检查、评价本学段教师的教育教学情况，根据本组教师的不同情况，每月向分管领导汇报本组的工作，期末进行工作总结。分段教研给教师们带来了益处，"学校一般都是召开全体教师大会，以开会的形式通知大家事情，没有更多的商讨。小教研开始后，因为教师们之间都比较熟悉，讨论就比较自由了，思路也打开了，想得也更全面了。现在教研不像是开大会必须几点谁必须到，我们可以更灵活地掌握时间，更自由，更能深入到心灵。"❷

表4-1~表4-3是2013—2014年第二学期三个段的教研安排。

---

❶ 资料来源：MH校长的正式访谈录音。
❷ 资料来源：ZQ老师的正式访谈录音。

表 4-1　2013—2014 年康复段第二学期的教研计划

时间安排	康复段第二学期教研计划
3月3日	1. 教研布置会组长讲解一周来的具体工作和下一步安排 2. 征求组内教师对学校教学工作的意见
3月10日	教学负责人解读本学期康复段内容交流计划
3月12日	游戏设计的构思交流
3月19日	组内青年教师的钢笔字和板书展示
3月24日—3月27日	游戏设计的构思交流
4月2日	游戏设计初稿撰写
4月7日	班主任工作交流： 1. 学生常规行为培养现状 2. 在培养常规行为时的有效经验方法交流
4月14日—4月17日	游戏设计初稿交流
4月21日	结合青年教师听课活动，总结自己教学中的一个闪光点和一个问题
4月23日	关于"三爱"教育的各班培养目标的制订与实施
5月5日	组内青年教师交流教学理论
5月7日	班主任工作交流 1. 学生常规行为培养现状 2. 在培养常规行为时的有效经验方法交流
5月12日	组内青年教师交流教学理论
5月14日	整理学生期中评估手册
5月19日	关于"三爱"教育的各班培养目标的制订与实施
5月26日	整理收集关于"三爱"培养教育的各种资料
6月9日	结合本月学校的大教研，康复段的课程设置工作进度汇报
6月11日	期末资料收集整理工作
6月16日	期末总结工作完成学生评估表
6月23日	期末总结工作

表 4-2　2013—2014 年教学段第二学期的教研计划

时间安排	教学段第二学期教研计划
3月3日	1. 教学计划解读 2. 学生期末评价方案的制订
3月5日	1. 社会实践课程教学计划修订 2. 学生安全教育资源分享

续表

时间安排	教学段第二学期教研计划
3月10日	青年教师工作行为细节的讨论
3月12日	1. 融和杯教学基本功竞赛内容了解 2. 彩虹班会课教案设计研讨
3月19日	3月社会实践课外出地点环境调查（中国钱币博物馆）
3月24日	1. 语数分组教学情况深入分析 2. 组内听课意见反馈给青年教师 3. 社会实践课4月、5月内容调整和教材撰写计划
3月26日	青年教师学习手册的书写交流 （下发青年教师学习手册书写要求）
4月7日	东兴杯决赛青年教学设计研讨
4月9日	德育案例的撰写
4月14日	特殊教育基本理论的学习
4月21日	组内听课意见汇总
4月23日	班主任平时素材的归类
5月5日	校级科研主题学习
5月7日	融和杯教学基本功竞赛自备
5月14日	班主任笔记的交流和展示
5月19日	青年教师学习手册展示
5月21日	期末德育工作的汇总
5月28日	期末德育资料整理
6月2日—6月9日	期末学生学习评价工作
6月16日—6月25日	学生期末评价资料归类

表4-3 2013—2014年职培段第二学期的教研计划

时间安排	职培段第二学期教研计划
3月3日	职康站康复档案的内容填写
3月5日	三八妇女节职培段工作布置
3月10日	职培课程的完善研讨
3月12日	班主任工作的常规学习
3月24日	青年教师基本功展示组内演练
3月26日	班级日常常规训练的研讨

续表

时间安排	职培段第二学期教研计划
4月7日	组内听课的各项准备工作
4月9日	五一劳动节各项准备工作
4月14日	职康站活动的各项准备工作
4月16日	春季时间活动的准备工作
4月21日	青年教师基本功展示组内辅导
4月23日	准备"融合劳动节"的工作
4月30日	结合"母亲节"与台湾喜憨儿共同开展活动的准备工作
5月5日	职培新课程探讨
5月7日	学生问题的研讨
5月12日	青年教师基本功展示组内辅导
5月19日	职培课程的完善与补充
5月21日	班主任工作中易出现的问题研讨
6月9日	青年教师基本功展示组内辅导
6月11日	结合庆"七一"开展"融和文化节"之"融和读书节"活动的准备工作
6月16日	职康站学生学习时间调整的沟通
6月18日	教师师德的学习
6月23日	组内教学设计、案例整理
6月25日	学生工作整理汇总

（三）纵横交错，四组科研梯队化

学校从"十五"期间开始就很重视科研工作，一方面学校开展社区融合是依据学校申请的科研课题为载体，形成了学校的科研管理制度，如课题立项制度、课题结题鉴定制度、档案资料管理制度。同时，学校教师全员参与科研课题。另一方面学校在科研体系方面也逐渐形成了梯队。纵向方面，学校目前分为康复、教学、职培、后勤四个科研组，同时把中层的干部分配到组中带领各个组开始教研活动。"学校科研有四个大组，每组有一个主要负责人，分别配备四个人。学校方面主抓四个主要负责人，具体分配任务由组内协调。每学期期末课题组要根据本组内容上交相应的科研成果。学校会对科研进展予以总结和评估。"

横向方面，学校根据每个段的实际情况把骨干教师派进年级组。"科研方面把 XY 老师又派进年级组中给予年级帮助,这个力度再逐渐加大。最终在科研实体方面成网络化,经和纬都有相关的人员,建立纵横交错的科研探索框架。"❶ 总体来说,学校在科研方面纵横交错、形成梯队,是学校融合教育开展的科研保障。

2013—2014 年第二学期学校科研工作主要是四个方面,重点为科研课题和送教工作。课题工作以学校"融和育人"的特色建设的实践开展为主,其他课题稳步推进。2—3 月工作重点是"培智学校融和育人办学特色的实践探究"开题报告完成并上交。4 月工作重点是多元智能课题确定骨干教师,并制订研究方案。5 月工作重点是康复段改革期中总结,指导两个阶段的游戏并汇编成册。6—7 月工作重点是"特教教师专业发展的内容及实施研究"课题的汇报活动。❷ 每一项科研工作都是学校各部门共同参与,充分体现了上述的纵横交错的科研体系。

三、培智学校走向社区的课程改革

社区实践课程改变了学生单一化的知识传授的方式,强调多样化的实践性学习,将知识结果的获得作为直接性目的,通过探索、参观、考察、调查等方式注重学生对实际的活动过程的亲历和体验,能够使学生加强与自然、社会以及现实生活的联系。所以,社区实践课程更是向全体学生开设的,把学生的自主选择、直观体验、探索调查的学习作为课程的基本方式,所选择的主题都是与学生的现实生活相贴近的,把学生的个性养成作为课程的基本任务的非学科课程。

(一) 社区实践课程的历史发展

"十五"期间学校"社区融合教育研究"中子课题就是以社区生活为中心设计社区本位课程。为帮助智力残疾学生适应将来的社区生活,个案学校将融合教育理念与课程改革结合,设计了以本社区具体生活环境为背景的社区课程。学校首先设计了课程框架,包括课程指引、课程大纲、实施方法、建议实施地点等要件。从 2004 年 3 月到 6 月,学校以职业培训班为重点实验班陆续组织了 8 个年级实验性地实施这套课程,开发了"新世界商场""天坛

---

❶ 资料来源:MH 校长的正式访谈录音。
❷ 资料来源:DC 培智中心学校 2013—2014 年第二学期科研计划。

公园""CW 区图书馆""花市书店""锦芳小吃店""金鱼池小区""CW 门菜市场""CW 门地铁站""便宜坊烤鸭店"等一部分社区课程实地教学地点。在学校教师的带领下,根据社区课程实施方案开发了"天坛公园"和"金鱼池小区"教学单元的示范课例,为社区课程的实施全面实施打下了坚实的基础。《社区课程》指引和大纲(初稿)制定后,暑假期间学校教师们又对社区中有可能开发成校外教学点的地方进行了调查。调查的内容包括教学点的地理位置、适合大纲中哪个教学目标地教学、是否能够保证学生的安全、教学点负责人是否支持、联系方法这几个方面的内容。开学后每班选取一个点进行教学实验。从 2004 年 9 月开始,社区课程正式排入课表,每月 6 课时。

由于是实验性的教学,实验课都全程录像,留有照片资料。实验课结束一星期后,任课教师撰写教学反思、整理照片资料与教案一起学习交流。参与教师分别介绍各自所做工作,教学是如何开展的,效果怎么样,过程中遇到什么困难,有什么成功的经验。教师在讨论中加深了对社区课程实施方法的理解,教师基本都熟悉了社区课程实施的方法和流程,能够结合课程大纲开发新的社区实地教学点,并在新的教学点进行教学。

2006 年 12 月,CW 培智中心完成社区课程校本教材《儿童社区课程训练册》编写。该教材包括地理、居家、出行、购物、休闲、机关、设施和信息 8 项内容,共 10 万字,具体讲解儿童社区生活基础常识。❶ 2008 年 4 月,个案学校开展的社区实践课程以"寻找身边的奥运特色"为主题,利用天坛公园场地,要求教师根据班级学生特点、程度以及社会适应能力,制定开展活动项目,包括"寻找身边的绿色行为""寻找春天的小草""树木,花朵的变化""寻找美丽的人(文明礼仪方面)""寻找鲜艳的花朵""寻找奥运的痕迹""寻找对奥运的承诺""寻找奥运元素"等,由学生根据自身理解与教师讲解完成相应任务。❷

"2013 年之前,社区课程一直叫这个名字。2013 年结合蓝天工程大课程后,有专家给我们提意见说,社区课程的概念比较狭小,建议改成社会实践

---

❶ 资料来源:北京教育年鉴,页次:248 页,出版日期:2006 年 12 月,表号:2005004。
❷ 资料来源:北京教育年鉴,页次:242 页,出版日期:2009 年 12 月,表号:2008013。

课,范围更广一些。"❶ 因此,教学段的社区实践课的名称改社会实践课,康复段的社区实践课还是原名称不变。此次改名的原因是因为教学段的社区实践课的范围已经扩大,不局限于 2004 年时设定的"社区"范围。当时学校生源大部分在 CW 区居住,少部分居住在宣武区东部、DC 区南部、丰台区北部和朝阳区西部,因此"社区课程"的"社区"范围定在与学生活动生活最密切的区域,其中重点在 CW 区。"社区"北起长安街,包括西单、天安门广场、王府井、北京站等地;东至东三环,包括国贸、劲松、华威等地;南至方庄、陶然亭;西至陶然亭公园西侧向北到西单。现在,教学段作为社区课程实践的重要的教学阶段,范围已经扩大到了现在的 DC 区以外,所以学校将教学段的社区实践课改名为社会实践课。

(二) 社区实践课的实践方式

1. 专有的课程设置和定位

个案学校根据《培智学校义务教育课程设置实验方案》中的要求,将智力残疾学生的需求和特点作为课程设置的核心考虑因素,设置了由一般性课程和选择课程两部分组成的课程体系。社区课程即为学校的选择性课程,是学校可以自主设置的,需要学校根据所处区域的环境、学校自身的特点、学生的潜能开发需要而设置相应的课程让学生选择。社区课程设计的时候学校已经有一套比较成熟的课程,但是对社区方面的教育比较缺乏。虽有很多社区实践活动,取得了很多宝贵的经验,但缺乏知识的系统性,也没有足够的教学资源。因此,这门课程定位在补充原有课程在社区适应方面的不足。

为了便于开展社区融合,学校从 2004 年开始在课表中安排专有的社区课程。目前,康复段和教学段的每个班级每周都有一个课时的社区课,每月四课时。为每个段灵活开展社区课,在课表安排中每个段三个班级的社区课都是在每周的同一天。以教学段为例,该段的社区课的安排如表 4-4:

---

❶ 资料来源:ZQ 老师正式访谈录音。

表 4-4　个案学校教学段 2013—2014 学年第二学期的课表

	班级/节次	第一节	第二节	第三节	第四节		第五节	第六节
星期一	彩虹	生活语文	生活数学	劳动	健康	午餐和午休	潜能	潜能
	晨光	生活数学	电脑	美术	生活语文		潜能	潜能
	春苗	生活语文	美术	手语	生活数学		潜能	潜能
星期二	彩虹	音乐	电脑	体育	美术		潜能	潜能
	晨光	生活语文	生活数学	健康	劳动		潜能	潜能
	春苗	生活数学	音乐	美术	体育		潜能	潜能
星期三	彩虹	生活语文	音乐	训练	训练		潜能	潜能
	晨光	生活语文	体育	训练	训练		潜能	潜能
	春苗	生活数学	电脑	训练	训练		潜能	潜能
星期四	彩虹	生活数学	体育	数学	手语		潜能	潜能
	晨光	手语	音乐	体育	音乐		潜能	潜能
	春苗	体育	生活语文	健康	劳动		潜能	潜能
星期五	彩虹	生活语文	社区	美术	班会		潜能	潜能
	晨光	生活数学	社区	美术	班会		潜能	潜能
	春苗	生活语文	社区	音乐	班会		潜能	潜能

社区课程的定位有如下三个特点：第一，填补原有课程体系中对"使用社区设施、参与社区生活、服务社区、体现自身在社区中所存在的价值"这方面的不足，帮助学生学习在社区生活所需要的技能技巧，同时提升学生在自理和社会适应方面的能力；第二，教育学生在社区中所拥有的权利与义务，培养他们在社区中做良好公民，体现出自己在社区中所存在的价值；第三，为学生毕业后在社区中的生活和就业做好衔接。课程对年龄小的学生重点在于让他们了解社区，学习社区中的行为规范，养成良好的行为习惯；轻度学生重点在于进一步认识社区生活，学会社区生活的技巧，锻炼与人交往的自

信心，建立"自己和别人一样也是社区中有价值一员"的思想；中重度智障学生重点在于学会使用社区设施。

LXJ老师认为："社区课是特别综合的课程，无论是在语言发展、动作、认知能力，还是在生活中的运用，这些都是有益的。另外，这些知识的获得不是老师硬塞给学生的，是学生通过自己的实践去发现，去亲身感受获得的。"❶

ZQ老师理解的社区课："是教学生生活常用的知识，它比生活语文、生活数学更贴近生活，更能让学生感受到生活。生活语文、生活数学有学科要求，必须要教学生生字、阅读、数字等而社会实践课更注重运用。"

ZYJ老师说："社会实践课实际上是教学与实践活动（指学校举办的各种实践活动）融合，已经不是单纯意义上的课了。"❷

2. 主题单元式的社区课程体系

在社区课程的具体设计中，个案学校初衷是着重知识的综合运用能力和解决问题的能力，而这一目标难以在传统的分科教育下完成，而要采用单元综合教学的方式进行。每个主题单元的确定都需要考虑社区课程大纲中的教学目标、社区实地教学点的选定和学生的生活经验这三方面来综合设计。例如，在2004年制定的社区课程的大纲（以下简称大纲）中，设定了有六个主题单元，如表4-5所示：

表4-5　2004年个案学校社区课程纲要

主题单元	具体单元内容
1. 社区地理	1.1　地理位置 1.2　人文历史 1.3　主要片区和特色 1.4　主要马路/街道 1.5　社区特色 1.6　社区公民

---

❶ 资料来源：LXJ老师正式访谈录音。
❷ 资料来源：ZYJ老师正式访谈录音。

续表

主题单元	具体单元内容
2. 居家/学习生活	2.1 小区 2.2 胡同 2.3 学生的家 2.4 家用电器 2.5 理发店 2.6 照相馆 2.7 学校 2.8 洗浴 2.9 求助电话
3. 出行	3.1 过马路 3.2 乘公交车 3.3 乘地铁 3.4 乘出租车 3.5 认识火车站
4. 购物	4.1 主要商业区 4.2 百货商场 4.3 超市 4.4 菜市场 4.5 便利店 4.6 买服装 4.7 买鞋
5. 休闲娱乐	5.1 公园 5.2 博物馆 5.3 体育锻炼 5.4 图书馆 5.5 电影 5.6 电视 5.7 戏剧 5.8 音乐 5.9 阅读
6. 公共设施	6.1 标记 6.2 公共厕所 6.3 电梯 6.4 电话亭 6.5 邮电局 6.6 医院 6.7 银行 6.8 电信局 6.9 无障碍设施

续表

主题单元	具体单元内容
7. 政府机关/机构	7.1 中南海、市政府和区政府 7.2 公安局和派出所 7.3 民政局和残联 7.4 法院 7.5 消防局 7.6 居委会 7.7 职业介绍所 7.8 北京特殊奥运会
8. 查找和收集信息	8.1 信息来源 8.2 获取信息的途径 8.3 天气信息 8.4 就学信息 8.5 就业信息 8.6 购物信息 8.7 网上信息 8.8 信息查询电话

从表 4-5 可以看出，社区课程的主题单元主要有八个，每一个主题下都有大量的课程内容，这些课程内容都紧紧围绕智力残疾学生的学校生活、家庭生活、社区生活设定，每一个小的知识点下还有其详细的教学目标，如地理位置（见表 4-6）：

表 4-6　社区课程教学目标示例❶

	1.1	地理位置
	1.1.1	了解本课程"社区"的范围
△	1.1.1.1	能说出"CW 区""西城区""DC 区""朝阳区""丰台区"这几个行政区域
○	1.1.1.2	能说出"社区"在东、南、西、北各个方向的边界在哪里
☆	1.1.1.3	能在地图上画出"社区"的范围
	1.1.2	**会看地图**
△	1.1.2.1	了解什么是地图，有什么用途
○	1.1.2.2	能看懂地图中主要的图示所代表的意思（如地铁、马路、铁路、桥梁、公园、主要建筑）
☆	1.1.2.3	了解地图中的东、南、西、北和现实中的东、南、西、北之间的联系

---

❶ 层次"☆"表示成年组教学内容，适用于轻度班 4~9 年级的学生和职业培训班的学生。
层次"○"表示学龄二组教学内容，适用于中度、重度班 4~9 年级学生。
层次"△"表示学龄一组教学内容，适用于学前班学生和所有 1~3 年级学生。

随着课程的开展，目前社区课程延续着主题单元式的教学，但课程内容在 2004 年社区课程纲要的基础上根据学生的现有水平、生活区域、课程目标等进行了一定调整。以教学段为例，2013—2014 年第二学期社区课程的教学内容为：

表 4-7　2013—2014 年第二学期社区课程的教学内容

	A 组教学目标	B、C 组教学目标
三月主题 **我是小当家——理财小能手**	1. 用钱币购买文化用具 2. 识别真假钞票使用验钞灯	1. 识别各式钱币面额 2. 点数指定量的钱币
四月主题 **踏青—我们走进天坛公园**	1. 结合以前去过的公园，学生能简单介绍公园特色 2. 路线查找：记住主要马路街区名称 3. 进行艺术创作：摄影、绘画、写作	1. 购票：票价识别、购买 2. 检票入园 3. 标识识别
五月主题 **快乐探索——拍张毕业照**	1. 学习基本的摄影知识（相机、手机拍摄的基本流程） 2. 运用所学尝试拍摄	1. 学习拍摄前整理自己的服装、面部、头发、坐姿等 2. 实践运用整理自己仪表
六月主题 **我们一起去购物**	1. 学习选择商品、查看商品基本信息 2. 核对商品价格、付款 3. 核对购物小票	熟悉购物流程

3. "源于生活、回归生活"的教学理念

社区实践课程的教学理念是"源于生活、回归生活"。"源于生活、回归生活"的主要思想是"以主教材为知识点，以知识点为载体，创设生活的氛围，遵循用已有经验学习新知识的认知规律，发挥自主学习的潜能，立体利用资源，面向全体学生进行与主教材相关的、学生生活需要的各方面能力的综合训练，实现教学目标。"它是在融合教育思想指导下研究如何使课堂教学更好地服务于学生生活与发展需求而总结出的以学生发展为本的教学理念。

学校首先以学生实际情况为本，调整课程设置，使课程分层、多元、立体。一部分学生的课程是以《大纲》为依据，结合学生实际构建课程框架，再从学生发展需要出发划分领域的综合课程；还有一部分是依据《大纲》并结合学生实际，从接受过的普通教育与特殊教育设置课程。面对评价主体的差异性与多元发展性,针对智障学生的身心发展特点及需要,评价也在"乐考"的基础上逐步增加了诸如观察、学生作品展、档案袋、家长、社区人士反馈等更加多元、开放、立体的形成性评价,更好地为学生有效学习、教师高质量实施教学、家长积极参与教学、社区了解支持教学服务。

4. 灵活的教学合作

虽然在课表上明确规定了社区课程的授课时间、授课教师(一般由班主任担任),但在实际的社区课程教学中更具有灵活性。首先,教师可根据教学内容及自身优势分配教学任务。以教学段内五月的拍张毕业照的主题为例,ZYJ 老师擅长于讲授证件照的具体拍摄,因此她在此主题单元的教学中主要负责讲授证件照拍摄的具体流程。其次,学生在主题单元教学中灵活分组。三个班级的社区课程教学常常是根据教学内容及学生的学习能力进行多样化的分组。培智学校的学生个体差异性比较大,知识水平、学习能力参差不齐。通常来说,教师们会根据课前对学生所做的调查来进行能力分组,以保证所有的学生在每一个主题单元内都能学习到适合自己水平的知识。最后,教学形式多样化。从授课形式上来说,有三个班级在一起共同上课的时候,也有两个班级进行分组、教师根据学生能力选择适合学生能力发展的教学内容来上课。

(三)社区实践课程的组织方式

1. 灵活的教研方式

分段管理开始之后,学校的每个段都自行组织教研活动。关于社区课程的教研活动,除去每周两次的固定教研时间外,社区课程教师一般都是灵活找时间商讨课程的事项。在个案学校的观察期间,研究者亲历了教师们在学校教研时间外小组内商讨社区课程事宜。时间上很灵活,可以是教师们午休时几位教师一起进行研讨;也可以是课间时间,教师们就某一个问题进行讨论。按社区课程的教师的说法,这是"见缝插针""有事说事"。这样灵活的教研方式,给教师们带来了不少的便利,不需要等到全组大教研,或者全校大会时再讨论,教师们可以畅所欲言。

另外,学校领导对社区课程的发展给予教师足够的自主空间。"学校方面不仅给予了高度重视而且给了教师很大的自由。课程主题、教学内容都由教师定,教师没有被框在一个框子中,可以发挥教师的创造性。相比学校给我

们定好主题，我们硬着头皮去上，现在的方式就很自由。"❶

结合笔者在校期间的调研和教师的亲身感受，个案学校在社区课程的发展方面除了行政上给予支持外，更给予了教师在教研方面的自主空间，让教师充分发挥主观能动性、创造性。

2. 分段化的教案管理

个案学校实行段内自主管理社区课程教案，每个主题单元教学结束后都要求上交相应教学材料。按一个学期来说，一般有四个社区课程的教学主题单元。每个主题教学单元到每个班级中会有不同侧重点的教学内容，每位社区课程教师要有教案、主题相关的素材收集、学生的任务单、社区课程实践课时的照片、主题单元教学结束后的反思。这些材料在主题单元教学完成后，分别上交给负责社区课程的组长，然后由组长对材料进行分类、汇总进行单元总结。到学期末时，社区课程教师和教研组长要对本学期的社区课程进行总结、归纳，将已教授的内容总结提升到学校目前正在进行的社区教材的素材中。

现在，个案学校已经在把多年的社区课程资料进行整理，在2004年社区课程大纲的基础上进行内容扩展。教案管理也随着科技的进步逐渐电子化，除了纸质的教学材料外，教师们会用电子设备将学生的实地教学进行录像、拍摄作品等进行电子化管理。这既是对教案管理的类别化，也是多方面对学生的成长进行记录。

3. 课程反思经常化

个案学校从"十五"期间开展社区融合以来，笔者从各种材料中读到最多的就是教师的反思，每一位教师都在教学完成后对自己的教学有反思，这已经成为教师们的一项常规工作。例如，ZYJ老师在六月的社区课程结束后的反思中写道：

我们的社会实践课是在教授学生生活的技术还是生活的态度？精神与物质并不是对立的，当我们带学生进入超市学购物，为的不仅仅是让学生会看价签、看食品的生产日期和保质期、会付钱。在这个过程中，教师要抓住很多的教育契机：面对同类异价的商品，建议学生进行比较和斟酌，让学生享

---

❶ 资料来源：ZQ老师正式访谈资料。

受"选择"的权利,学着自我做主;拿错的或不想要的商品,建议学生放回原处,易损商品要轻拿轻放,培养学生良好的生活习惯和素养;不知道要买的商品在何处,能去向超市里的工作人员打听一下,让学生掌握人际交往的勇气和如何交流的方式;拿商品时考虑到自己所能承担的金额,对自己的行为负责……诸如此类的知识光坐在教室里时,教育对象是体验不到的,教育者是意识不到的,所以我们要回到生活中去感受,获取的层面是多元的:道德品质、行为习惯、人际交往、主观能动性……

在看到学生们拿着自己买到的商品露出开心的笑容时,知道学生们都是有收获的。我们的实践课带给学生们的不是机械的购物流程,也不是走马观花的超市一日游,而是技术和态度的最佳结合。能够做到"以人为本"时,就是鱼与熊掌兼得的时候。❶

(四) 社区实践课程的设计与实施

实地研究期间,研究者主要对教学段三个班级的社区课程进行课堂观察,其中在教研组长所在的 CM 班的时间最长,并了解该班的社区课程的实施情况。从程序上来说,这三个班级在社区课程的设计和实施程序上较为一致,即始终围绕确定教学目标、选择和组织教学内容、开展教学活动和进行教学评估这四个方面进行。因此,研究者选取了进班时间最长、课堂观察最完整的 CM 班作为班级个案,以呈现该班的社区课程是如何推进的。同时,该班的班主任是社区课程的主要负责人,全面负责教学段社区课程的教科研工作。研究者认为,以该班为班级个案,具有典型的代表性。

1. 一个"特殊"但不"特别"的班级

CM 班是学校教学段的高年级,也属于教师们口中所说的"毕业班",这个班级中的学生很多是即将毕业离开学校教学段升入职培段的学生。该班共有 14 名学生,年龄在 14~16 岁,男生 8 人,女生 6 人,智商范围是 21~69,12 名学生是智力残疾,1 名学生是精神残疾,1 名学生是自闭症。该班学生的基本情况如下:

---

❶ 资料来源:ZYJ 老师社区课程教学反思。

表 4-8　CM 班学生基本情况

编号	姓名	性别	年龄	障碍类型和程度	求学经历
1	ZHT	男	14 岁	轻度智力残疾	2012 年 9 月转入
2	SYJ	男	16 岁	轻度智力残疾	2009 年 9 月转入
3	LS	男	15 岁	中度智力残疾	2013 年 9 月转入
4	LYR	女	15 岁	轻度智力残疾	2013 年 9 月转入
5	NXY	女	17 岁	重度智力残疾	2010 年 9 月转入
6	LX	女	17 岁	轻度智力残疾	2013 年 9 月转入
7	ZWX	男	17 岁	中度智力残疾	2011 年 11 月转入
8	ZPY	女	14 岁	轻度智力残疾	2013 年 9 月转入
9	DWY	男	15 岁	轻度智力残疾/癫痫	2013 年 9 月转入
10	XY	女	16 岁	中度智力残疾	2013 年 9 月转入
11	JY	男	16 岁	轻度智力残疾	2013 年 9 月转入
12	ZQ	男	17 岁	重度智力残疾	2011 年 10 月转入
13	SRQ	女	14 岁	重度智力残疾	2012 年 9 月转入
14	YWB	男	16 岁	自闭症倾向	2011 年 9 月转入

　　CM 班的学生构成，与校内其他班相比，毫无特殊可言。个案学校每个班的学生，都在障碍类型、障碍程度、年龄、学校教育的经历等方面存在着明显的差异性。这应该是招收中重度障碍学生的培智学校普遍的班级构成特点。

　　该班由 ZYJ 老师担任班主任，并承担该班的社区课程的教学任务。该班的班主任 ZYJ 老师，32 岁，2005 年大学毕业后即来校工作，一直担任一线班主任。来校后也教过小班，大多数教的学生都是中重度的学生。在担任班主任工作的同时，还担任了教学段的教研组长，区级优秀教师。ZYJ 老师在社区课上根据学生的特点，采取相应教学辅导策略将学生分成了 A、B、C、D 四层。A 层有 4 人（ZHT、SYJ、LS、LYR），喜欢参与活动和用语言沟通，思维跳跃性强，学习时需要教师帮助其更加条理化；B 层 4 人（NYX、LX、ZWX、ZPY），有一定的语言障碍，不善于交流，灵活性差，对行为过程的学习倾向于分步骤完成；C 层 4 人，（DWY、XY、JY、ZQ）理解能力弱，注意力易分散，学习新行为时需要教师对常识性问题进行辅助解释；D 层 2 人（SRQ、YWB），缺乏对自身情绪的有效控制，参与学习活动的积极性低，需要教师的情绪调控和个别指导。

2. CM 班的社区课程设计

教研会是制订社区课程教学计划的重要途径。每个学期初,由教研组长拟定学期的社区课程教学主题单元后,三个班级的社区课程教师会召开教研会商讨主题单元的可行性、教学目标、教学地点等。2014 年 3 月 5 日,笔者参加了教学段本学期社区课程的教研会议,主要是探讨本学期的教学内容等。在这次教研会上,教师们焦点主要是教学实施中可能出现的困难,诸如三个班级的学生分组、各组学生教学内容的分配、安全问题、师生比配备。教研会上教师们都会提前设想教学设计、教学过程中可能遇到的问题,这样的研讨很贴近实际操作,能让教师们各自发挥头脑风暴。教学内容的选择主要是来源生活,教师根据学生的能力选择适合学生学习的内容,如"选择浅显易懂的、比较容易操作的内容。比如,学习买票,晨光班可以涉及找零钱,春苗班的可以涉及独自去买票,但是我们班的学生 10 以内的加减还不会,教学内容是认识人民币。"

学期的教学计划确定后,接下来就是月度的教学计划。一般来说每月有一个主题单元,单元主题确定后,教师要制定主题单元内的教学计划。个案学校的社区实践课程分为铺垫课、实践课和巩固课。实践课一般是 2~3 个课时,学校会利用一个上午的时间组织学生去社区开展实践课,巩固课为一个课时。以 CM 班为例,2013—2014 学年第二学期社区课程的具体教学计划如下:

表 4-9 CM 班 2013—2014 学年第二学期社区课教学计划

主题单元	课程类型	具体教学计划
三月主题 我是小当家——理财小能手	铺垫课	课时 1~2 1. 认识第四套和第五套人民币的面额 2. 初步了解假人民币的存在和危害 3. 知道如何处理被污损的人民币 课时 3 1. 知道人民币辨伪有哪些方法 2. 了解辨伪工具的种类 3. 掌握使用验钞灯的方法

续表

主题单元	课程类型	具体教学计划
三月主题 我是小当家——理财小能手	铺垫课	课时4 1. 知道参观博物馆的注意事项和相关礼仪 2. 认识目前社会上流通的人民币面额 3. 初步知晓中国钱币博物馆内部的情况
	实践课	1. 了解中国钱币历史文化，培养学生学习祖国文化的兴趣 2. 验证学过的辨伪知识技能
	巩固课	1. 分享在钱币博物馆的所见所闻 2. 巩固铺垫课教授的人民币辨伪方法
四月主题 踏青——我们走进天坛公园	铺垫课	课时1 1. 回忆学过的查找路线的方法（电脑、电话） 2. 了解中山公园的历史文化背景 3. 能对公园内部的景点进行介绍 课时2 1. 学习购买门票 2. 初步知道如何看路标 3. 认识中山公园内的两到三个景点
	实践课	1. 练习购买门票 2. 根据路标找到指定目的地 3. 介绍目的地
	巩固课	1. 巩固外出实践活动中运用的知识技能 2. 完成任务单
五月主题 快乐探索——拍张证件照	铺垫课	1. 认识证件照的特点、用处、拍证件照的场所 2. 学会拍证件照的整个流程（问价格、整理仪表、表达需求、完成拍照） 3. 学习使用礼貌用语、交流技巧
	实践课	1. 能够按照摄影师要求调整姿势 2. 独立完成拍证件照的行为过程
	巩固课	1. 巩固拍证件照的具体过程 2. 学习付款
六月主题 我们一起去购物	铺垫课	课时1 1. 知道购物要从商品包装上查看相关信息 2. 能够找到商品的生产日期和保质期 课时2 1. 知道通过看价签来了解商品的价格 2. 能正确辨识商品价签上的金额

续表

主题单元	课程类型	具体教学计划
六月主题 我们一起 去购物	铺垫课	课时 3 1. 能够根据价格拿出正确的金额 2. 根据学生能力分成购物小组，检测每个小组学习效果
	实践课	1. 能独立挑选商品，查询商品信息和价格 2. 付款并核对购物小票
	巩固课	1. 巩固认识价格、挑选商品等知识内容 2. 培养学生良好的购物习惯

3. "踩点"

"踩点"顾名思义就是熟悉路线，探寻场馆内部的设置等。主题单元教学计划设定后，教师要确定社区课程实地教学地点，并联系教学地点的负责人或相关部门获得许可并尽可能让教学地点配合学校的教学活动；任课教师也需要到社区实地教学点采集教学资料，精细设计教学计划。同样以 3 月社区课程的实地教学地点——钱币博物馆为例，3 月 19 日下午 CM 班的 ZYJ 老师带领教学段的其余两名社区课程前往钱币博物馆"踩点"。

"踩点"是个细致环节。首先，出发之前，教师先要查好学校大巴车往返钱币博物馆的路线、往返时间、集合地点等。由于钱币博物馆地处前门附近，交通时有限行且需遵守机要地区的交通规则。除此之外，在钱币博物馆附近还需要查看好大巴车可以停靠的区域，并计算好学生需要步行的时间、距离和线路。其次，征询钱币博物馆相关人员允许并参与学校的教学活动。在钱币博物馆接待室，ZYJ 老师仔细询问了馆内讲解、闭馆时间、参观路线。博物馆工作人员在详细了解学生基本情况后主动提出给学生们义务讲解。再次，探寻实践教学地点内部路线、现场教学点。进入馆内后，ZYJ 老师和其余两名教师仔细查看馆内陈设，根据馆内的展品设计现场教学点。钱币博物馆共有三层，一层为反假币介绍；二层是古代钱币陈列；三层是近代钱币陈列。场馆可参观的地方较多，但是面积较小，不适合所有学生同时活动。教师们初步设计在二层场馆对学生进行分组教学，一层和三层场馆是所有学生接受集体教学。一层场馆和三层场馆的反假币知识、钱币陈列的内容与生活接近，实用性较强，所以教师们选择在这两层的场馆进行主要的教学。二层场馆为古币展览，内容对于学生来说难以理解。很多学生对"少数民族""朝代递进"这些词汇难以理解,所以选择能力水平较好的学生由 N 老师带领参观讲解。最后,教师还需要充分考虑好可能出现安全隐患的地点。如计算好学生完整走完一趟所需要的时间,以便和学校大巴车时间的接应时间吻合,避免学生在马路上的时间过长而有安全问题出现。馆内有狭窄楼梯的地方多分配教师查看并合理安排学生进出路线。

4. 铺垫课

铺垫课是在学校内模拟社区的真实情景进行教学,设置每名学生在社区实地教学当天所要完成的学习任务,并向学生讲解外出当天的注意事项(图4-2)。根据笔者在个案学校的观察,铺垫课一般有 1~2 个课时,铺垫课的课时也可能延长至 3~4 课时。因为社区实地教学受社区单位、交通、安全等多方面因素的影响。

研究期间,笔者也充分感受到了铺垫课的变化。在 CM 班,"我是小当家——理财小能手(钱币博物馆)"主题单元的铺垫课有 4 课时。一方面是因为钱币的知识内容较多且与学生现在的生活实际联系很紧密,需要多一些课时进行讲解;另一方面是因为实践教学受多方面因素的影响,需要多方面做协调、保障工作。在铺垫课正式开始之前,ZYJ 老师针对人民币的知识、使用情况对学生家长做了简单的调查(如表4-10)。收回问卷后,ZYJ 老师根据家长的问卷调查做记录、分析工作,了解每一位学生的现有知识情况和能力水平,并依此调整教学内容和设定教学目标。

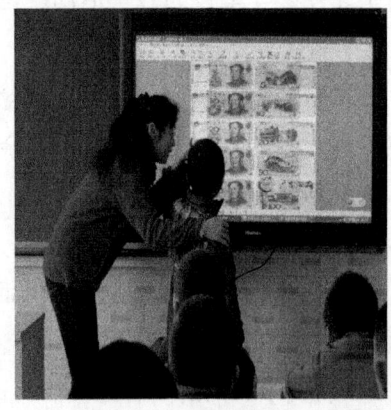

图 4-2 社区课程中铺垫课的教学实景

表 4-10 社区课程家长调查表

DC 区培智中心学校教学组社会实践课
——学生购物能力调查问卷

尊敬的家长：

您好！

我校"社会实践"课程（原称"社区实践"课）的开设一直以来受到你们的理解和大力支持。现在为了提高该课的实效性，让教师清楚地了解学生的现有学习基础，从而制定更符合学生实际需求的教学内容。请您协助填写以下几个问题，在选项上画"√"。

1. 孩子以前是否去过中国钱币博物馆或北京古代钱币馆？
   A 是   B 否
2. 您是否让孩子独立购买过商品？
   A 是   B 否
3. 您的孩子都认识哪些面值的人民币？
   _____
4. 您是否教过孩子如何辨别人民币的真伪？
   A 是   B 否
5. 如果让您的孩子尝试购物，您会给他多少钱？
   A. 5 元   B. 10 元   C. 20 元   D. 50 元   E. 100 元

在教学中，ZYJ 老师从生活中的人民币入手，结合数学学科的知识，把认识人民币、辨别人民币真伪、博物馆参观礼仪这三个板块串联在一起。教师以学校每个月学生都要交饭费作为导入话题，引导学生回忆上缴的饭费面额，从而引出人民币的主题。同时，用人民币图片和真实钞票增加学生的感官刺激，带领学生认识第四套、第五套人民币。在辨别人民币真伪时，教师从触摸、眼观、使用验钞灯等多角度介绍了辨伪方法。每一种辨伪方法，都让学生有机会可以实际练习。进行分组演练时，教师用真实的人民币由学生自己亲自实践怎么使用验钞灯、触摸、眼观等方法辨别真伪。在铺垫课的最后一课时，教师向学生讲授参观礼仪和注意事项，并拟订家庭教育计划或致家长信（表 4-11）让家长参与到社区实践课程的教学中。

表 4-11 社区实践课程家长信

社会实践教学活动致家长信
尊敬的家长： 　　您好！ 　　为了使学生更好地在社会中生活，将所学知识运用到生活中，我校"社会实践教学课程"将学生带出校园，系统地学习如何在真实的社会环境中生活，在真实的教学环境中进行技能练习。 　　您的孩子将在 3 月 21 日（周五）去"中国钱币博物馆"学习，完成校本社会实践课"我是小当家——理财篇"的相关内容。为帮助学生更好地完成本课内容，请您在家里与孩子沟通以下内容： 　　1. 带领孩子巩固了解"中国钱币博物馆"的内容：古钱币、人民币的认识等。 　　2. 进行文明礼仪教育：进入场馆不大声喧哗等。 　　3. 如果要带照相设备，请嘱咐孩子妥善保管。 　　4. 进行交通安全方面的教育。 　　请填好下面回执，并让孩子带回学校交给老师，如有特殊情况不能参与此项学习活动，请在当天安排好孩子在家里学习。（请注意，本次活动是上课，不是外出游玩。）早晨到校时间、午饭、下学时间都照常。 <div align="right">DC 培智中心学校 2014 年 3 月 17 日</div>
回执
我已阅读通知，我□同意□不同意孩子参加这次社会实践教学活动。我的孩子从家里自带照相机或手机（　）。 　　学生姓名：　　　　　　　　　　家长签名：

5. 实践课

实践课即在社区实地进行教学，学生完成相应的学习任务（图 4-3）。在实践课出发之前，教师会用十分钟时间和学生再次说明安全、秩序、任务、内容等。实践课中，社区课程教师们也会邀请校内教师或者校外的企事业单位人员参与，利用他们擅长的技能或精通的知识给学生们讲解，帮助学生学习到更多课堂外的知识。这也是社区课程中独具特色的一面，不仅社区课程是课程的主讲教师，同时还有很多课程外的教师参与进来。正所谓，各有所专，都为社区课程所用。此次，教学段聘请了学校对古代钱币颇有见解的 N 老师担任课程的特邀教师给学生讲解古代钱币的发展。

在"我是小当家——理财小能手(钱币博物馆)"的主题单元中,CM班的教学目标是让学生了解中国钱币历史文化并实地实践学过的辨伪方法。在钱币博物馆,结合讲解员讲解的钱币辨伪技术和现场的各种真假币,学生可以把在课堂上学习到的知识实地运用,对课堂所学知识现场使用。

图 4-3　社区实践课程实践课的教学

6. 巩固课

巩固课即根据实地教学当天的实际情况设计相应地教学环节对所讲授知识进行再次教学,加深学生的印象、增强学习效果。巩固课主要是回顾当天的实践教学,并完成相应任务单。这是对学生所学知识的一种检验,也是针对智力残疾学生记忆力特点、认知特点进行的教学巩固。

在钱币博物馆的巩固课上,ZYJ 老师先和同学们分享了在钱币博物馆的所见所闻。同学们说一说在钱币博物馆看到了哪些展览,并让有在钱币博物馆拍照的学生与大家一起分享所拍摄的照片。在个案学校,教师们常会鼓励学生去探索、去学习更多的技能。随着手机、照相机等电子设备成为日常生活中的常见物品,教师们也充分利用这些现有的资源积极鼓励学生用自己的手机或相机去拍摄。学生拍摄回来的作品教师都会在课堂上与全体学生分享,并对拍摄角度、拍摄技巧等进行评价。这种方式既是对学生拍摄能力、构图技巧的培养,也是提升学生自信心,培养生活兴趣、陶冶情操的方式。回顾现场的图片和欣赏学生的作品是很温馨愉悦的,走进这些课堂,笔者深深感受到了学生和教师的欢乐。

轻松且充满欢笑的照片分享过后,教师一般会有任务单(表 4-12)分派给学生。在早些年的社区课程实地教学中，任务单一般是由学生在实践课中完成。后来，教师们发现这种方式容易出现各种问题，如有的学生忘记带笔，有的学生把任务单丢了，有时因为现场比较杂乱学生没有地方可以写字，有的学生因为时间不够充裕而完成不了。因此，现在任务单都是在巩固课上完成。在同一个班级并不是所有学生的任务单都是一样的。教师根据学生的能力、教学目标等将任务单设置难易程度不等的版本。

在钱币博物馆的任务单中，CM班的学生在语言表达能力、文字阅读能力方面比较占优势，所以ZYJ老师在任务单中设计了适合学生语言表达能力和文字阅读能力的任务。对于任务单第二部分中的探索大回顾，有写作能力的学生可以用文字来表达，语言表达能力好的学生可以用口头表达来完成，还有一些学生绘画能力好的可以用图画的形式来表达。灵活性、变通性、趣味性是教师们是设计任务单时充分考虑的因素。

表4-12　CM班钱币博物馆巩固课任务单

2013—2014年第二学期教学段社会实践课任务单

我是小当家——理财小能手

CM班　　姓名_____

一、知识小阅读

货币历来便有"国家名片"之称，中华人民共和国货币自发行以来，已发行了五套人民币，形成纸币与金属币、普通纪念币与贵金属纪念币等多品种、多系列的货币体系。

1999年10月1日，在中华人民共和国成立50周年之际，根据中华人民共和国国务院第268号令，中国人民银行陆续发行第五套人民币。第五套人民币共八种面额：100元、50元、20元、10元、5元、1元、5角、1角。第五套人民币各面额正面均采用毛泽东同志中华人民共和国成立初期的头像，底衬采用了我国著名花卉图案，背面主景图案分别选用了人民大会堂、布达拉宫、桂林山水、长江三峡、泰山、杭州西湖。通过选用有代表性的寓有民族特色的图案，充分表现了我们伟大祖国悠久的历史和壮丽的山河，弘扬了伟大的民族文化。

二、探索大回顾

1. 我们参观了_____

2. 展览中有文字介绍，也有实物陈列。你对哪些展览印象最深刻，能简单描述一下吗？为什么？

_____

_____

第四章　从相融到相合——培智学校走向社区的机制

三、技巧小总结

送你一双慧眼　第五套人民币真伪识别

对假币的识别、鉴别、鉴定应采取综合方法。作为公众和百姓，首先应该掌握"一看、二摸、三听、四测"的方法。

看：水印、安全线、票币尺寸
摸：纸质、票面凹凸
听：手持钞票用力抖动、手指轻弹或两手一张一弛轻轻对称拉动钞票，均能发出清脆响亮的声音

---

7. 评估和反思

评估，是对学生所学知识的检验。按照社区课程设计时制定的评量标准，评估分为三部分，根据课程评量标准评量（根据每个学习点按照1分、2分、3分、4分来评价）占50%，根据学生所分配的学习任务完成情况评量占30%，根据家长的反馈评量占20%。现在，社区课程的评估没有完全按照当初设定的评估标准来评估，教师们在实践中做了一些调整。"这个课程现在还沿用的两种评估方式一是任务单，有点像练习册，可以填写也可以口答，还有一种形式就是呈现作品，出去可以拍照，也可以写作文，实在不行，也可以和我说说所见所闻。"❶任务单是教师评估的一方面，更有教师说学生的变化不是靠一个评估就可以简单测量出来的。学生的变化可能需要更长的时间，需要家长、教师在平时生活里细心观察、感受才能够获得。

除评估外，教师们在一个单元的社区课程完成后要对本单元的社区教学进行反思（表4-13）。教学反思是多年来社区课程教师的日常工作，既是对教学过程的回顾，也是对教学过程中遇到新问题、新想法的呈现，更是对教学过程中教学经验的总结。

---

❶ 资料来源：ZYJ老师正式访谈录音。

表4-13　教学反思

我们到底了解学生多少
ZYJ 老师

"我们到底了解学生多少？我上课教的真的是他们所需要的吗？"这种问题在我上完课后，总会浮现在头脑里。我总希望能多带给学生一些社会生活中常用的，一些他们接触不到又很好奇的，一些家长会忽略的……开展了这些年的社会实践课（原社区实践课），一直总认为自己教的对孩子而言就是有用的。我们有IEP，不就知道孩子的基础了吗？可是孩子每天是在成长的，家庭也在不断地教给学生技能，我们怎么确定呢？

这一次做理财篇的社会实践教学，用发调查问卷的形式来了解学生最新近的能力水平和家庭教育需求意向，确实是有助于教师开展教学的。一个问卷，三五道问题，简练明了的问题内容，最大限度地帮助教师知道学生现在的情况，扩大家长对教学的参与度。

思考：
1. 在外实践活动时，可以最大限度地打破课堂教学模式的局限。（环境的转换、讲课人员、讲课方式、学生听课状态）
2. 外出实践活动可以按参观、考察、社区服务、经济活动分类。
3. 我们在帮助学生学什么？
拓展知识、增长经验、学技能是帮学生增强生活的能力；
体验生活、获得感受是帮学生培养健康的生活态度。

综上所述，社区课程的设计与实施主要有7个步骤，确定社区教学地点—进行教学设计、采集教学资源—铺垫课—制订家庭教育计划配合社区教学—实践课—巩固课—评估、反思，图4-4是对社区课程设计和教学的全部流程。

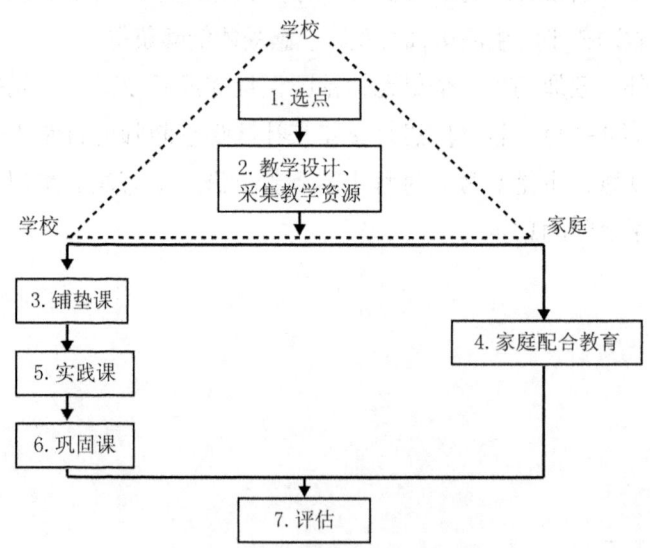

图4-4　社区课程设计和教学流程

(五) 社区实践课程的支持与保障

1. 注重家庭的配合

教师每天最多和学生接触八小时,家庭是与学生日常生活联系最密切的地方。但是,由于家长工作关系或家庭的其他情况,家长不一定有充足的时间和知识体系有效地培养学生的社区适应能力。个案学校认为学校和家庭的关系应该是以学校为主导,家庭教育为辅助才能最有效地达到教育的目的。因此,每开展一个主题单元教师们都会有家长信(表4-14)或者关于主题单元教学内容的调查,或邀请家长参与到课程中。

表4-14 "社会实践教学活动"致家长信❶

"社会实践教学活动"致家长信
家长您好!
为了使学生更好地在社会中生活,将所学知识运用到生活中,我校"社会实践教学课程"将学生带出校园,系统地学习如何在真实的社会环境中生活,在真实的教学环境中进行技能练习。
学生将在6月27日(周五)去超市学习体验购物,完成校本社会实践课"我们去购物"的相关内容,午饭和放学照常。如您的孩子不参加此次课,请您安排好学生在家的生活。<div style="text-align:right">DC培智中心学校 2014-6-22</div>
回 执
_____班学生_____ 不参加此次实践活动 ( )   参加此次实践活动。 ( ) 如果参加,为帮助学生更好地完成本课内容,您填写清楚以下内容:
家里需要购买的物品名称:
您给孩子的金额: (因为可能涉及找零钱,请您一定写明金额)

2. 注重社区资源的综合利用

无论是社区课程本身,还是智力残疾儿童进入社区都需要相关单位的理解和配合。例如,超市、公园、博物馆等地方都是学生需要学习使用的社区设施,但是如果这些单位对社区课程不了解,很可能会拒绝教师收集铺垫课上所需要的教学资料,拒绝拍照,拒绝学生实地上课。社区资源的综合利用

---

❶ 资料来源:社区课程中致家长信。

对社区课程是否能顺利推行起到关键的作用。因此，社区课程教师在主题单元教学开展前会与相关的社区单位进行商谈，目的主要有两个：一是让相关的社区单位对教学活动、学生情况进行初步了解；二是取得社区单位的支持与帮助。

以超市购物主题单元为例，社区课程教师要开具学校的证明文件与超市的管理人员进行商讨。由于超市之前没有接触过培智学校的社区教学，社区课程教师在第一次商讨中并没有获得超市方的大力支持。随后，培智学校通过社区居委会及街道相关部门的帮助才获得超市方的许可。这一真实的"挫折"仅仅是学校教师在开展社区教学时遇到的很多困难中的一角，也恰恰说明个案学校开展社区教学是非常不易的。在获得超市方的允许后，社区课程教师针对超市实地教学的时间、学生人数、教学中所涉及的超市工作人员的配合等与超市方进行商讨。这一过程中，学校不仅和超市方（实地教学点）就教学内容等进行双方相互了解，也充分争取了行政部门对社区教学的支持。总之，社区课程的实地开展需要充分利用社区中的人力资源、物力资源等。

3. 利用信息技术辅助教学

信息技术在社区课程的教学中是极其重要的。在"踩点"时，教师需要对社区教学地点的实地情况进行拍摄，包括社区教学地点所处区域、交通标识、室内外背景等。在铺垫课中，教师通过图片展示、视频录像等介绍社区实践课程教学点，从视听觉的综合运用中加强学生印象。在介绍如何使用社区设施时也需要提前把整个过程录制下来以加深学生印象，唤起学生已有的知识，帮助学生学习新知识，最终帮助他们在外出实践时能够获得成功。在实践课中也需要把社区实地开展过程进行拍摄，用于接下来的巩固课以及社区课程教师的后期总结、反思材料。

从以上过程可以看出利用信息技术可以帮助教师设计教学内容、顺利开展实地教学以及进行课程总结等。信息技术的使用给教师带来了便利，节省了大量时间资源；培智学校的学生在学习上存在识记缓慢、保持差、再现不完整；有意识记差、机械识记相对较好的特点更需要通过信息技术的辅助来加强学习效果。

4. 学校层面给予社区课程强有力的支持

在社区课程的开展中，教师们常常提到学校在社区课程方面给予很大的自由度与支持。"学校在这方面都做得很好，制度上也没有条条框框，只要保证学生安全。学校在实际教学中很周到，志愿者、辅助人员都会根据课程灵活安排。志愿者的加入给了教师很多帮助，在外教学辅助管理学生，防止意外发生；还可以一对一的对学生进行讲解。"❶

"当初没有蓝天工程的时候都是学校自己投资，在预算方面就需要精打细算，即使是精打细算每个学期总的花费也不少。而后，学校争取到蓝天工程，社区课程的财政整体缓解了一些。从这点来看，学校一直给社区课程的支持就特别多。"❷ 有了学校方面的支持，社区课程教师在课程中没有了畏手畏脚的感觉，即使遇到困难，也能迎难而上。

四、培智学校走向社区的融合活动

近年来，学校的融合活动呈现出丰富多彩、百花齐放的特点。从活动区域来说，不仅仅是在原来的 CW 区或现在的 DC 区，融合活动的范围已经扩大到北京、甚至全中国，学生能走进的"社区"也越来越宽广。从活动种类来说，活动朝向多样化、层次化发展。以表 4-15 中列出了笔者在个案学校研究期间亲身参与的融合活动。

表 4-15　2013—2014 学年第二学校融合活动

编号	活动主题	活动时间	活动地点	参与人员
1	走进文汇中学主题讲座	3月20日	文汇中学	文汇中学初二（7）班师生 个案学校教师
2	北工大志愿者走进培智学校	4月9日	培智学校	北工大志愿者 培智学校学生
3	109中学小学部师生走进培智课程	4月15日	培智学校	109中学小学部部分师生 培智学校师生
4	走进陶然亭公园	4月17日	陶然亭公园	职培段师生 校外讲解员
5	DC消防宣传"五一"节前进校园	4月30日	培智学校	DC部分消防员 全校师生
6	走进台北融合活动	5月10日—5月14日	台北	职培段部分师生 台湾师生
7	苹果店社会实践活动	5月14日	西单大悦城 苹果店	苹果店员工 康复段部分师生

---

❶ 资料来源：ZQ 老师正式访谈录音。
❷ 资料来源：ZY 老师正式访谈录音。

续表

编号	活动主题	活动时间	活动地点	参与人员
8	万豪行政公寓到校融合活动	5月21日	培智学校	万豪行政公寓部分员工 学校部分学生
9	以色列音乐家到校活动	5月22日	培智学校	全校师生 以色列音乐家
10	顺义阳光实践基地	5月27日	顺义阳光实践基地	职培段师生 顺利实践基地工作人员
11	DC区第二图书馆采编部走进培智学校欢度六一	5月28日	培智学校	学校部分师生 采编部人员
12	便宜坊来校六一活动	5月29日	培智学校	便宜坊员工 教学段部分学生
13	区文化馆走进培智学校	6月9号	培智学校	区文化馆艺人 康复段部分学生家长
14	区少年宫走进培智学校文艺表演	6月17日	培智学校	区少年宫师生 全校师生
15	康达五洲探访学校毕业生	6月26日	亦庄康达五洲公司	培智学校教师 往届毕业生
16	皮卡体育馆路少儿中英文图书馆特殊儿童绘本教育讲座	6月27日	体育馆路图书馆	全校师生 少儿中英文图书馆人员
17	"庆七一 颂党恩"——融和读书节诵读会	6月30日	培智学校	全校师生
18	"融和育人 温暖心灵"——DC区工商联与DC培智中心学校融和捐助活动	6月30日	培智学校	学校部分学生 工商联人员

在众多的活动中，个案学校的融合活动具有以下几个特点：

（一）特奥融合，重在参与

在构建社区融合教育网络的过程中，个案学校以融合活动为载体，首先以体育为突破口在2000年成功举办了"CW区首届社区特奥日"活动。现在该活动已经成为惯例，每年一届。"融合活动"是特奥会（特殊奥林匹克运动会）在推广智力障碍儿童与正常儿童通过体育运动融合交往时提出的，特奥融合运动是一项体育团体运动，是把数量差不多的特奥运动员和正常的运动员组合在一起，参与共同的训练与竞技。特奥融合活动（inclusive activity）是广义概念，它主要是指"同特奥学校手拉手活动"（Adopt-a-School-Program）、"快来参加特奥"（So Get Into It）和"青少年高峰论坛"（Special Olympics Youth Summits）等智障人士与非智障人共同进行的形式多样的非竞技性活动。因此，特奥会中智障人士与非智障人士一起共同进行的活动都可以成为融合活动。

2014年5月26日，培智学校的20名特奥运动员参与了NBA姚明篮球学校的特奥融合运动活动，这次活动主要是小型的篮球训练及特奥融合篮球比赛，不少的学生在这次活动中完成了人生的第一个投篮（图4-5）。这也仅仅是研究者在校收集资料期间参与到的一次活动，每年学校都会根据特奥活动的特点尽可能多的让学校学生参与到特奥活动中去，让学生通过特奥融合活动多尝试、多体验，同时在社会适应能力方面进一步提升。

图4-5 个案学校学生参与特奥融合活动

（二）联谊活动，发展友谊

个案学校的"融合活动"与"融合教育""随班就读"这些概念不一样，它是从特奥融合活动中延伸出来的，主要是通过创建各种活动来给智力障碍儿童和正常儿童创造交往的机会。"融合活动"一方面创设了机会帮助社区人员了解智力残疾儿童，另一方面也给智力障碍儿童锻炼与人交往的能力、增强自信心的机会，这与学校早期提出的"社区融合教育"的理念是一致的。

在此基础上学校拓展了文艺表演、技能展示、义卖活动，与志愿者、家长和为学校提供帮助支持的单位的联谊活动。这些活动真正体现了学校的"桥梁"作用，帮助智力残疾学生"适应社区、服务社区、和谐共存"。经过多年的探索，这些融合活动已经形成一套传统，学校简称"五同活动"：同锻炼——每年五月中旬举行一次社区特奥日活动；同劳动——五一劳动技能大赛；同歌唱——十一诗歌朗诵会；同分享——期末家长会汇报表演；同欢乐——庆新年庙会活动。2006年学校又增加了同献爱心——爱心汇报文艺会演。融合活动已经成为实现"为学生生存发展服务、为教师成才发展服务、为社区文明发展服务"办学宗旨的一个载体。2010年后，学校提出了"融和育人"，现在学校很多的"融和活动"会使用"融和活动"，但是其在形式上与过去没有太大差异。

在学校组织方面，学校负责活动组织的老师说"刚开始就是一点一点磕来的，慢慢地也有自己找来的，然后就是有大家传的。关系建立之后，逐步给大家展示我们学生真实的状态。基本的模式是：先给来的人一个知识小普及包括学生的基本情况介绍、学校课程设置等；然后带他们去看学生，面对面的接触；第三开展互动形式的活动；第四是引进来，真正让社区人参与进来。"❶ "融和活动"并不是来了就可以开展，学校要从知识普及、面对面接触、初步开展活动、深入引进这四个方面来综合考量"融和活动"的开展。

"融和活动"的具体开展也并不是一蹴而就的。"整体就是分步走。第一，刚开始社区人接触我们学校中比较好的学生，给人留下好印象。然后，随着活动的开展接触到学校中程度比较重的学生。第二，所有的活动都有一定流程。一般是从讲座开始，内容会根据听众而有所差异。在讲座中，会通过感知性强的方式，比如看视频、看照片，呈现学生的情况。内容方面根据听众的类别而有差异。如果是中学生，会向他们展示学生的成果性的作品；如果是普通学校教师则会展示一些学生上课的突发小情况等。"❷

在联谊活动中，学生提高了适应能力、增强了自信；家长和社区人士也和学生共同学习、提高认识、甚至接受教育；普通学校的学生在这里会对特殊学生有直接的了解，增强社会责任心；企事业单位（如便宜坊集团、社区街道、北京工业大学学生、万豪集团等）常常会被智力残疾学生的热情、淳朴、坚韧、努力和取得的成绩所感染。

（三）社区课程，能力培养

学校开设社区课程的康复段和教学段都根据各学段学生的特点以及学生

---

❶ 资料来源：WY老师正式访谈资料。
❷ 资料来源：WY老师正式访谈资料。

的培养目标制订社区课程的教学计划，重在培养学生的能力。

康复段，学生的年龄偏小、进校时间较短，社区课程的重点主要是让学生适应学校生活、适应校园环境。康复段的社区课程主要是从课堂生活、校园环境入手，培养学生的自理能力，适应学校生活。比如，2013—2014年第二学期康复段社区课程的主题为植物种植。教师们带领学生一起种植牵牛花、向日葵等，从播种、种子发芽、植物生长、开花等一系列的过程中，让学生亲身参与其中，通过亲自动手浇水、拔草、观察植物生长变化，学生的动手能力变强，沟通、合作能力方面都得到了提升。很多自闭症学生在与植物自然接触的过程中，情绪得到了舒缓。

教学段的社区课程主要是培养学生的社会交往能力。通过教学月度主题单元，教师带领学生走出学校，在社区环境中学习知识，在实际交往中运用所学知识。从前文的叙述中也可得知，教学段2013—2014年第二学期有包括我是小当家——理财小能手、我们走进天坛公园等四个主题单元。每个主题单元都有能力培养的具体目标，充分体现了课程设置中能力培养的重要位置。

社区课程是学校与社区互动中的重要"渠道"，也把知识学习和能力培养紧密结合在一起，为未来培智学校学生走出学校，回归社区奠定基础。

第三节 从相融到相合——培智学校走向社区的效果

一、"合"——培智学校与社区的走向

（一）社区成员对特殊群体的认识、理解不断增加

个案学校在"十五"期间开展社区融合教育时在社区做过相关调查。通过学校老教师的介绍，当时的调查显示了社区人员对智力残疾儿童的认识、了解是不多的，甚至是带有负面评价的。"调查发现有很大一部分单位不接纳。不接纳的原因一部分是不了解，不是没有爱心、瞧不起，是有畏惧心理，害怕他们有伤害性行为；还有一少部分就是不接纳，就是歧视。"❶ 学校老教师 ZYC 老师回忆起当年的调查时也说到"调查的范围很广，涉及不同的行业、不同年龄层次，内容主要是智力障碍的概念、智力障碍学生的了解程度、

---

❶ 资料来源：WH校长正式访谈资料。

对智力障碍学生参与社区的态度看法等。结果就是很多人对智力残疾学生完全不了解。有人就说智力障碍学生就是流着鼻涕满大街跑。一小部分人在相关学校（培智学校）工作，或者家里有这样的孩子（指智力障碍学生）有一定的了解，但是大部分人都没有'培智学校''智障学生'的概念。"❶从以上这些说法中可以看出，早年的社区融合是很艰难的。社区人士对"智力残疾儿童""培智学校"缺乏基本认识，歧视、片面的观点都给学校的社区融合开展带来很多困难。

随着社会文明程度不断提高、经济不断发展，社会大众对残疾人士的观念也不断在发展进步。"智力残疾儿童"不再是罕见词汇，大众传媒对残疾人的关注也拓宽了普通人的残疾视野。社区人士对特殊学校、残疾学生的接纳程度越来越高，理解程度也越来越深。现在，无论是个案学校所处的DC区还是北京市的其他地区，社区人士对特殊学生已经不再是陌生、歧视的态度。一提到个案学校，社区单位、社区人员都能说出很多关于学校的故事，甚至很多单位已长期与学校联谊。无论是从个案学校每学期举办融合活动的数量，还是社区课程实践教学的地域范围都可见社区人士对特殊群体的理解在不断增加。

（二）社区走进特殊学校的"多"与"富"

自开展社区融合教育以来，社区走进特殊学校的机会越来越"多"且形式很"富"。从早期WY老师的工作感悟中"刚开始的时候我们就是等着别人来，基本上学校的来得多。人家说我们想和你们搞一个志愿活动，然后我们就会答应。慢慢就是我自己去碰，我的定位是一定不要只追求眼前利益。因为只追求眼前利益就会失去很多别的，比如便宜坊的活动，最早是我们打电话磕过来的。还有就是搞一次活动容易，但是怎么让人家能够长期和你搞活动是比较难的。"❷到现在学校每月都有4~5次活动，光从数字上就可以看出社区走进特殊学校的机会越来越多。

从内涵来说，社区走进学校越来越"富"。通过与学校多位教师的访谈中得知：早期来学校的社区人士仅仅是出于志愿的目的，与教师、学生有一次

---

❶ 资料来源：ZYC老师正式访谈资料。
❷ 资料来源：WY老师正式访谈资料。

联谊活动就结束了。现在，社区人员走进学校的方式多样化。除传统的联谊活动外，更有社区人员担任特邀教师给学生们授课；也有企业单位长期与学校合作，每一年的活动都有所侧重；也有企事业单位给予学校发展在物力、财力上的帮助。社区走进学校的内涵越来越丰富，充分充实了学校与社区的互动。

(三) 学校的开放程度越来越深

个案学校从相融到相合——走向社区是通过两大步完成的。一是学校向社区开放，学校与家长融合，家长参与到学校的社区课程，参与到融合活动中，将孩子的学习与生活深度联结；学校与普通学校融合，普通学校的教师、学生走入培智学校，认识智力残疾学生，与特殊学生一起相处；学校与社区的企事业单位、个人融合，学校能走进社区，社区人员也能走进学校。二是学校支持学生走向社区，教育学生正确使用社区设施与服务；教给学生正确与社会人士交往的技巧；培养学生独立生活的能力；打破封闭，帮助学生获得社区内的信息；培养学生的多种兴趣和特长。这两大步都使得学校的开放程度越来越深。

综上所述，个案学校在打开校门走向社区的过程中，社区逐渐接纳了学校。学校与社区在互动交往中逐渐走向"合"。

二、"合"的效果——培智学校与社区互动的评价

个案学校开展社区融合教育以来初步建立学校、家长、社区人士、教育行政部门、社会机构共同管理的教育网络。学校成立了融合教育发展委员会和志愿者协会。融合教育发展委员会成员由学校、教委、残联、较多参与支持教育的社会团体机构领导及家长代表组成；志愿者协会由志愿者代表组成。此外，学校与家长、其他社会力量也形成了伙伴力量。学校与家长之间已经有成熟的网络，学生家长都参与学校的融合活动。学校与其他社会力量也建立了密切联系，比如区图书馆、便宜坊烤鸭店都成为支持学校社区课程的教学点；区文化馆、北京工业大学等一些单位都不同程度地参与并对学校的教育提供人力、物力、财力资源支持。

(一) 课程不再局限于教室

1. 社区课程让学生丰富生活体验，获得技能、价值感

ZQ 老师说道："比起语文课的看和讲要生动很多。因为学生的生活经验

少，家长很少带他们出去玩。一让学生就某个主题说些什么，学生讲的内容大多局限于教室。上回我们教生活中的数字，学生们大多举的例子都是在教室内的，很少有学生说他们在外面见到的数字。现在走出去的机会多了，学生们能够找到楼号、车站牌这些数字，不再局限于教室内了。"❶

ZYJ老师认为："社区课发展到现在，随着学生的程度越来越重，最开始是想让学生在生活中一定要学什么，掌握技能。现在转变为就是让学生体验。在这个过程中，学生能学会沟通、交流。和老师也好、同学也好，周围的人也好都可以。因为人不是孤立的，活着的很大意义就是能沟通、交流，是自我价值的一种肯定。"❷

HL老师说："这些课程实际上就是让学生掌握现实生活中的一些本领或方法，比如到银行去会存钱取钱。"❸

LXJ老师认为："这样的活动我们虽然达不到社会融合，但是达到了校内融合，与高年级孩子的融合。去年我们的孩子种植黄瓜，学生尝到了自己亲手种植的黄瓜，这是成功的果实。家长也没想到我的孩子还能种出黄瓜，特别高兴。还有一年种植向日葵，与向日葵比高的教学主题获得了家长和学生的喜爱。通过社区课，不仅可以增强学生的注意力，更可以缓和学生的情绪。有些学生在社区课程中能够有自己独立观察的时间，自己动手的机会，这对增加学生的经验是有益的。"❹

从以上可以看出，无论是低年级的学生还是高年级的学生都通过社区课程获得了更丰富的经验，知识"活"了，能力提高了。

2. 教师"教学技能有提升"

WSW老师谈道："现在通过各种活动社区课程老师也能出去透透气，这样比过去整体关在学校上课好多了，也能多方面了解学生，这样更有利于教学的开展。"❺

ZY老师说："首先，老师开阔眼界了。原来就是扎进课堂，备课、上课、再备课。通过联系外界的活动，老师们的世界一下就大了很多。老师在这些

---

❶ 资料来源：ZQ老师正式访谈资料。
❷ 资料来源：ZYJ老师正式访谈资料。
❸ 资料来源：HL老师正式访谈资料。
❹ 资料来源：LXJ老师正式访谈资料。
❺ 资料来源：WSW老师正式访谈资料。

活动中也得到了锻炼。当初老师也抱怨，哎呀，老师觉得我还要干这个。干的多了老师们对自己更有信心了，教学技能也在无形中有了提升。"❶

ZQ 老师认为："从踩点到带学生出去，我挺享受这个过程的。一是我也能开阔眼界，定好主题后，作为教师需要先查资料，路线，对内容有一个了解才能给学生备课。二是在这个过程里教学技能有提升，能在教学中有教学重点，不像起初教学那样像流水账，什么都有了，但是重点不明显。"❷

通常而言，一门课程的受益者主要是学生，但是社区课程让教师的教学技能得到了提升。这与社区课程"不一样"是离不开的。课堂在社区，社区人士与教师共同成为授课者，社区生活为教学内容，这些"不一样"使得教师除了传统教学中的备课、上课外还需要在协调社区单位、资源合理分配、教学活动灵活设计等多方面下功夫。随着每一堂社区教学课的讲授、每一个主题单元教学的完成，教师在潜移默化中提升了教学技能。

3. 给家长带来甜头

ZY 老师说："大多数的家长还是觉得挺不错的，因为自己家里带孩子出去一是少，二是有的家长有顾虑，担心自己的孩子这样，带出去心理承受不了，很在意外界的看法。"❸

LX 妈妈提道："我们家孩子非常喜欢参与这样的活动。小时候由于她的腿不方便，带她出去接触其他孩子、见识世面是很少的。学校对于我们孩子给予的照顾特别多，行动不便既给雇车又给准备轮椅。我特别支持学校举办这些活动，这些是家里没法做到的。"❹

YWB 妈妈认为："这 3 年多变化挺大的。刚到校时，到处嗷嗷叫，不听话。现在他都知道心疼人了。妈妈生病了给妈妈拿药，倒水喝。自理方面好多了，他能刷牙洗脸，收拾屋子，拖地，打水，这些可能有些正常孩子都还不会。"❺

从以上家长的描述中可以看出家长在社区课程中真切感受到了孩子的成长变化，家长收获了很多平凡、朴实的温暖，这是家长最大的欣慰。每一位

---

❶ 资料来源：ZY 老师正式访谈资料。
❷ 资料来源：ZQ 老师正式访谈资料。
❸ 资料来源：ZY 老师正式访谈录音。
❹ 资料来源：LX 妈妈正式访谈录音。
❺ 资料来源：YWB 妈妈正式访谈录音。

家长都乐于看到自己孩子在学校教育中的进步、可喜变化的。

4. 社区人接纳特殊孩子

从学校教师多年的亲身感受来看，社区人在接纳特殊儿童从最开始的指指点点、排斥到现在接纳、参与进来有了质的飞跃。LQS 老师认为："把学生带出去不光是教育学生，更重要的是教育健全人。让健全人也来了解培智学校的学生，让健全人主动接纳、认识咱们的学生。这也是给健全人一个平台让他们从心里去认识、接纳我们的学生。现在社会人对培智学校的学生接纳多了。我们带领学生出去也不再像过去那样受到特别'关注'。在这些活动中，我们通过一个单位的活动去慢慢改变他们对智力残疾学生的看法，这就是成功。"❶

ZY 老师说道："现在社会上对这类孩子的认可要比原来好。原来我们刚出去时，周围人都躲我们。领着 2 个小队，15 个学生，（带鄙夷表情，笔者注）就这样指指点点、躲我们远远的。通过跟外界联系躲起来，加上电视宣传、国家的重视，现在感觉大家的指指点点少些了。"❷

（二）融合活动促进发展

1. 学生增加见识，提升能力

很多家长都谈到融合活动对于孩子成才的好处。LX 妈妈说："咱们学校的这些社区活动开展得挺多的。一是有助于孩子的交往能力，能够在活动中锻炼她交朋友的能力、语言沟通的能力；二是能够自己亲身实践。很多活动是很有特色的，包括音乐会、手工泥塑啊，这些活动就是让孩子亲自去做，亲自去感受。"❸

ZDY 妈妈认为："我觉得这些社区实践活动还挺好的，孩子们多出去见识见识。学校有这些资源，能带领学生去农场、去儿童活动中心，这些活动不在于一定要孩子学会什么知识，开阔眼界就好。"❹

YWB 妈妈觉得："对于他们来说，接触越多越好，能让他们与大环境接触，对他们的适应能力会有帮助。不带他们出去，就会闭塞，想着这个东西

---

❶ 资料来源：LQS 老师正式访谈资料。
❷ 资料来源：ZY 老师正式访谈资料。
❸ 资料来源：LX 妈妈正式访谈录音。
❹ 资料来源：ZDY 妈妈正式访谈录音。

第四章 从相融到相合——培智学校走向社区的机制

是我的，我就要。"❶

从以上家长的反馈能够看出培智学校的学生在学校的融合活动中开阔了眼界，同时在活动中也提高了为人处世的能力。

2. 教师和学生都成为双赢的主体

培智学校 WY 老师说："利用家长资源，把家长请到学校来辅导孩子，增加孩子的就业能力。如拜耳公司的融合活动，一是让孩子和正常群体接触提高自身，自然而然和人交往、聊天，会在待人接物方面有所提高。二是别人了解他，拜耳公司从领导到员工、到员工家庭，教育是有社会责任的，教育对周围社区的单位等应该有一定的影响力。搞活动对于员工、我们的学生都是双赢的。"❷

MH 校长认为："融合活动无论是对教师还是对学生，都是有益的。学生需要走出去，教师在这样的活动中提升了教学之外的各种能力。"❸

总的来说，教师和学生都在活动中有所收获，是双赢的主体。

3. 学校充分利用自己的优势发展

社区 WY 老师觉得："学校开展这样的活动挺有意义的，学校可以在自己的校园范围内自主开发。学校完全可以根据自己有什么资源，有什么条件去设计课程或者带领学生走出学校开展活动。像外面的少年宫、图书馆开发项目是需要场地的，比如像科技项目可能只能在活动室做，有些制作类的需要机床等。学校可以尝试与这些单位联系，在一个相对方便的角度加强双方的合作。"❹

WY 主任认为："应该说现在有一个相对丰富的社区资源的小网络。资源的数量在增加，社区人士对学生的了解比原来要好，而且应该说这些年做了很多社区活动，综合起来认知率要高了，还会有一些人主动过来问你需不需要什么帮助。"❺

培智学校与社区互动需要从学校自身的特点出发，根据校情、学生情况、社区单位的特点充分利用自身的优势发展。

---

❶ 资料来源：YWB 妈妈正式访谈录音。
❷ 资料来源：WY 妈妈正式访谈录音。
❸ 资料来源：MH 校长正式访谈录音。
❹ 资料来源：社区 WY 老师正式访谈录音。
❺ 资料来源：WY 老师正式访谈录音。

三、"合"的困惑——培智学校与社区互动的困难

(一) 关于社区课程的困惑

1. 社区课程"东一榔头西一棒子"

有些教师认为社区课程现在就是"东一榔头西一棒子"。"我也想说,咱们这个社区教育可能是东一榔头西一棒子。现在一个内容可能是单摆浮搁着的,这个内容下一班能不能上?即使是同一个内容,比如照证件照,在教学段低两个班能不能上,其实也是能上的,我们原来提出一个观点就是同步分组,就是同一个内容不同层次的学生有一个不同水平的认证。我觉得如果我们要形成可借鉴、可推广、可循环,必须要同一内容纵向和横向同时开展,我们做实了这一块内容就有说服力。这个内容在小班怎么上,在大班怎么上。要说单摆浮搁,就没有推广性。让别人可推广、可借鉴就是让不同地区、不同水平的学生都可以找到一个学习的点,做出来这样的教材才好。单做一堂课,不是一件难事"❶

ZYC 老师认为现在社区课程的主题没有体系。"课程的主题性还差一些,不能茫然地找到一个讲一个。今天想起这个就讲这个,明天想起那个就讲那个。"❷

ZQ 老师觉得课程的理想和现实有些差距。"当时理想的挺好,纵横交错,纵向是能力,横向是水平,达到的层次都一样。每个班级每位学生都能在这其中找到一个点,找到之后开始出发、逐步的能达到什么水平就是什么水平。这是当初宏伟的想法,但是现在我觉得就有点浮夸,所谓浮夸就是找别人没做过的,没见过的,出彩的就拿出来展示。"❸

有老师觉得在课程中已经迷失了方向。WY 老师说:"我现在比较乱的一块就是到底我做什么,在社区课中我应该干吗,包括 Z 老师和我说过的,在实践中发现的问题,谁应该来做这个,单纯依靠老师来做一点都不科学。在一个学校中应该主要有一个人来负责这个工作。对学校来说,我觉得缺乏一个强有力的声音去坚持。是有困难,但是为了学校发展,我们破除困难也要

---

❶ 资料来源:ZYJ 老师正式访谈录音。
❷ 资料来源:ZYJ 老师正式访谈录音。
❸ 资料来源:ZQ 老师正式访谈录音。

上。我也觉得领导层的目标还不够清晰。"❶

2. 教师备课精力不能集中

在谈到社区课程的备课时，多数教师表达了备课的吃力、能力不足的想法。

ZQ 老师说："现在我有语文、数学、社区课，语文、数学同时兼着比较吃力，备课时老是需要在不同学科之间转换。"❷

ZYJ 老师也说："备课我也有困惑，就是精力不能完全投入其中，会被很多杂七杂八的事情所困扰。要安排行程等，如果我可以有时间去想如何和我的学生沟通（那样教学效果可能会更好）。我觉得应该有一个专门的部门去安排这些（教学以外的）事情。"❸

ZY 老师谈到在经历了多年教学后，深感自己已经跟不上了。"一是精力达不到；二是体力跟不上，随着年龄的慢慢增长，体力跟不上了。10 年前的时候，我觉得我没问题，带着学生出去，也累，但是回来歇一会儿就缓过来了，现在真不行。还有一个是现在安全提得很多，很重要，精神压力很大。精神压力主要就是孩子安全。而且现在学校本身人员不够，要是人员够安全能解决。"❹

3. 社区课程的评估是个难题

社区课程的评估困难是大难题，不仅体现在培智学校学生的特殊性上，不能仅靠单纯的纸质测试来完成评估，也体现在社区课程本身的评估标准还不够完善，不能完全体现学生在课程中的学习成果。

ZYJ 老师说："虽然口头说的可以通过录音保留，但是评估一旦不是呈现在纸面上就会感觉评估没到位。评估是一个大难题，不仅要在学校进行评估，也需要家庭的评估，还需要社会机构的评估。反馈是多方面的，只有这样才能够更全面对学生的学习进行评价。"❺

ZY 老师觉得评估不像过去好做。"现在的评估也不太好做。因为学生差

---

❶ 资料来源：WY 老师正式访谈录音。
❷ 资料来源：ZQ 老师正式访谈录音。
❸ 资料来源：ZYJ 老师正式访谈录音。
❹ 资料来源：ZY 老师正式访谈录音。
❺ 资料来源：ZYJ 老师正式访谈录音。

异大,也就是这一年最后才有这么个任务单。最早的时候评估有学生的自测和他评,曾经就是这么做的。现在的任务单准确说不算一个严格的评估,表面看和那个应该是有区别的。"❶

(二) 关于融合活动的困惑

1. 社区实践活动缺乏系统性

虽然现在社区实践活动开展很多,在实际中还是会遇到活动分配不均、活动定位不清晰的困惑。

ZYC 老师说:"现在为什么说我们的活动没有体系,到了瓶颈期。因为现在康复段能开展的活动很少,大多数的时候康复段的学生只能在学校内。很多老师也在说以前的某个活动很好,现在怎么就不搞了。"❷

WY 老师则认为尽管一直在做,但要做到清晰定位还很困难。"要说没思路也不是没有,个人的局限性会导致现在的瓶颈。还有就是定位不够,我能做很多具体的工作但是引领还不够。我自己也茫然我们的融合教育、社区课程应该怎么做,往哪走?"❸

2. 众口难调

关于融合活动的安排在学校中是争议较多的。从学校活动组织者的角度来说安排活动需要从全校范围内考虑,有些活动因为社区单位的原因或者场地等原因没法让所有学生参与。"在参与活动这块,我也听到老师说怎么他们活动多,我们活动少。这是没办法的,比如,便宜坊的活动、图书馆的活动,这类活动康复段参加不了。在这些活动中特别众口难调,比如苹果店的活动店方只给一学期去一次的机会,争取安排我们的学生都有机会去。我是希望我们的学生都去,以前确实是这么做的,大型的活动所有学生都一起参加。很多时候,我也很着急不能做到让所有人都满意。因为康复段有康复段的立场、职培段有职培段的立场,但是我只能站在学校的整个立场上。"❹

从学校教师的角度,每次遇到有些学生由于各种原因不能参加活动时会特别难受,生怕学生因此而受到伤害。"当时也说是地方的原因,地方比较

---

❶ 资料来源:ZY 老师正式访谈录音。
❷ 资料来源:ZYC 老师正式访谈录音。
❸ 资料来源:WY 老师正式访谈录音。
❹ 资料来源:WY 老师正式访谈资料。

小。但是作为教师，如果我们不为学生考虑，争取学生的权利谈什么为学生着想。选择20人也好30人也好，我看了名单后就问了一句，留下的和去参加的比例对不对，当时我看最初的方案是留下的人多去的人少，我说这样不对。应该给所有孩子享受六一活动的机会。没有地方应该选择地方，这些都应该跟人家解释说明。但是偏偏把这些孩子留下，这些孩子怎么想？我们老说不要对孩子的心灵进行伤害，这些孩子留在那，作为教师来说，我看到这些我挺难受的。"❶

"对于孩子来说，这样的节日是非常重要的。他们很期待，哪怕一人给一个小铅笔，孩子们还是特别高兴的，会到处显摆。那天张老师奖励QTT一个棍糖，他就特别特别开心。到处说'张老师奖励我了，张老师奖励我了……'，我们拿什么和他换都不换，那是张老师奖励的，对他来说是个很大的鼓励。那个活动（六一活动）其实安排教学段也没错，但是在总的布局下，哪些活动适合谁，这是一个方面。有些活动（六一活动）应该所有的孩子都有机会去参加。"❷

学校融合活动的组织者、教师双方都有其立场。教师更多从学生角度为学生着想而学校活动组织者除了要考虑学生外还要从学校全局去安排活动，因此出现"众口难调"的局面。

3. 社区对融合教育、残疾学生的理解度不够

培智学校在争取社区系统支持时是有苦有甜。有些单位的活动很有持续性，在多年的合作中不断深入；有些单位的活动并没有长期开展。这些与社区单位对融合教育的理解、残疾学生的教育支持是息息相关的。

WY老师说："从教委来说给我们宣传的机会还不够。宣传的机会多了，才能更好开展融合计划行动。不然，我们的学生和普通学生一起参加活动，别的学校就说'哟，这个你们也来参加啊，你们来能干什么啊？'我这周围有些学校老师都说'哟，你们的学生还上课啊。'说这些话的人很多都是学校的中层管理干部，但是他们对培智学校、对特殊教育一点都不知道。"❸

"我觉得有些单位的活动由于各种原因就停止了。比如拜耳，过去的活动开

---

❶ 资料来源：ZYC老师正式访谈资料。
❷ 资料来源：WL老师正式访谈资料。
❸ 资料来源：WY老师正式访谈资料。

展得有声有色。2010年还有活动，但是2011由于公司领导层变动，负责接洽我们这边活动的负责人离职，新任的领导对这类活动就不太支持了。虽然我们也努力了，最后还是没有坚持下来。有的单位的活动就一直坚持下来了，有的单位目前还只是初步活动，深入涉及的还不多。像便宜坊的活动一直就是10来年就坚持下来了，活动也越来越多样化；像新世界、银行这些还没有真正深入进去。"❶

综上所述，从相融到相和——培智学校走向社区的过程中，培智学校通过建立"和"的文化氛围；分段管理制度化、教研教育体系化、科研梯队化的管理变革；"社区课程"和"融合活动"双管齐下的方式与社区建立了基于平等、互相尊重、包容的互动机制。

---

❶ 资料来源：MH校长正式访谈录音。

第五章

"存异而融，求同而合"：社区走向学校的方式

个案学校开展社区融合教育的十年时间中，建立了学校、家长、社区人士、教育行政部门、社会机构共同管理教育的网络体系。社会中的单位比如金鱼池小区社区、天坛公园、新世界超市、区图书馆、军事博物馆、麦当劳餐厅、便宜坊烤鸭店等都参与学校社区课程中，成为社区课程的教学点；市区城管大队、区文化馆、国际特奥会、香港汇丰银行、德国拜尔公司、好伦哥等团体，北京工业大学、北京交通大学、北京体育大学、市区民主党派人士以及一些爱心机构，都不同程度参与学校的教育，并对学校的教育提供人力、物力、财力的资源支持。

现在，依然有各类社区单位参与社区融合中。据学校负责组织融合活动的 WY 老师介绍说："总体来说，从类型上看，有普通学校的，有企业的，也有事业单位的；从活动形式上看，有一次性的，也有连锁型的深入活动，还有分阶段性的。实际上就是三条线：一次的，就做一次慈善活动；每年定期联系 2~3 次的，分段开展活动的；还有就是长期的，一年中活动多次，而且每次活动会不同。"❶ 笔者在个案学校进行研究期间，亲身参与个案学校的融合活动的前期洽谈、筹备、组织、总结全部环节。2014 年上半年个案学校综合考虑安全、健康等因素组织的活动数量相比上一年要少一些，但是从笔者这半年亲历的融合活动中依然能看出社区走入学校的"不同"而"合"。

---

❶ 资料来源：WY 老师正式访谈录音。

第一节 社区走向学校的"不同"

一、"不同"的人,为了共同的"舞台"

与个案学校互动的社区单位乍一看是琳琅满目的,但是从社会单位的类别、归属还是能看出社会单位的"身份"。根据个案学校领导及教师的介绍,结合笔者在个案学校亲历的融合活动,目前走进学校的社会单位主要有以下五类(表5-1)。

表5-1 社区走进学校的社会单位分类

教育事业单位	**小学**:新景小学、109中学小学部等
	中学:文汇中学等
	大学:北京工业大学、北京联合大学等
文化事业单位	DC区文化馆、区科技馆、DC区少年宫、DC区第二图书馆等
公用事业单位	DC区消防局等
社会团体	DC区工商联、国际特奥会、北京阳光少年教育实践基地等
企业单位	**国企**:便宜坊等
	外企:大悦城苹果店、万豪行政公寓等

从表5-1可以看出,社区中的教育机构、文化单位、公共事业部门、社区团体以及企业都与培智学校互动。除了上述的社区单位外,还有社区人士以个人身份参与学校的融合活动中。家长的参与是不言而喻的,更多是参与学生的学习和康复训练。运动界、演艺界都有人士以个人身份与学生互动,国际影星成龙、体育明星姚明、以色列音乐家等通过运动、音乐、舞蹈的方式与培智学校的学生互动。学生们与这些明星同一个舞台共同表演,学生既展示了才能也在互动中扩展了视野,社会交往能力得到提升。无论是社区单位还是个体与培智学校的师生互动,都是为了共同的"舞台"——特殊儿童的社区融合。

二、"不同"的活动,为了融合、参与

社区单位的"身份"不一样,与学校开展的活动也会不一样。用学校WY老师的话来说"要根据社区单位的特点开展不同的活动"。每一个社区单位都有其自身的优势,需要结合学生的能力以及学校整体发展设计融合活动。

总结出来，融合活动的开展就是"四步曲"。第一步，"初探—问好"。社区单位刚与学校建立联系时，社区单位对残疾学生的了解程度不一。学校一般会以讲座的形式向社区单位介绍学校概况、学生总体情况、残疾学生分类及特点、学校课程设置等。这是社区单位走进学校的第一步，也是建立双方交往的序曲。第二步，"起舞"。当社区人士对学校、学生在知识上有一定了解后，学校会带领社区人士走进教室、进入课堂与学生面对面进行交流。这是加强社区人士对特殊学生的直观感受，很多社区人士在生活中并没有与特殊儿童接触过。第三步，"行舞"。社区人士与学校开展的活动有文艺互动，也有参观交流式，形式多样化。这是社区人士走进特殊儿童的重要部分，在活动中双方有语言交流、感官感受、合作互动。第四步，"圆舞"。很多社区单位在前三步后不再局限于举办活动，社区人士会更深入走进学校，深入课堂。有些社区人士会成为学生课堂的教师，给学生传授知识、培训技能；有些社区人士会成为融合活动的组织者、设计者，一年多次或者每年一次为学生创办活动。

学校举办融合活动的类型大体可以分为四大类。一是参观学习类，科技馆、博物馆类的融合活动都是以学生参观为主。这类活动中学生能走出学校增长知识，学习到课堂上没有讲授的知识。在这类场馆中大多社区单位会有讲解员来给学生讲解，学生能与社区人群接触交流，可以锻炼学生的人际交往能力。二是生活体验类，电影院、剧院等这种类型的活动。社区单位通常也考虑到特殊儿童的家长因为工作、家庭、个人等多方面的原因，很少主动带孩子去看电影或欣赏剧目。因此，这类社区单位会开设专场或者分配特定时间段给培智学校的学生和家长。这类活动能够让学生增加生活体验，与普通孩子一样享受生活。三是生活实践类，像超市、小商品市场、小吃店等这类社区单位与学校互动是给学生提供生活实践的场所。学生可以将课堂上学习到的知识在实际情境中运用。家长一般考虑到安全、省事等原因很少让学生亲自去实践。在个案学校，很多学生没有过购物经历，有些学生去过超市但也很少亲自去体验挑选商品、比较价格、用人民币结账等。这类活动给学生提供了实践机会，学生可以亲自体验用人民币购买物品、在外就餐等。四是技能培训类，酒店、餐饮类的社区单位与学校互动的方式除了开展一般的联谊活动外，也会给学生提供学习技能的机会。学生可以进入社区单位中学习相关的技能，为自身的职业发展积累经验。与个案学校开展融合活动近10年的便宜坊集团，现在开展活动的方式已经由最初的文艺互动转变为集团员工走进学校教学生叠餐巾、教学生做简单凉菜等技能训练。

总之，不管是文化活动还是管理活动，抑或是为课程服务的活动，其终极目标都是为了融合、参与。既让培智学校的学生能走出校门与社区接触，多参与社会生活，也让社区人士可以走进残疾学生群体，在理解的基础上帮助他们融入主流社会，进而回归社会；对培智学校的教师来说也可以多一些机会走出校门、开阔视野，丰富教学资源。

三、"不同"的出发点，为了共享的价值观

走进学校与学生互动的单位和个人都是有其出发点的。通过参与不同类型的融合活动以及社区人士的访谈资料，笔者总结出以下三种社区人士走进特殊学校的出发点：

第一，献爱心，传递关爱。随着社会对残疾人关注度的提高，新闻媒体等对残疾人的报道，社会人士对残疾人的认识已经逐年提高。很多社区人士会借助残疾人日、自闭症日等走进特殊学校，传递对残疾人的关爱。"我刚来科技馆的时候，正好遇到助残日，想到培智学校也有可能做科技类的项目。"❶

第二，双赢方式，互惠互利。有些社区人员走进学校，或者学校与社区单位有融合活动并达成"双赢"的方式。譬如，社区单位与学校开展活动，既可以完成社区单位的硬性的联谊活动，而学校也可以通过这些活动为学生多创造走出校园的机会，学习课外知识的渠道。

第三，社会责任，人人有份。"从我们的第一任董事长到现在，我们还是挺支持这样的活动的。因为我们是国企，我们每年都会去慰问贫困家庭、看望残疾人。基本上从我们集团成立开始就和学校有共建活动。我接手这边工作后，了解到集团与学校的活动就把这盘工作接过来。现在基本上是每年两次活动，一次是六一儿童节还有一次就是教师节。我们也考虑学生的特殊性，从企业的社会责任来说，基本是给学生搞一些适合他们的活动。"❷

尽管有着不同的背景，社区单位在与学校在价值观上是共有的——对残

---

❶ 资料来源：社区 WY 老师正式访谈资料。
❷ 资料来源：社区单位 WJH 正式访谈资料。

疾儿童的发展秉持着支持、共同促进发展的愿景。

四、"不同"的体悟与收获

(一) 感受并了解特殊学生

尽管随着大众媒体等对残疾人的关注，残疾儿童已经被大众所熟知，但是社会上的人还是较少真实地接触特殊学生，和其也少有互动。培智学校的融合活动为社区人感受并了解特殊学生提供了机会、平台。

"到学校刚接触时，感觉拥有一个健康的孩子真的挺不容易。也感觉这些孩子确实需要社会进一步的帮助，另外就是学校里面的很多孩子毕不了业，因为出来学生家长没地方放，学校就像是寄存这些孩子的地方。"❶

社区 WY 老师说："我去了之后，说实话，这些孩子也有让我敬佩的地方，他们的动手能力不比普通孩子差，有可能比一般的孩子还强。可能他别的方面发展得不够好，可是动手能力还是比较强的。"❷

(二) 理解特殊教育、初识融合教育

便宜坊集团的 WJH 书记说："我对融合教育还是不太了解。我觉得学校在这一块还是付出了很多努力，做了很多工作，挺不容易的。我也是借着集团与学校的活动走进培智学校，认识了残障学生，知道特殊教育大概是怎么回事，了解学校这么做是为了让学生融合进社会。"❸ "MH 校长也和我提到过，岁数挺大的孩子还在学校待着呢，就是在学校教他们简单的手工技能。这块其实我接触不多，有时候举办活动和这些学生一起，学生们的热情、可爱、有礼貌使我感受很深。"❹

社区 WY 老师说："以前老是在电视上看到应该多关心残障孩子，真正实际接触这类孩子还是让我觉得很震撼。我也是母亲，特别能理解那些残疾孩子的母亲的感受。在学校的实地接触，让我对咱们的孩子很佩服，手工艺做那么好。学校的老师在教育这块没少费心，正是这些接触让我了解咱们的特殊学校的教师在做什么，特殊教育是什么。"❺

特殊教育对普通大众来说应该还是新生事物。"听说过却没有近距离接触"是很多社区人士的心声，融合教育的理解更是只能从字面上解读。培智

---

❶❸❹ 资料来源：社区单位 WJH 正式访谈资料。
❷❺ 资料来源：社区 WY 老师正式访谈资料。

学校走向社区，与社区互动是社区人士深入了解特殊教育、参与融合教育的重要途径。

(三) 对特殊教育教师的工作深感钦佩

社区人士在融合活动中对特殊教育教师的教育教学工作有一定了解，在互动过程中社区人士对特殊教育教师的工作深感钦佩。

WJH书记认为："老师这块，觉得咱们的老师教这些孩子不像普校的老师，普校的教师更注重知识的学习，而特校的老师既要关注孩子们的知识学习，又要关注生活。而生活或某种技能的学习又比普通课程的学习重要，教师比较辛苦。另外，培智学校善于发现学生的这些优点，开展很多活动，提高他们的技能。我觉得挺不错的。"❶

(四) 丰富人生体验，收获积极的人生态度

大学生志愿者B说道："这种活动使我的人生体验又丰富很多。之前没接触过这类孩子，第一眼看到这些孩子可能会有些害怕，不知道他们在看什么。但是上过一节课，有沟通之后发现这些孩子很渴望和人沟通，很喜欢把你拉到他们的活动中。有一次表演葫芦丝，孩子就问我会不会，我说不会，只会别的乐器，但是这些孩子特别热情，一定要我尝试。练习过程中一起互动是很有意思的。"❷

大学生志愿者A说道："对于我来说，不管平常遇到多大的事情都不用太在意，什么事情都能过去的。而且和这些孩子相比，我们已经很幸福了。遇到困难完全可以慢慢来，像这些孩子也不是生下来就会吹葫芦丝的，但是可以一点一点学，一定要相信自己。"❸

从以上可以看出，在与特殊儿童接触、交往的过程中，普通人从特殊儿童身上也收获到积极的人生态度，学会笑对生活中的困难。

---

❶ 资料来源：社区单位WJH正式访谈资料。
❷ 资料来源：大学生志愿者B正式访谈资料。
❸ 资料来源：大学生志愿者A正式访谈资料。

第五章 "存异而融，求同而合"：社区走向学校的方式

第二节 社区走向学校的"同"

一、"同"为扩展学生的世界

建构主义的理论强调"人是主动建构者"。学校教师秉持"让学生多接触外面世界"的理念，为学生尽可能多地创造"走出校门"的机会，同时在这样的活动中把课堂中的"死板的"知识进行"灵活"学习。LQS 老师参与了多年的社区课程实践，他谈道："通过社会实践课程给咱们学生更多机会走出去，也让学生更好地融入健全人的环境。"❶ WSW 老师则认为："学生从开始了解一些内容到实地参观、学习再到反馈，学生在这样的过程中学习知识打破了传统的老师教、学生学。这是学生主动去学习知识。"❷

社区单位、社区人士走进培智学校对于学生来说是一种生活世界的扩展。在个案学校，经常听到教师提及家长没有时间带孩子出去，很多家庭也害怕别人知道自己家的孩子很特殊。学生的生活范围大多局限在学校和家庭之间，早晨从家来到学校，下午从家回到学校。YWB 妈妈觉得："学校的课程、活动打开了孩子的世界。我们家孩子爸爸上班忙，我带着他，很多时候一个人带他出去还是会担心他不听话。学校的活动就是带孩子多感受，孩子的世界不那么闭塞了，对他们的适应能力是有帮助的。"❸ 大学生志愿者 A 说道："对于这些孩子来说我们来一次基本他们都不记得，但是每一次来的人对于这些孩子都是新鲜的。他们每天都做差不多的事情是蛮枯燥的，有志愿者来，带来不同的活动，可以带给他们一些变化，有不同的体验。"❹

社区单位走进学校开展各式各样的融合活动，一方面提供机会让学生走出校园，接触不同的人群，把学生的生活范围从家、学校扩大到社区乃至整个大社会。另一方面学生在融合活动中能学习知识和技能，锻炼学生的待人处事能力。

---

❶ 资料来源：LQS 老师正式访谈录音。
❷ 资料来源：WSW 老师正式访谈录音。
❸ 资料来源：YWB 妈妈正式访谈录音。
❹ 资料来源：大学生志愿者 A 正式访谈录音。

二、"同"为丰富学校的内涵

通常来说,特殊教育是使用一般的或经过特别设计的课程、教材、教法和教学组织形式及教学设备,对有特殊需要的儿童进行旨在达到一般和特殊培养目标的教育。特殊教育的目的和任务是最大限度地满足社会的要求和特殊儿童的教育需要,发展他们的潜能,使他们增长知识、获得技能、完善人格,增强社会适应能力,成为对社会有用的人才。[1] 我国目前主要还是特殊教育学校承担主要的教育残疾学生的任务,社区走向学校极大地丰富了学校的内涵。学校不再仅仅是承担教育的场所,更承担学生走向社区、回归社会的重要功能。

社区走向学校丰富了学校的教育内涵。学校教育不再局限于学校校园内部,而把课堂搬进了社区。社区人士走进校园,学校不再仅仅是学生、教师的天地,社区人士担当了重要的支持者、甚至是编外的教师,为学生提供资源、创造进一步发展的机会。学生学习的知识不再仅仅是来源于学校教材,实际生活、各种场馆也成为学生学习知识的教材。"活教材""广阔天地","社会人"成为学生的教材、教室、教师。

三、"同"为搭建支持性教育体系

社区走向学校也是搭建学校与社会的桥梁,同为构建特殊儿童的支持性教育体系。智力残疾儿童的发展仅仅依靠自身是不够的,他们的发展需要家庭、学校、社区、政府的系统化支持。从学校来说,转变办学方式,走开放式、融合式的道路是特殊学校发展的重要变革。培智学校的社区课堂、融合活动是提前将智力残疾学生的学习与未来生活相结合,学生在实际情境中学习效果得到显著提高,为学生未来回归社区开辟了新路径。

社区是智力残疾学生生活以及与他人社会交往的主要场所。社区单位通过融合活动走进学校,不管是暂时性提供物质支持,或者给学生提供学习的场所,或教授学生简单技能,都是社区为智力残疾学生提供的支持性条件。"一进一出"可以很好地总结社区为培智学校发展所做的努力。"进"指的是社区人士走进学校,接触特殊儿童,与特殊儿童分享、体验,感受特殊学生的校园生活。"出"是培智学校的学生在社区提供的支持性条件下走出学校体

---

[1] 方俊明.特殊教育学[M].北京:人民教育出版社,2005:9.

验生活、开阔视野、学习知识。在这"一进一出"中，社区与学校不断探索，逐渐形成了支持培智学校发展的支持性教育体系。

总之，学校与社区拥有着共同的愿景——残疾儿童与普通儿童共同生活在一片蓝天下，共享的责任——为残疾儿童的成长发展添砖加瓦，社区与学校在资源方面进行共享，在合作中共同发展。"合作""共享"是培智学校与社区互动的长效机制。

第三节 学校与社区关系的理解

在个案学校与社区互动的过程中，无论是教师还是社区人士都遇到了不少的问题与矛盾。也正是对这些问题的讨论和商榷，不断推动个案学校在与社区的互动中达成共识，不断推动学校与社区关系的发展。只有倾听他们的心声才能了解培智学校与社区互动中遇到的具体困难与障碍。因此，本部分将结合访谈资料，梳理学校与社区在互动过程中遇到的困难与疑惑，解读他们所理解的学校与社区关系。

一、"融合"还是"融和"——关于"融合教育是什么"的大讨论

在个案学校收集资料期间特别是在向教师们提问"如何理解融合教育"时，教师们经常会说到最初的"社区融合"和现在的"融和教育"。在读音上，"合"与"和"是一样的，所以如果不准确地辨认，很有可能把"融合"与"融和"混淆。"融合"与"融和"在个案学校有着不同的含义，正因为在访谈过程中与教师们确认谈话内容是"融合"还是"融和"也再次引起了大家对"融合"与"融和"的探讨。

（一）"融和"是对"融合"的深化发展，更注重社会和谐

MH校长说："理论上，'融和'与融合教育不相违背，只能说在大的融合教育的背景下提出来，从目的、手段、方式方法上更侧重精神层次，所以我们定的是融和育人。'融和'是手段，'育人'是目标。"❶

HL老师认为："刚开始接触融合教育时感觉挺有新意，学生最终是要回到社会中生活的。以前的教育注重知识学习，融合教育则开始向生活方面引

---

❶ 资料来源：MH校长正式访谈录音。

导。从'融合'到'融和',变化就是字面上不一样,还有就是活动上不一样。'和'更注重接纳,社会适应。"❶

LQS老师说:"从某种程度上说,过去的'融合'与现在的'融和'是不违背的,实际上是把过去'融合'的教学、实践的精华拿过来进一步包装。既继承了原来的东西,也有了新的变化。从实际层面来说,现在的实践活动偏知识层面,很大程度上与"和"有关。前10年搞的是方法,方法最终的目的带给人的、展示出来的是一种精神层面的东西。也就是说,原来的更注重实际操作这一块,现在更注重精神层次、文化方面。校园文化最开始建立的就是形式的、手段的东西,媒介的最终形式、手段都要总结出来一种文化。文化肯定要有精神内涵、存在的意义,层次要高一些。关于这些,现阶段肯定有老师会觉得比较空泛,但是就是奔着这个方向去追求的,不可能一下就达成。我们学校是心里先有方向然后奔着去努力。"❷

XY老师说:"'融和'包容了原来的'融合'。一提到'融和',大家都会想到'融合'。'和'字的提出更有民族特色,与和谐社会紧密联系在一起。'融和'其实就是'融合'与'和谐'的组合。这两个词我们也查过字典,确实能放在一起。"❸

ZQ老师认为:"当时和谐社会提的比较多,也是大家比较关注的,学校把"和谐"这样的含义融入学校教育中,感觉提升了一个层次,和社会接轨了。现在对'融和'的理解和几年前差不多,还是觉得有'和谐'的意思在其中。"❹

YZ老师:"刚到校工作时理解的融合教育就是咱们的学生融合到普通孩子中去,后来学校提的是从'融合'到'融和',说的是让学生们学到知识,融入社会并在社会中可持续发展。"❺

从以上多位教师的理解中可以看出,"融合"与"融和"是不冲突的,且"融和"是在"融合"的基础上加入我国"和谐社会"的特色,把国家发展、社会和谐与培智学校的发展紧密结合在一起,体现了学校对"融合"的

---

❶ 资料来源:HL校长正式访谈录音。
❷ 资料来源:LQS老师正式访谈录音。
❸ 资料来源:XY老师正式访谈录音。
❹ 资料来源:ZQ老师正式访谈录音。
❺ 资料来源:YZ老师正式访谈录音。

精神层次的追求，以"融和"为手段达到学校"育人"的目标。

（二）"融合"到"融和"字面变化不影响实际教学操作

ZYC老师认为："关于'he'，我认为创新和发展是在继承中进行，没有必要在一个字上去处理。新时期新时代（情况）下怎么继承发展形成自己独到的、适合学生发展的教育是关键。纠结于某一个字，我觉得没有必要。现在国际上很多活动，运用的还是'合'，'和睦'的'和'注重和睦、和谐，注重中国五千年的美德，这样需要。只能说是谁大谁小的问题，'合'与'和'谁包含谁的问题。"❶

ZYJ老师觉得："最初使用的是'融合'，我觉得名字的变化对我实际的教学、操作影响不是很大。再后来就是'融和'，我理解的就是'共融、和谐'。现在非得区分'融合'与'融和'，我觉得字眼上的区别不是很大。无论是哪个阶段，都是带着学生出去，利用社会资源让学生学习知识。'条条大路通罗马'，都是这一个目的。无论学校提的是什么，就是让孩子参与社会生活中，体验主流人群的生活。"❷

从以上教师的说法也可以看出，虽然"和"更有中国五千年的文化底蕴，但是字面上的变化对教师实际教学、日常工作并没有太大影响。无论是"合"还是"和"，教师都应该着眼于学生发展的根本目标，让学生在学校里得到充分发展。

综上所述，培智学校的教师们对"融合"与"融和"的含义理解是有差异的。基于以上对"融合"与"融和"的讨论引发一个疑问，到底是"融合"还是"融和"？学校在10余年探索过程中从"融合"转变为"融和"，这是学校对社区融合发展不断进行思考和实践的结果，同时也是学校发展的一种变革。学校的"融和"本身是不与融合教育相冲突的，"融和"的提出源于融合教育发展的国际化大背景。学校目前的定位是"融和育人"，把"融和教育"作为学校的办学特色，建立"教育康复、融合共享、和谐发展"的学校文化氛围，目标就是让学生自信自立于社会，让学生快乐成长，让教师幸福工作，在快乐和分享中，师生共同为社会的和谐发展而努力。这样的

---

❶ 资料来源：ZYC老师正式访谈录音。
❷ 资料来源：ZYJ老师正式访谈录音。

"和"是充满活力、所有人共同努力、相互促进的状态；这样的"和"是富有中国传统文化色彩的一种发展观；是凝聚社区、学校、家庭一起为残障学生构建相应支持服务体系的一种手段。

二、"我"眼中的"学校与社区融合"

人最宝贵的是生命，人的生命是教育的基石，生命是教育思考的原点。学校教育只有关照生命、体验成长才能激发人的主体性，使人焕发出创造性，才能最大限度地促发学校教育力，而所有这些都是学校内发展变革的主要动因，也是学校功能的本质要求。学校开展社区互动的实践已有多年，但关于什么是"学校与社区融合"，访谈对象对此的思考程度明显不同。比较典型的观点有以下这些：

（一）学校社区任课教师眼中的"学校与社区融合"

ZYJ 老师和 ZY 老师都是学校多年从事社区课程开发与教学的教师。当问起"怎么理解学校与社区融合"时，她们都从参与较多的社区课程的角度来谈论自己的理解。

ZYJ 老师："刚来学校工作时，社区实践课还是生活适应课。当时我是班主任，学校做的课题是'社区融合'，我总体的感觉是学校没有一个明确的人在引导我做这些。我记得那时带学生们去消防支队参观，学校虽然派了一名助教老师，（但是）总体就是感觉自己在做这个事情。等到提升为'融和教育'时，学校也换了校长，教学这块开始有专门的人负责，这时感觉是学校在做这些事情了，相应的教材集、论文集也有了。总的还是班主任在做这些事情，但是感觉有一些方向了，起码觉得不是自己一人想到哪儿就带着学生去哪儿。"❶

ZY 老师说："总体应该是学校对各方面资源进行融合，有教师资源、家长资源、社会资源等。学校已经累积了一些资源，但还有发展空间。教师资源方面还比较欠缺，明显的感觉就是人不够。家长资源也没完全利用上，家长辅助教学真还没想过，还不太敢这么做。"❷

总体上，社区课程教师认为学校层面是逐渐重视与社区融合发展的，教

---

❶ 资料来源：ZYJ 老师正式访谈录音。
❷ 资料来源：ZY 老师正式访谈录音。

师的参与度、资源网络的形成都取得了一些成就,但在家长资源、教师资源等方面还有欠缺。

(二) 学校其他教师眼中的"学校与社区融合"

LQS 老师围绕这些年的变化说:"因为我负责电教这一块接触更多的是实践活动。相对来说,我看以前的活动、照片这个变化就是走出去的更多,内部模拟的少了。还有就是现在融合的层次、档次相比过去更高。过去的融合主要是商场、麦当劳等比较实用的地方,现在去的地方更多涉及文化层次的,比如公园、博物馆,偏生活气息的地方少一些。对于学生来说,应该先解决自理、自立这方面的问题,就是衣食住行这些。现在的教学实践等更多是把过去的这些糅合在一起,没有像过去那么明显,比如把出行、就餐这一块单列出来专门训练。现在针对学生实际生活的训练相对来说弱化一些了。"❶

刚到校工作 2 年的 YZ 老师认为学校在课程、活动、体育等方面都与社区在互动中融合。"不管学生在我们学校待了多长时间,最终他还是要回归社会的。融合必须要融入社会,学生再弱也要回到社会中去。弱有弱的办法,强有强的办法。社区实践课、活动、舞蹈队、特奥组这些都可以归结为咱们的融合中来。"❷

从建校至今一直在校工作的 ZYC 老师从全校布局的角度谈了学校与社区的融合,认为尽管这些年取得了一些成就,但是学校在系统化发展方面仍然有很多不足。"我们现在的特色是全纳式的,不管来自哪里的活动都全部吸纳,没有我们的个性和特色。我们学校需要去接触市场、去体验店开展活动,应该是全体分拨分班都去做体验。而不是变成了这个班做体验,那个班做活动。这种全纳叫'狗熊掰棒子',没有一个系统的记录和延续。就某一个单位的活动,我们要做成系列化,具有延续性。全校师生都要有体现,低班的怎么体现,中班的怎么体现,高班的怎么体现。有时候不需要就别纳入,要有选择。系列的东西做成系列化,别有所偏爱。"❸

HL 老师、CYH 老师结合职培段学生的需求和发展谈论学校与社区融合,认为从职培段学生的发展需求来说,职培段的学生还没有真正走入社区。

---

❶ 资料来源:LQS 老师正式访谈录音。
❷ 资料来源:YZ 老师正式访谈录音。
❸ 资料来源:ZYC 老师正式访谈录音。

CYH 老师："我觉得想法挺好的，但是针对职培段的学生来说还是没有走出去。比如说他们是真的上社区参加活动，自己去搞一些活动。但是现在没有。"❶ HL 老师："如果他生活在社区，比如像×××康复站的那些学员是真正在社区生活的、和社区人接触的、脱离学校的环境，咱们的孩子现在没有。"❷

其他教师在谈"学校与社区融合"时，主要是从学校开展的社会实践活动的组织安排、体系化来考虑的。总体来看有两个特点：一是现在学校与社区互动的活动增多，比过去丰富、深化了；二是现在的学校与社区互动在全校布局方面缺乏系统性，呈现单摆浮搁。

（三）学校领导眼中的"学校与社区融合"

培智学校的前任 WH 校长和现任 MH 校长是学校与社区融合的主要领导，在他们的引领下学校的社区融合工作历经了从"社区融合"到"融和育人"。两任校长从取得的成就和不足方面评价了"学校与社区融合"。

WH 校长说："回过头来看，提出这个（社区融合）并且这么多年实实在在地做，我觉得整个过程很有意义。对学生的成长，对教师的成长、对学校、对周边社区的影响，我觉得还是很有价值的。到现在我都觉得还是很必要的，但是是不是效果最佳了还值得探讨。应该还有一些地方做得不够好。"❸

MH 校长认为："我们学校应该还是比较早提出融合教育的，而且提出了'社区融合'的理念，应该说是挺先进的。不管说这个过程涉及的是不是全体，有可能在这个过程中校长确实组成了一个小团队，这个小团队所有的人应该是受益了的。这几年，从领导干部这块还是比较重视的，对于学校的发展方向、办学理念还是很重视的，校长在亲自抓。借助了专家的支持、引领。很多教授给予了支持。在社会中获得了一些社区、单位的支持。"❹

WY 主任认为："应该说现在有一个相对丰富的社区资源的小网络。资源的数量在增加，社区人士对学生的了解比原来要好，而且应该说这些年做了很多社区活动，综合起来认知率要高了，还会有一些人主动过来问你需不需

---

❶ 资料来源：CYH 老师正式访谈录音。
❷ 资料来源：HL 老师正式访谈录音。
❸ 资料来源：WHX 校长正式访谈录音。
❹ 资料来源：MH 校长正式访谈录音。

要什么帮助。"❶

从两任校长对学校社区融合的评价可以看出，学校的社区融合不再是单纯打开校门让学生接触外面世界，已经逐步把社区融合与学校发展、学生成长联系在一起，也把社区的发展紧密结合起来。从形式上的"融合"转变为实质性的"融合"，学校的一小步带动了社区、家庭的发展变化，甚至与国家的和谐发展紧密结合。

（四）社区人士眼中的"学校与社区融合"

社区人士对"学校与社区融合"和"融合教育"的含义的理解程度很不一致。有的是从教师的工作来理解"学校与社区融合"，有的是从学校的发展来理解，有的是从学生发展来理解"学校与社区融合"。

社区 WY 老师说："说实话，这些孩子挺让人敬佩的，这些老师也挺让人敬佩的，我对正常孩子都要付出一份辛苦，他们这些老师真是更辛苦。需要特别特别大的爱心才能完成，而且老师们特别耐心和细致。当时我们搞活动时，W 老师和当时的 D 校长都过来看过，看我们的活动是不是适合孩子，对这些事情老师们极其负责任。"❷

企业 WJH 书记认为："虽然我对社区融合的具体含义说不好。我觉得学校在这一块还是付出了很多努力，做了很多工作，挺不容易的。学校自身的发展把学生放在第一位，处处为学生考虑很不容易，这是学校的大功劳。"❸

大学生志愿者 A 谈道："我觉得学校这么做挺好的。学生的成长不能只是在学校里，还需要多多接触外面的世界。学校开展那么多活动就是为了让这些孩子有机会接触不同的人，带给他们不同的体验。相比他们每天就在学校待着，出去活动或者我们来学校参加志愿活动，对孩子们来说都是特别新鲜的。"❹

大学生志愿者 B 认为："我觉得孩子跟外界有互动就特别好，孩子们每天都在一起，但是和外界沟通比较少。和我们沟通，年龄差不会很大，就像大哥哥大姐姐，所以沟通起来会比较亲切。我们来就算是和他们多说说话也是

---

❶❷ 资料来源：WY 老师正式访谈录音。
❸ 资料来源：WJH 正式访谈录音。
❹ 资料来源：大学生志愿者 A 正式访谈录音。

好的。"❶

学生志愿者、企业领导、社区教师从各自的价值观、立场表达了他们对社区融合的看法。虽有很大差异，但也充分表达了不同社区人士对培智学校与社区互动的看法。这也恰恰说明培智学校与社区互动需要多倾听各方意见、询问各方需求，以便能更好地互动。

(五) 家长眼中的"学校与社区融合"

LX 妈妈说："咱们学校的社区活动开展挺多的，我和孩子基本上参加了学校所有的社区活动。学校带着孩子上这儿上那儿对孩子还是挺有帮助的。对我们家孩子来说，不管是出去参与社会实践活动还是在校内她都特别开心。她非常喜欢参与这样的活动，喜欢和同学在一起，这对她的表达、个性都是很好的。"❷

YWB 妈妈说："我觉得这样的课和活动越多越好，我希望我们家孩子能在课程中多学些知识，对将来有用；也希望通过活动锻炼锻炼他。现在他很懂事了，我生病了知道说'妈妈吃药，妈妈多休息'，还能帮我洗菜。我很高兴他的这些变化，也支持学校搞融合活动。"❸

总之，家长是希望学校与社区互动的活动越多越好。每一名家长对孩子在社区活动中得到成长都感到欣喜，在实际生活中家长也亲身体验到了孩子的变化。这是每一位家长乐于见到的结果。家庭由于其自身条件限制没有机会让残疾孩子多接触更广阔的外界，而学校的社区融合弥补了家庭在这方面的缺憾。

(六) 督学眼中的"学校与社区融合"

督学 XDP 作为学校的督导，在访谈中被问及培智学校与社区互动时说道："融合教育以及融合社区、家庭挺好的。最起码符合孩子的现实情况，因为咱们的孩子有这样或那样的缺陷，但是这些孩子也应该融入社会，应该有自己的生活圈子、生活境界，应该有自己的世界。怎么能够让他（学生）自己的世界融入社会中来，生活也好或者说世界也好，这是很重要的一个课题。

---

❶ 资料来源：大学生志愿者 B 正式访谈录音。
❷ 资料来源：LX 妈妈正式访谈录音。
❸ 资料来源：YWB 妈妈正式访谈录音。

咱们的学校是很努力在做的,这点是很多普通学校比不了的。学校的领导、教师很扎实地在做事情,那些活动开展得很有特色,也体现了学校的发展特色。"❶ 督学对培智学校与社区互动是高度赞同的,认为学校是在帮助学生融入社会中去。

"我就觉得融合的关键是学校和老师有那种亲和力,怎么说呢,就是上帝给孩子关上了一扇门,但是老师们和学校又给孩子们开了一扇窗。孩子们能在这样的环境中接受教育,通过康复训练、职业培训能有一些成就,我觉得还是很不错的。"❷ 督学所理解的"学校与社区融合"是学校为"孩子们开了一扇窗",这扇"窗"是从学生的自身特点出发的,寻找适合学生的发展方式。这些不是普通教育所能比拟的,有其独特性和人文性。

综上所述,不同人对"学校与社区融合"有不同的理解。学校与社区互动得到了教师、领导、社区人士、家长以及督学的肯定,智力障碍学生的发展是离不开学校与社区的互动的。培智学校与社区的互动经历了"学校求着""社区抢着来"的变化,虽然互动有所增加、更加深入,但是目前主要还是以学校为主的互动。培智学校与社区互动的变化过程虽然会有社区或学校功利化的一面,却也渗透着"学校"和"社区"在互动中的平等与分享。

三、"学科课程"与"社区实践课程"的冲突

社区实践课程(社会实践课程)从2004年开设至今已成为学校的特色课程。社区课程的教学设计、教学内容的选择、教学实施以及教学反思等都由社区课程教师完成。社区课程的实践不能仅靠社区课程教师完成,需要其余教师的辅助;学科课程的教师有自身的教学任务;学校的课程设置在社区课程和学科课程的"冲突"中也逐渐成为焦点。教师们针对学科课程与社区实践课程的若干冲突展开了讨论。主要有以下两个方面:

(一)关于学科课程与社区实践课程结合的探讨

在对学校教师进行访谈时,教师在谈到学科课程与社区实践课程的关系时有很多分歧。有些教师认为现在是社区课程教师孤军奋战,希望学科课程的教师能多参与到课程中来;有的教师则认为学科课程已经融入社区课程中。

ZY老师说:"上过一段(社区课程)之后,就觉得有些知识可以在别的

---

❶❷ 资料来源:XDP正式访谈录音。

课上体现。我的想法就是给别的老师提供一个活动或建议,比如说体育课是不是可以训练孩子排队、走路。因为我们发现孩子在外出实践时这方面比较欠缺。这个也可以在体育课上学习,但是我们觉得这个完全可以在社区课程中加入这些内容,但是他们老师就不太乐意参与。"❶

WSW老师认为:"学科课已经融合在社区课里面了。捡的树叶回来做美工啊,看花的颜色、形状后回来画花,其实这些已经融进去了。如果要融得更好,就要双方合作。学科老师配合社区课,指导学生学习。比如说,出去看花,游览公园,学生回来写日记啊,作文啊,我们可以转变一下形式,可以用图画的形式让同学们来表达自己的感受。"❷

LQS老师说:"社会实践课实际上就是学科课程的综合。比如,社会实践课开展摄影,很多东西完全可以在我的信息技术课上去讲,这也是一种良性的结合。比如秋游采集回来的树叶可以在美工课上做成贴画,这实际上也是一种结合。学科课程与社会实践课完全可以结合,是不违背的,是相辅相成的。通过社会实践课程能把学科课程的知识实用化、形象化、实现化。实现化指的是知识的实现、技能的实现以及学科课程中思想感情的实现。德育中提到的情感啊,爱国情怀,完全可以通过社会实践课展现出来,因为在课堂上光讲团结、爱国是很难理解的。对咱们正常的学生都有难度,更别说咱们学校的学生了。出去游玩的时候,相互手拉手,照顾彼此,这完全就是对学科课程的完美实现。去历史博物馆,看过去的历史啊,实际上就是对学科课程的检验、实现。"❸

综上所述,教师们都认为社区实践课程应该与学科课程相结合的。但对于学科课程如何与社区实践课程结合、哪些方面结合,教师们之间还存在分歧。

(二)关于社区课程与学科课程地位的争持

访谈中有老师谈到课程的地位,认为现在的社区课程没有学科课程的地位高。学校目前的课程有生活语文、生活数学、计算机、美术、音乐等,而社区课程不是培智学校课程设置方案中明文规定必须开设的。有教师担心社

---

❶ 资料来源:ZY老师正式访谈录音。
❷ 资料来源:WSW老师正式访谈录音。
❸ 资料来源:LQS老师正式访谈录音。

区课程会因为政策、领导层的变化而变化。也有教师认为对于培智学校的学生来说，相比语文、数学这些"主科"课程，音乐、体育、美术、社区这样的课程应该成为"主科"课程，那样更可以发掘残疾学生的潜力，激发他们的学习兴趣。

ZYJ老师说："这么多年，生活语文、生活数学这是课程强制性需要开设的。但是社区课程，一直都是在鼓励、在提倡，而不是必须、一定要。我担心，虽然现在的领导很重视，我们有一个小团体在做这个课程，但是如果再来一任新领导，正好重心不在这，社区课程会不会存在就得两说了。因为这不是教委课表安排的。"❶

ZYC老师："我觉得培智学校音体美社区应该是主科，这些孩子是不太可能考上大学的，所以音体美社区的课程应该重视。但是现在教学的很多说法还是没有变，还是分主科副科。"❷

社区课程的"地位"在培智学校的学科体系中一直是有分歧的。社区课程教师认为社区课程是副科，没有得到足够的重视。而对培智学校学生来说，音乐、体育、美术、社区这些课程更有助于学生发展特长，应该得到更多的重视。

(三) 对学校课程内容体系化的一致需求

尽管接受访谈的学校教师对学科课程与社区实践课程如何结合存在争议，但对学校课程内容的体系化需求却是大家一致的心声。

ZYC老师说："咱们这个社区教育可能是东一榔头西一棒子。现在内容可能是单摆浮搁着的，这个内容下一班能不能上？即使是同一个内容，比如照证件照，在教学段低两个班能不能上？这一个内容在小班怎么上，在大班怎么上。要说单摆浮搁，就没有推广性。"❸

ZQ老师认为："我觉得学校的课程比较死板。现在来说，我比较喜欢KF段的课程，他们是新进行的改革，每位教师负责一块内容。现在我有语文、数学、社区课，语文、数学同时兼着比较吃力，备课时老是需要在不同学科之间转换。"❹

---

❶ 资料来源：ZYJ老师正式访谈录音。
❷❸ 资料来源：ZYC老师正式访谈录音。
❹ 资料来源：ZQ老师正式访谈录音。

教师对学校课程内容的体系化是存在争议的，老师们认为学校在整体的课程设置以及社区教育内容的体系上还不够完善。

（四）"以学生为中心"与"以教师为主导"的冲突

无论是学校的办学目标"为学生的快乐成才服务"，还是访谈中教师们谈到以学生发展为中心、一切为学生服务等，教师们认为一切都是以学生为中心的。但是，在实践中却又能感受到是以教师为主导。具体的冲突体现在以下两个方面：

1. 社区课程的教学内容选择

社区课程教师在谈论教学内容的选择与组织时，都会首先提到从学生出发，以学生为本。如 ZQ 老师说道："我们从学生的生活入手，选择贴近他们生活、容易理解、难度不是很大又感兴趣的内容来进行教学"❶，而实际上是以教师为主导，"课程主要来源于生活，很多时候不是来源于孩子的生活，是来源于教师对孩子的了解（或者是教师的生活）"。❷

ZQ 老师说："我会选择浅显易懂的、比较容易操作的内容。以学习买票为例，CG 班可以涉及找零钱，CM 班的可能涉及独自购票，但是我们班的学生 10 以内的加减还不会，教学内容是认识人民币。最开始时我们选择内容也是凭经验。"❸

ZY 老师提道："社区课程的教学单元主题最开始也是各上各的，大家坐在一起的时候根据自己的经验最后觉得可以这么划分。这个主要还是教研组长定，然后我们一起商量。"❹

教师们口头上说处处以学生为本，但是在具体课程主题单元确定、教学内容选择、教学设计过程中都还是以教师的经验为主。在实际的操作过程中，社区课程给予教师最大的自主权，每个段的主题单元的最终决定权又都在于课程教师。在这个过程中，教师们大都认为自己是在考虑学生的需求上制订教学目标、选择教学内容，但是实际上教师的个人特点、实际经验往往会影响内容的选择、目标的制订。

---

❶❸ 资料来源：ZQ 老师正式访谈录音。
❷ 资料来源：ZYJ 老师正式访谈录音。
❹ 资料来源：ZY 老师正式访谈录音。

2. 社会实践活动的组织与安排

ZYC老师说:"当时也说是空间的原因,空间比较小。我看了名单后就问了一句,留下的和去参加的比例不对,当时我看最初的方案是留下的人多去的人少,我说这样不对。偏偏把这些孩子留下,这些孩子怎么想?当时我想的是,要是我接的这活动,就算老师不去,我也要让孩子去,孩子为大。"❶

XY老师说:"现在我们的活动都是跟着学校的安排走,学校安排哪个段去就是哪个段的学生去。很多时候确实也是一部分学生参与的活动多,可能因为这些学生在美术、音乐方面有特长。但是这也不能说别的学生就没有参加的机会,有时候我们就希望活动的平台能更大些,能让所有的学生都去感受感受,而不是挑着学生去参加。"❷

社会实践活动的组织和安排是学校很多教师在闲暇讨论较多的,也争议较大。有些教师认为很多活动只有部分学生参与是对其余学生的不公平。有些学生唱歌、表演比较优秀,学校就会经常挑选他们参加活动,而其余学生就只能在学校"留守"。有些教师认为学校的活动安排不够体系化,段与段之间的活动安排体现不出学生需求。高年级的学生需要的是外出实践技能、学习就业本领,但很多时候实际参加的活动还是一般的联谊活动,体现不出高年级学生的实际需求。小段的学生应该多参与联谊活动,但会因安全、管理的因素而不被挑选参与活动。

四、学校"改革"与"质量"的瓶颈

很多教师在"融和育人"的过程中遇到了学校"改革"与"质量"的困惑,主要是关于学校未来的发展方向、学校发展的驱动力以及社会支持系统这三方面。

(一) 关于学校的未来发展方向

WY老师说:"现在我们的社区融合到了停滞阶段,大家不知道该怎么做了。严格来说,现在教学段的社区课程还没有进入新的阶段。那新的阶段应该是什么,我们一直在思考,还没有找到答案。我们想把社区课程作为学校的一个特色,但是发现我们做的社区课程已经被别的学校给赶上了,只能说

---

❶ 资料来源:ZYC老师正式访谈录音。
❷ 资料来源:XY老师正式访谈录音。

明我们做的还不够,学生没有更多地走出去。之前我们和台湾的一个爱心妈妈合作,她也有烘焙坊,当时考虑过合作,但是没做起来。"❶

XY老师说:"学校的定位是很不清楚的,我参与这么多事情,有时候我自己都不是很清楚我的定位。"❷

ZYJ老师说:"学校虽然一直在做'融和育人',但是我还是不太清楚我们的具体目标是什么,每个学段的学生在三年或者更多几年应该达到什么目标。"❸

尽管有些教师没有专门提到这个方面,但是,从他们的谈话中能听出教师对学校的未来发展还是很迷茫的。学校中层领导会疑惑工作的定位,努力的方向;普通教师对学生在教学段学习三年或更久的时间应该达到什么目标以及未来应该怎么去努力感到迷茫。

(二) 关于学校发展的内驱力

学校的发展仅靠某一个人是不可能的。学校领导和教师在学校发展的驱动力方面各执一词。

MH校长说:"实际上,换一个利索点的校长,这5年的事情2~3年就干成了。我可能有点太顾及他们的现状了,没有那么多强制性的东西。人心的融合不是权力所能达到的,是软性的。需要激发我们教师的内驱力,一起去做。"❹

ZYJ老师:"中国的语言很逗,可以从侧面拽过一个帽子带上,说我做的就是'融和',但是不是真的在推进是很难说清楚的。人家也在做,也能说出很多,但是没准儿你需要的重视、协助就没有。也许领导确实很重视,但是他不知道从哪方面帮你。"❺

ZY老师:"学校领导也很重视,只是很多时候他的精力顾不到那么细致。我们希望有那么一个人不仅是领着我们,还能扎实地跟我们在下面一起做。这样不论是课程,还是学校整体发展,都会不一样。"

从访谈资料可以看出,教师们和领导对于学校发展的驱动力有分歧。一

---

❶ 资料来源:WY老师正式访谈录音。
❷ 资料来源:XY老师正式访谈录音。
❸❺ 资料来源:ZYJ老师正式访谈录音。
❹ 资料来源:MH校长正式访谈录音。

线教师希望学校不仅是口头上的重视,从口号上标榜,更应该深入实践与教师一起努力。学校领导则认为没有强制性地用行政命令推动学校发展,期待于人心的融合促进学习的发展。双方看待此问题的角度有明显区别。学校的发展不是由领导一声令下、教师拼命执行即可,这样的话教师的个人需要就没有得到尊重。学校要重视学校整体的发展变革,更应该把教师的个人发展目标和学校的发展目标融合在一起,在学校改进的同时实现教师自身的发展。

(三) 社会支持系统的欠缺

WY 老师谈到教育行政部门对学校的支持说:"我觉得这块非常重要,我只能说 DC 教委知道融合行动计划这一块特别快,知道之后也找校长去谈工作。只能说也在开始做这样的工作,但是还不够深入。"

WJH 书记:"咱们区里就这么一所培智学校,你要是不提出什么方案,可能人家就更关注普通教育这一块。怎么利用这些行政部门的影响力,进一步发展,得专门有一个人来负责协调这些事情,不然咱们的孩子怎么上社区,回归社会啊。"

MH 校长:"就是社会的融合、容纳程度不一致、不够深入。可能我们想把这个单位作为一个实践基地,真正到那时还需要一个过程,还需要达成一致。举例,万豪行政公寓想要我们的学生,我们把学生送过去了,他们认可,我们认可,可能家长不认可,家长不愿意孩子这么早走入社会。还有就是我们所看中的学生,他们没有看中,我们自己在设定对外融合单位的时候,也没有把握一个很好的点。社会活动方面缺少长效的机制把这些单位的活动固定下来。"

从以上可以看出,培智学校在社区融合的发展过程中的社会支持系统还是不够完善的,亟须行政领导部门、学校自身、社区等各方面建立多层次、全方位的社会支持系统。

五、学校与社区互动的方式与评价

通过前文对融合教育的叙述,我们知晓融合教育立足于满足全体学生的教育需要,让包括特殊需要学生在内的所有学生都能够从教育机会到教育权利、从课程到教材等多方面从形式上到实质上平等。在融合的过程中,需要最大化地开发学生的潜能,发展学生个性。这个目标的达成需要充分运用现代科学技术、经济、文化、社区等多方资源。融合教育中所倡导的教育机会均等，也是社区教育发展、社区参与学校教育的理论依据。社区教育不仅要满足社区内居民的发展需要，同时也为残疾人发展、融合教育的施行提供有效的保障条件。比如，社区经常举办的演讲、参观、联谊会等活动可以培养残疾人独立思考的能力、竞争的能力、挫折承受力等。同时，社区拥有极其丰富的人力资源，而残疾人的康复、教育、就业培训等方面存在人力缺乏的问题，这两者之间是可以相互弥补的。由此可见，社区是融合教育实施的现实基础，是残疾人权利实现的保障措施。

（一）培智学校为主的学校与社区互动

传统的观念认为"教育即学校"，而随着时代的发展，教育不仅仅是学校教育，也应该包括其他社会职能部门的教育，因而社区教育逐渐走入视野。它的提出把学校与社会紧密联系在一起，把单一、封闭的教育形式转变为开放、多样化的形式。从这个角度来说，特殊教育也是社区教育中的内容之一，并不是把特殊学校或随班就读简单地划作学校教育的形式。本书中的个案学校充分利用了社区中的人力资源和物力资源，如把社区中热心于特殊教育事业发展的人士、具有专业技能的人员拉入学校教育中，为残疾人树立积极榜样、丰富教育内容。充分利用社区中的物力资源，如文化资源（博物馆、纪念馆等）、自然环境（公园、银行等）加强学生与社会的交流与沟通。这样的做法改变了过去培智学校单纯在校园里开展教学、学习课本知识的形式，让学生获得了更多鲜活的社会认知。

在个案学校与社区的互动中，是以学校方面为主的模式逐步推进的。也就是说，个案学校在开展社区化课程、社区化实践活动的过程中，主动与普通学校、企事业单位、个人建立联系，一方面借助普通学校、企事业单位、个人的优势，使普通学生、社区人士与特殊学生共同活动，促进智力残疾学生的社会适应能力的改善；另一方面则是发挥特殊教育学校的优势，为普通学校提供教师培训、教育教学方法、特殊教育需要诊断等方面的支持，为社区人士、企事业单位提供认识特殊孩子、了解特殊孩子的机会。个案学校创建的以学校为主的社区融合支持性教育资源网络，为社区中的其余普通学校开展随班就读工作提供了有力的支持。这种方式有助于推进普通学校接纳特殊教育需要儿童，并根据他们的特点开展相应的教育训练，为今后融合教育的发展提供新契机。

(二) 培智学校与社区互动的评价

1. 培智学校与社区互动取得了一些成就

(1) 实现了培智学校与社区的资源共享

在个案学校开展社区融合的十余年的实践中,培智学校、社区合作构建了一套符合培智学校学生学习的社区课程,并探索了以"融和活动"为中心的社区实践体系,形成了以"德育"为总管、纵横交错的管理体系。培智学校的学生定期走进社区,在社区中学习,充分利用社区中的资源。在资源共享的过程中,培智学校的课程体系得到丰富,学生的学习方式得到新的探索,学生的活动范围得到进一步扩充,中重度的智力残疾学生从"很少参加社会活动"到现在"每周都有社会活动",人际交往能力得到极大的锻炼。

学校与社区建立了长期合作的活动,以促进学生的社区融合。在实践中,学校与社区中的单位、个人建立了长期的互动关系,充分发挥双方的资源优势,进行广泛的合作,开展培智学校学生走入社会的实践探索。在DC区残联、教委等的关心下,学校先后拉动了便宜坊、DC区青少年宫、区图书馆、区文化馆等资源作为学校的合作单位,智力残疾学生既获得了大量的学习机会和实践场所,又得到展示自身的大平台。比如便宜坊每年都会有两次活动,抑或是学生进入便宜坊参观学习,抑或是文艺汇演。无论是哪一种形式,学生都有参与和展示的机会,在这个过程中学生的适应能力和学习能力得到提升。

培智学校与社区的互动丰富了智力残疾学生的业余生活。学校在社区融合的过程中,开设了特奥活动、课外亲子活动课、"五同活动"等项目,既在增强学生体能方面有了新进展,又对学生的心理、社会能力进行了开发。家长们表示在这些各种各样的活动中,孩子不仅开阔了眼界,丰富了生活,而且孩子在活动中成长了,适应能力不断增强。

(2) 促进了培智学校的变革

发展融合教育并不意味着特殊教育学校的消亡,实际上特殊教育学校是融合教育体系中的一个重要组成部分。传统的特殊教育学校是封闭式办学,受益群体只是残疾学生,而在融合教育的背景下,特殊教育学校的功能需要发生大转变,集融合教育支持中心、资源中心、教师培训中心等多种职能于一体。个案学校与社区互动推进智力残疾学生的社区融合,学校在原来承担智力残疾学生教育功能的基础上,率先把特殊教育学校的服务功能延伸到终身教育。由此看来,学校功能也呈多元化,既要服务于智力落后学生的学校教育,又要服务于智力残疾学生的后续转衔、就业等。个案学校的实践表明,社区融合的教学过程、社会实践过程不仅是要借用社区的力量,还需要发掘特殊教育学校自身的潜力,为社区提供服务,这样才能形成双向良性互动。例如,个案学校将学校内的设施向社区开放,社区单位进校组织运动会等,起到了促进社区文化建设和和谐社区建设的作用。

随着学校社区融合中教育服务功能的拓展,越来越多的教师走出校门,教师的专业能力得到提升。为了帮助学生更好地适应社区生活,学校教师不仅在课程设计、课程实施方面需要更多地专业化发展,在社区交往、联络社区资源方面也需要积累相关的互动经验,从而能够更加有效地和有针对性地进行互动合作。

在社区融合的实践过程中,学校不断加强与其他学校、社区的互动联系,积聚变革的力量。如此做法,使得学校从原有的一所较为封闭的特殊教育学校变革为一所有较强服务指导功能的特殊教育学校,丰富了特殊教育学校变革的理论和实践研究。

(3) 产生了一定的社会影响

领导重视,促进国际交流。个案学校的社区融合实践研究,得到了市级、区级领导的高度重视和肯定。2009年开始,个案学校与英国特教学校连续两年交流,从最初双方交流,到校际间进行互访和同课异构的教学探讨课题建立,教师从中学到了先进的富有特色的教学方法和手段,学生感受到为自己特殊需要所提供的服务资源,成为学校走向国际、与世界特教同行的又一发展交流平台。

媒体关注,加强社会认知。在个案学校开展社区融合的实践中,丰富了智力残疾学生的生活,开阔了眼界,增强了社会适应能力,同时也促进了政府相关部门的更多重视。学校的社区融合实践也得到了社会媒体的关注,例如:2013年12月,《现代教育报》刊发了"'融和育人'办人民满意的特殊教育——北京市DC区培智中心学校创新发展纪实"一文,肯定了学校和社区合作推进智力残疾学生的社区融合的做法。

2. 培智学校与社区互动依然存在很多矛盾点

(1) 观念的束缚

从社区教育近些年的发展策略中可以看出，其主要是强化基础教育、承认教育和职业教育，俗称为"三教统筹"。从这一事实中可以看出社区教育忽视了残疾人这个弱势群体。融合教育虽然已经不是一个新名词，世界各国也都在积极践行这一理论，但是人们的很多观念还没有跟上，这对于特殊教育的发展是极为不利的。

在本书中，培智学校在与社区互动过程中虽取得了一些成就，教师们也能通过多年的实践教学感受到社会大众对残疾群体的接纳，学校教学工作的开展相比过去也会好一些，但还是会遇到"很多单位不支持"，"对特殊教育不太理解"，"智力残疾孩子就该在学校待着"的境况。究其原因，还是与社区单位、社区人员的观念有关。观念的落后导致其对融合活动的消极、不配合等，很多单位在行政上就不配合，领导对特殊教育了解不深、甚至有误解，支持不够，这都会让社区在帮助残疾人的行动中受阻。

(2) 社区与学校互动的缺乏

培智学校与社区互动是双向的，既要有培智学校方面与社区的主动式的合作，也需要有社区方面主动式地互动。目前看来，个案学校与社区互动主要是以学校方面为主，社区方面的主动式互动还比较缺乏。

社区中的教育资源是丰富多样的，从形式上来说分为教育机构、非教育机构、有形和无形四种。中小学的活动场所、体育设施、文化设施等都是有形的教育机构，也是学校教育中的一个组成部分。非教育机构的涵盖就更为广阔，包括社区中丰富的人力资源、设施、工厂等可以为残疾人的康复、就业提供辅助性条件。社区中的绿化、建筑设施、文化氛围等是属于无形的教育资源，对于正确的人生观、价值观的形成会产生潜移默化的影响。学校方面除去校园内的教育外，还需要把这些资源调配起来才能得到更多的帮助支持。在现实中，一方面学校还没有充分利用好这些教育资源；另一方面社区方面也没有意识到其自身对学校教育的影响力，因而缺乏主动性。

第六章

从融合到融和：学校与社区的互动关系建构

第一节　从融合到融和：培智学校与社区互动的本质特点

上述对个案学校社区课程、社会实践活动的描述和解读，是为了尽可能真实地再现个案学校与社区互动的全景。在现象描述的基础上，笔者将重点从融合教育的理论视角，结合相关研究成果，探讨培智学校社区课程的特点、培智学校社会实践活动的特点以及培智学校与社区互动的特征，以期揭示现象背后的本质，形成对培智学校与社区互动的理论化认识。

一、融合教育视角下培智学校社区课程的特点

Kirt、Gallagher 和 Anastasiow 认为，要达到特殊学生真正从隔离环境中脱离，不仅仅需要环境上的更换，更需要相关服务来辅助其适应新环境，相关服务设计的层面非常广泛，包括改变课程设计，实施不同的教学方法以及行政上的各项支持等。[1] 融合教育包括物理空间的融合、社会性的融合和课程的融合三个层次，作为一种新的教育方式，课程的融合是最难达到的目标，也是融合教育的最高层次。近些年来，随着融合教育在中国的本土化发展，很多培智学校都在尝试将培智学校的课程更加生活化，与实实在在的社区生活相结合，也在课程的名称和形式上不同程度地体现社区化的趋势。从融合教育的理论视角来看，这些体现社区化的培智学校课程发展具有一些共通的特点。

---

[1] Kirk S. A., Gallagher J. J., Anastasiow N. T. Educating exceptional children (9th ed) [M]. Boston: Houghtton Mifflin Company, 2000: 35-37.

(一) 以校为本的社区课程开发

1. 以生源变化为本

个案学校开展社区课程，一方面是因为教育理念变化和学校发展需要；另一方面更为重要的是学校生源的变化。随着随班就读的开展，轻度学生大多已经在普通学校就读，而在培智学校就读的学生大多为中重度学生。这样的情况下，单纯的分科教学完全不能满足学生的学习需要。也正如在校工作二十多年的 HL 老师、WY 老师所说，"*二十多年以前教的学生，大部分是可以在福利单位工厂找到工作的。通过学校的学习和训练，沟通能力和适应能力都能满足工作岗位的需求，而现在的学生程度越来越重，走出学校去独立生活、工作是比较困难的*"。❶

现在，个案学校的康复段、教学段的学生以 7~16 岁的中重度智障学生、自闭症学生为主。这类学生的主要特点是智力水平受限制，生活技能较差，生活经验较少，与社会的互动机会少，最迫切需要解决的问题是生活自理能力，增加生活经验。正是根据这些学生的身心发展特点和现实生活需要，学校主动打破了与社会的围墙，突破了原有的课程体系，转而探索适合学生特点的学习形式。也正是为了增加学生的生活经验、开阔学生的眼界、提升学习效果，学校将课程类型分为铺垫课、实践课、巩固课，教学形式从校内扩展到校外。

2. 以办学理念为本

学校的办学理念直接影响学校课程、教学以及社会实践活动的发展方向。每一所学校都需要有独特的办学理念和教育宗旨，只有这样，学校才可以根据本校的师生特点、教育资源和学校的环境以及教育者的办学旨趣确立自己学校独特的发展方向。❷

个案学校以"为学生的快乐成长服务、为教师的专业发展服务、为社会的和谐文明服务"为办学理念。正是因为学校把学生的成长、教师的发展与社会的发展紧密结合在一起，才推动了学校以"社区融合"为核心的社区课程。以"社区化"为导向的教育必然不仅仅是把课堂挪向社区、学生走进社

---

❶ 资料来源：综合 HL 老师和 WY 老师的正式访谈录音。
❷ 吴刚平. 校本课程开发的特点与条件 [J]. 教育研究与实验, 1999 (3): 28-31.

区这么简单,追求残障学生回归社会已经在学校的办学理念中凸显。正是学校早期的领导者"探索者"一样不怕困难的精神,和"以学生为本"的教育理念推动学校社区课程的不断深入。也正是心手相牵的共同协助的支持性的教育理念,使得教师们坚定地将社区、家庭纳入学校的教育资源网络中。正是因为深切地知晓学生的发展需要家庭、社会的共同合作与关心,才会有现在的社区融合的资源网络体系,争取更多的支持和关爱。因此,个案学校的社区课程的开发与学校的办学理念是一脉相承的。

3. 以学校师资为本

师资队伍的特征会影响课程的开发与具体实施。❶ 作为课程开发、课程实施、课程评价的主要操作者,教师在整个课程中处于核心地位,是课程成败的关键人物。因此,培智学校的社区课程开发必须以学校自身的师资力量为基础。从师资力量来看,个案学校的社区课程的师资力量单薄但层位清晰。这对于一门还不是"主科课程"的课程来说,既是机遇又是挑战。正是这样的师资队伍,造就了该校社区课程的现状。

该校社区课程的发展经历了三个不同时期,在这三个时期,社区课程的师资力量也经历了不少变化。早期开展社区融合时,学校借助课题组成立多元化的教师队伍,通过搜集社区教学的相关书籍、教学案例、教学录像,利用教研实践组织教师观看和讨论,帮助教师建立社区教学的直观认识。在这个阶段,学校集全校之力培养了一批具备社区教学能力的骨干教师。这样的师资力量,是学校进行社区课程开发的宝贵财富。在"十一五"后期,学校更换领导,学校由当时的 D 校长主管教学,亲自抓社区课程,在这个阶段,社区课程的开发有了强有力的支持,教师的成长更加丰富,形成分段的社区课程师资力量。现阶段,延续之前的分段的社区课程开发,义务教育阶段的两个学段在教研组长的带领下,分别制定和实施本学段的社区课程开发。从开展社区融合至今,不仅形成了社区课程的成型模式,更成长了一批具备社区教学能力且实践经验丰富的师资力量,也正是这些教师带领着学生在首都城内走南闯北,不断为学生的发展添砖加瓦。

师资方面另一个具体的问题就是社区课程的师资不足。社区课程的设计、

---

❶ Hedlund, Phyllis Pfister. The Eight-Year Study revisited: A cross-case analysis of the use of integrated curriculum in Radnor, Pennsylvania [D]. The George Washington University, 2003.

实施都集中在社区课程教师身上，而这些教师除去班主任工作之外，还有其余科目的教学任务，这样使得教师们在上班期间难以抽出多余的时间和经历用于社区课程的设计、开发。再加上目前学校其余的科任教师还没有实质性地参与课程的设计与教学，更使得社区课程的教师在课程设计时困难重重。

4. 以社区资源为本

学校的社区资源，包括学校所处辖区内的地理环境的特点以及由此带来的教育资源等。社区课程的设计、实施更应该注重从学校周围的教育科研机构和社区组织中获得资源支持。

从学校所处的地理位置而言，个案学校处于城市中心地带。学校周边既有成熟的居民区，基础设施配备完备，又离市区内各主要的文化资源地带距离较近，这为学校社区课程的实施提供了良好的环境条件。比如，离学校100m的地方就有一个超市，不远的胡同中有一个小商品市场，教师可以很方便地带学生走进超市、小商品市场去认识商品、学习购买食物、日常小用品等。此外，学校离前门、天安门、区图书馆、博物馆等地方也不远，学生们可以在教师的带领下走出学校，进入社区中学习。

从专业资源看，该校一直与北京联合大学、北京工业大学等高校有着密切的联系，一方面可以为学校提供在特殊教育方面的专业指导；另一方面也可以与其余高校保持长期的合作关系，便于高校的大学生进入学校与残障学生进行互动，更随时有高校特殊教育专业的在读大学生来校实习，支持学校各项活动的进行。

综上所述，社区课程的设计给学校的培养目标、组织管理体系、具体的课程实施都带来了整体性的调整，是"以校为本"的发展过程。

（二）共享合作的实践过程

融合教育的实践离不开相关支持体系的构建，而相关支持服务体系的构建离不开各方面的共享合作。培智学校社区课程的实践，同样与合作、互动的过程相伴随。无论是课程开发，还是课程实践都是集体行为，教师在课程的实践过程中，不可能缺少与他人的合作。针对个案学校社区课程实践，笔者认为在共享合作的价值观下，培智学校社区课程的实践需要以下四个方面的合作：教师与学生的合作，教师与教师的合作，教师与社区人士的合作，教师与家长的合作。

1. 教师与学生的合作

社区课程是为了促进学生的发展，必然是以学生为中心。作为社区课程的学习者，学生理应平等参与到社区课程的设计、实践的过程中来。对于为自己设计实施的课程，学生在课程的实施过程中具有发言权和选择权。在个案学校进行访谈时，大多数教师都谈到了"以学生为本"，或者"根据学生的需要来选择教学内容"，但是在选择教学内容或者教学过程时，却又出现了教师根据自身的经验或者"主观认为"来选择教学内容，这是教师与学生之间缺乏合作的表现。教师未能或者狭义地理解了教师与学生之间合作的含义。

比如，CG班的学生在"证件照"这一主题单元的社区课程中，学生们对手机拍照比较感兴趣，很多学生也对手机自拍感兴趣，教师在和学生讨论之后将该班的主题定位用手机/相机拍摄。相比CM班处于毕业班，证件照是比较迫切需要学习的内容，而CG班的这一主题则很好地契合了本班学生的需求。这是教师与学生合作选择教学内容的最好范例。虽然不是每一名学生都可以很清晰地表达对哪些学习内容感兴趣，但是教师可以尝试在教学内容的选择时，在教学过程中，充分促进与学生的合作，这也是对学生自我决定能力的促进。

在社区课程的评价方面，现有的课程还缺乏标准的评价方式，评价的方式大多定位于学生完成一定的任务单来完成主题单元的评价。课程评价也是教师与学生充分合作的过程。可以说，在社区课程的设计、实施、评估整个的过程中都离不开教师与学生的互动与合作。以学生为中心，根据学生的情况不断调整课程设计，这也是教师与学生一起合作进行社区课程的实践。如果做不到"以学生为本"，不能在课程教学的各个环节都将学生纳入，那么这样的课程都将背离最初的目的。

因此，在社区课程的设计、实施中应该始终以"学生为本""促进学生发展"为目标。只有有了共同的价值基础，才能更好地达成目标。

2. 教师与教师的合作

教师是课程开发的主要承担者和实际操作者。在课程开发过程中，结合学生的特点和自身特色进行"量身打造"的课程开发，才能更好地适合学生的发展需要。但与此同时，课程开发是兼具个性与共性的活动过程。如果不学习借鉴他人经验，个人的力量始终是微薄的。单凭每个教师个人的专业知识很难达到课程开发的目的。尤其是涉及多个领域的社区课程开发，更需要借助于知识的交叉和融合，更需要不同学科背景教师的合作。因此，只有教师之间交流与合作才能深入研究问题，交流彼此经验，增加课程开发的系统性，提高课程开发的质量。

目前，在个案学校的社区课程中有"学科课程"和"社区课程"参与与否以及如何参与的冲突。

首先，该校的社区课程主要是以学段教研小组的形式进行的。社区课程的教研小组的研讨与合作主要是围绕学期教学单元的确定、每个主题单元下具体的课程设计与实施的研讨而展开的。现在每个学段的社区课程教师数量有限，可以说是不足的状态，教研小组的成员互相合作，这已是难能可贵的。他们可以根据自己在课程设计、教学中的经历、收获和困惑进行实质性、情境性的讨论，这是最便利、最及时的专业的合作。学校目前只有在义务教育阶段有社区课程，每个学段都有自己的社区课程教研小组，每个教研小组分别负责本学段的社区课程。在全校教师大会上或者平时贯穿在每周的听课计划中，跨学段、跨班级地给社区课程出谋划策，商讨解决办法。这种合作，体现在同一学段内的教师之间的合作，也体现在跨学段的教师之间的合作。同时，每个学段内的教研小组，都有一名教学经验丰富的老教师。学校早期的"师徒制"也是延续社区课程教学设计的有效方式。以教学段为例，ZYJ老师从进校开始就是由 ZY 老师担任"师傅"的，可以说，课程的延续也是通过这样的形式进行的。

其次，社区课程不同于其余学科课程，教学内容宽泛，教学场地既有学校内又有学校外，社区课程的教师不可能都是全才。社区课程教师在社区课程的设计和实施中，也常常需要其他学科教师的协助。比如，在"秋天的落叶"这个主题单元中，社区课程邀请美术老师带领学生在户外画画，收集到的落叶可以做成剪贴画等。这样的合作，拉近了教师之间的距离，也是对社区课程教师的有力支持。目前，学校其余学科教师参与到社区课程教学中的还是较少，学校的大多数教师都参与过社区课程校外实践的协助工作，主要负责学生的安全、秩序维持等。社区课程教师也有不愿参与或者不知该从哪个角度参与到社区课程中来的困惑。社区课程可以说是一门综合课程，融合了多个学科的知识，仅靠社区课程教师单薄的力量是完全达不到的，需要多学科、多元教师的通力合作。

3. 教师与社区人士的合作

在访谈中，家长们谈到对孩子未来的期望时，大多都是"*希望孩子生活能够自理，有一定的生存能力*"，这也恰恰是大多数残疾儿童父母的期待。社区课程是一门实践性很强的课程，课程前期的踩点、课程设计、课程实施以及课程的评价都离不开社区的真实环境。学校与社区合作，自然而然就成为社区课程的必经之路。

在个案学校的社区课程中，涉及大量的社区实践。从社区课程的流程来说，铺垫课之前教师需要到社区中进行实地"踩点"，设计教学内容、教学重难点、小组学习等；实践课教师需要带领学生在社区中实地开展教学，社区人士也会在这个环节中参与到教学中，担任"教学者""协助者"等；在巩固课，教师需要将社区教学中实地录像、照片等素材再次呈现在课堂中，等等。这些社区课程的顺利开展，必须与社区的单位、个人有详细沟通、精心准备和密切合作。这一系列的工作，都需要在社区课程中去计划和落实。只有这样，才能实现真正的社区化。

现在，个案学校附近的体育馆街道、天坛公园、新世界百货、区图书馆、便宜坊等都成为社区课程教学的实践点。社区人士在访谈中谈到与学校合作时也收获颇多，"对特殊学校教师深感敬佩""增加人生体验，了解残疾学生""被残疾学生的能力、热情所感染"。同样，教师在这样的合作中，也能感受到"社会对残疾人的接纳越来越多""爱心人士越来越多""资源不断丰富"。从社区人士、教师的感受来说，双方在这样的过程中都有不同程度的获益，加深了对彼此的了解。

另外，从具体的合作来说，教师在利用社区资源开发课程上有了一定的成果，但是，社区人士**参与程度**还是有限，社区人士的参与还停留在"资源提供"，还没有更深入地开展，社区是"全力支持学校的活动"，并没有进入平等合作的层次；社区中合作的单位有限；现有社区单位如何长期、深入合作也亟待解决。

4. 教师与家长的合作

课程的实践离不开教师与家长的合作。对于培智学校的学生来说，这样的合作尤其重要。作为孩子的监护人，家长对自己孩子所学的课程内容和方法具有知情权和共同的决策。❶ 而作为学生的主要照料者,相比于教师而言,家长与自己的孩子相处更久,也有更深入的了解,尤其是熟悉孩子在家里的生活方式。没有家长、家庭的参与,开发出的课程是不真实、不完整的。❷ 要开发出真正适合学生的综合课程,降低教师的主观臆断,教师与家长的合作和沟通显得尤为重要。

在学校调研期间,笔者就家长参与设置了专门问题对教师和家长进行访谈。从家长的回答来看,家长对社区课程的了解主要是从家校联系本或学校发出的通知知晓孩子的学习内容。目前,社区课程教师会在主题单元教学前,针对主题单元对家长进行问卷调查辅助教学内容的确定;在实践课开展之前,由于学生要离开校园进入社区,学校会派发相应的通知告知家长外出地点、学习内容以及需要家长协助的事项等。谈到家长参与的实际情况,大多数家长的回答是根据老师的要求,参与外出协助或提供主题单元学习的素材等。比如,"超市购物"这个主题单元,家长需要填写关于自己孩子对人民币的认识、使用、购物经历的问卷调查;实践课之前,家长需要和孩子商量好拟购物的商品和相应的金额。在访谈中,社区课程教师也谈到了"希望家长多配合""家长应该参与,参与会更好",但同时表达了"考虑到家长的期待值和教师会有差异可能会产生相反作用",或"要家长支持,我们也有困惑,因为需要有能力、有水平来参与学校的这些事情,家长有自己的工作,可能没有那么多时间参与进来"的顾虑。

总的看来,教师仅仅是希望"家长参与",但对家长如何参与却没有更多的实践。家长也习惯了在家庭、学校合作时的"配合","教师让做什么就做什么",但这样的形式并不是真正的参与,更不是教师与家长之间的合作。因此,教师层面、学校层面都需要打破固有的家长可以参与、但实际行动却缺乏的旧有模式,用平等、开放、包容的方式将家长纳入学生的学校学习中,进一步促进家校合作。

(三) 勇于突破的探索过程

回顾个案学校社区课程的发展历程,就是随着生源变化和国际国内教育

---

❶ 傅建明. 教师与校本课程开发 [J]. 教育研究, 2001 (7): 58.
❷ 汪菊. 论课程开发中的家长参与 [J]. 江西教育科研, 2003 (9): 31-33.

理念不断更新而不断调整、勇于突破的探索过程。WY 老师、ZY 老师、HL 老师等一批从建校初期就进校工作的老教师经历了学校从封闭办学到"开放型社区""社区融合""融和育人"二十多年来学校的发展和变化。HL 老师认为学校的课程"一直在随着时代的变化而发展"。

从社区课程的发展来看，10 余年的时间里，从最开始的"开放型社区"把生活化的知识引入课堂，到 2000 年年初开始社区课程的开发，到"社区融合"期间社区课程的课型、流程逐渐体系化，全学段开展，再到 2010 年之后的深化实施，这样的过程同样是不断的调整、尝试的过程。就如 ZYJ 老师说的"咱们社会实践课到现在，实际上是教学与实践活动融合，已经不是单纯意义上的课了"。学校目前的社区实践课，不仅仅承担着课程的教学任务，同时还要与学校的社会实践活动结合在一起。

二、融合教育视角下培智学校融合活动的特点

（一）体系化、多元化的融合互动

个案学校开展融合活动已经有 15 年的历史，融合活动也日渐成为学校融合教育的重要组成部分。尽管从学校举办融合活动的次数来看，周周有融合活动已经成为学校的"惯例"，但在这些"琳琅满目"的融合活动中却又体现着体系化和多元化。从融合活动的对象来看，学校的融合活动主要有以下四类。

1. 生生交往的融合活动

德国社会学家齐美尔认为，社会是一个统一体，包含人们在互动中的协调、冲突、排斥、爱和恨等关系。这是对互动结合在一起的若干人的统称，在社会中既有冲突也有调和，可以调解的冲突不阻碍社会的协调，相反可以促进社会协调。学生是社会中的一个特殊群体，在与他人的交往中他们会产生真挚的友情，也会因为家庭的背景、文化的差异、兴趣的迥异而产生"冲突"，而这些"冲突"的产生大多是因为缺乏沟通和了解。"冲突"的解决会进一步促进学生之间彼此的友谊，并促进团队精神的产生。❶ 因此，学校有目的、有意识地设计各种活动，创造普校学生与特校学生相互了解的机会。与文汇中学、109 中学、区少年宫等普通学校的活动，中小学的学生走进培智学

---

❶ 沈珺. 互动融合的教育活动，促进"流动儿童"和谐发展 [J]. 中小学校长，2011 (6)：49-51.

校,或进入班级与特校学生一起在课堂学习,或以文艺汇演的形式一起表演,或以游戏的形式一起互动,这些方式给了普通学校的学生走进培智学校、近距离了解残障儿童的机会;特校学生可以在互动中增加与普通学生交往的机会。

在培智学校开展融合活动中,普通学校的学生与特殊学校的学生的共同交往,呈现出了"互明—互补—融合—共进"的特点。所谓"互明"就是互相沟通、彼此了解;普通学校的学生在融合活动中第一次对特殊学生有深入了解,而不是仅仅局限于生活中的"听说"或者电视上的"看到",是能够真实地了解。所谓"互补"就是学生双方互相学习、完善自我,在技能、情感、心理上互补;很多普通学生在与培智学生的交往过程中看到了残疾人身上刻苦品质、坚强不屈的精神。"融合""共进"就是以互相了解、彼此沟通为起点,以互相学习、完善自我为途径,实现普校学生与特校学生之间的自然融合和共同进步。在进入109中学倾听普校学生谈及与特校学生联谊的感受中,普校学生被特校学生的"超赞的手工艺品"震撼,激发普校学生"不怕困难"的精神,"同在一片蓝天下"的爱护之情。

2. 师生交往的融合活动

师生关系是教学过程中最基本的关系,它对教育生命力的影响也是至关重要的。现今,随着随班就读工作的深入开展,轻度的残障学生已经在普通学校学习,由于特殊教育发展较晚、教师专业发展、个人经历等各方面的原因,很多普通学校的教师对残障儿童还缺乏深入了解。普校教师对特殊学生的教学、日常相处还存在很多疑惑。在"新景小学走进培智小学"的活动中,很多教师说到了在教学中的困惑。一部分困惑来源于对残障学生的不了解,不知道残障学生的特点;另一部分困惑源于残障学生的教学。普校教师走进培智学校与学生互动融合,一方面可以增进普校教师对特校学生的了解;另一方面也是特校学生与普校教师一起学习的机会。

在师生交往的融合活动中,活动的效果很大因素上是取决于教师的。俗话说,教师是学生的榜样,教师的一言一行,态度、人格、知识、兴趣等都会成为学生所观察、注意和模仿的对象。因此,培智学校在这样的活动中,格外重视学生与普校教师建立一种平等互动的关系,让学生、教师双方都在活动中受益。

现在，普校教师与培智学校学生的互动在个案学校还比较少，普通学校教师进入培智学校也还没有达到普遍化，建立长期融合互动的关系还比较难。

3. 家校互动的融合活动

家庭是孩子成长的第一所"学校"，父母是孩子的第一任"教师"。现在的教育观念越来越强调家庭与学校进行教育合作。家校合作的实质就是"联合学校和家庭这两个对学生最有影响力的社会机构对学生进行教育。家庭和学校的相互支持、共同努力能使得学校在教育学生的活动中得到多一些的来自家庭的支持，也使得家长在教育子女的过程中也得到学校的指导"。❶ 对于残疾儿童来说，家校合作在其教育和发展中更具有相当重要的作用。从"五同活动"中"同分享——期末家长会汇报表演""同劳动——五一劳技大赛"等到现在"课外亲子活动"，家长参与学校的活动多样化。家校的融合活动是家长了解孩子在校学习的一种方式，同时也是增进学校、家庭合作为孩子教育共努力的方式。

尽管如此，个案学校的家校融合活动一直有，但是近几年的发展也逐渐处于平缓状态，甚至是停滞的。学校方面也有一定的困惑，MH 校长："家长那块，这两年我没怎么弄。我进来之前家长渗透挺多的，但那时候也反馈出来一个问题，形成了一种有用的家长用变味了，没用的家长不理人家。它选取家长的角度、层面是唯功利的，不是学校需要这么去做，甚至有些家长参与有偏差。因为家长的受教育程度、层次有差异，这就涉及是否在这个过程中有引导，哪些家长可以参与，家长参与的程度在哪，他们没有经验所以有些家长的手甚至触及了学校的管理层，这也就失去了原本家长参与的意义了。这也是为什么我到这儿以后没怎么使用家长的原因。"

WY 老师："原来我们也有家委会，后来就变成了家委会左右学校的决定，明显与学校的角色相悖，那时候就只能慢慢放下，后来就没有家委会了。从学校到教师都知道我们现在忽视了家长群体，教师们可能都觉得家长应该参与起来，参与起来会更好，但是实际上我们做的还不够。要家长支持，我们也有困惑，因为需要有能力、有水平来参与学校的这些事情，家长有自己

---

❶ 马忠虎. 基础教育新概念——家校合作 [M]. 北京：教育科学出版社，1999.

的工作,可能没有那么多时间参与进来。然后,真正能参与的家长,做附和的工作还好,但是引领起来还是困难。"

家校融合在个案学校有过辉煌,也有了现在的两难。学校教育需要家长的参与,但是家长如何参与进来起积极推进作用是学校亟须解决的问题。学校方面:首先,学校应打破家长在孩子教育中的"配合"地位、"服从"的思想。家长也是特殊教育中的教育资源,在学校教师的指导下,家长完全有能力和学校一起促进孩子的教育成长,并对学校的发展提出有效的建议,也提供家长力所能及的帮助。其次,采取"走出去"和"引进来"相结合的策略。所谓"走出去"就是学校通过各种方式(媒体、残联、培训等)用积极向上的态度寻求家校合作;所谓的"请进来"就是把家长请进学校,了解学校的基本情况,参与到班级开展的活动中,制定 IEP 时也把家长纳入,听取家长的意见等。最后,对家长和教师进行培训。在培智学校,家长的观念是形态各异的,家长的素质也可能是层次不齐的,这些都是影响家庭和学校融合的重要因素。学校应该采取各种方式对家长进行培训,如个案学校正在实验阶段的家长参与到学生的康复训练中,以及家长培训班、家长手册等,这些都能给家庭提供正确的教育观、康复、心理学等方面的知识和实用技能,也能为家长提供长期的咨询和实际指导。对于教师来说,虽然是专业的教育人士,但不是每一名教师都知道该如何与家长合作,知晓与家长沟通的技巧等,因此学校也应该在这方面进行培训。

家长方面:首先,家长要摒弃以往"单纯配合""听从安排"等做法,明确家长有义务参与特殊儿童的教育,认同学校教育。其次,家长应该多参与学校的活动,例如家长会、学校开放日、亲子活动等。最后,在教师认可的范围内,家长也可以参与班级的教学活动,也可以作为学校的志愿者、社会实践课的辅助人员,为学校的发展出谋划策。

4. 社会资源与学校的融合活动

培智学校的学生走入社区、回归主流社会不仅需要平等友爱的学校氛围,更需要全社会形成一种关爱、平等、友爱的氛围。志愿者、社区中的企事业单位等构成了培智学校的社会资源。首先,培智学校积极联系和引导社会各界关注并参与残疾儿童活动。如借助成龙、姚明等演艺界明星的社会影响力让培智学校学生走出校园,有更广阔的平台,也让社会各界对残障学生有更多了解。在这些活动中,培智学校学生与他们共同表演,为残障学生提供了展示艺术才能的舞台,也让残障学生社会中的公益活动,学生可以大步地走向外部世界。其次,应该吸引社会各界的关注,如文艺界、教育界、企业界等为残疾学生提供更多融合的机会。培智学校与"便宜坊""区图书馆"等共同开展常态化的活动,每年定期都有活动,让残障学生通过不同活动体现个人的生活价值与社会价值,融入社区,走进社会。

社会资源的加入补充了目前教育体制中对残疾儿童保障条件的不足,另外,以志愿者形式让社区人员进入培智学校课堂,让社会人士以"教师"的身份带领学生学习,既体现了残障学生个别化教学的需求,也让志愿者切实感受到了社会发展中不能忽视残障学生的教育,也拉近了残障学生与所在社区环境的距离,加快融入社会的步伐。

(二)"育人"贯穿始终

通过社会实践活动学生可以与社区接触、学以致用、锻炼毅力、培养品格、增强社会责任感,不断提高和完善学生的实践技能和创新能力,全面提高自身综合素质。❶ 个案学校在融合活动中渗透德育,将"育人"的目的贯穿始终。"德育"作为个案学校日常工作中很重要的一部分,活动的组织者将"德育"与"融合活动"结合在一起开展活动。一次融合活动的开展,不仅仅是某个主题相关的内容,还涉及日常行为习惯、礼仪等多方面。培智学校学生认知方面的特点决定其在生活自理、社会适应能力方面发展是比较缓慢的。活动中,有秩序的排队、礼貌用语、表达自己等对于培智学校学生还是有一定的难度的。活动的各个环节都渗透着对学生的教育。融合活动也成了"育人"的一种手段。

(三)递进式发展

"建立关系—初步知识普及—开展互动活动—引进来"是学校教师在总结融合活动开展的四步。这也体现了社会中的资源与学校互动融合是呈递进式发展的。"建立关系"是融合中的第一步,学校早些年开展融合活动经常会遇到"吃闭门羹",或者用"挨个碰"的方式"求"着社会单位能给学校的学生们提供一些帮助,物质上的或者资源上的都可以。那时的关系

---

❶ 徐艳萍,朱斌. 辅读学校社会实践活动课程化探索 [J]. 现代特殊教育,2011 (4): 20-22.

建立是很困难的，普通大众对智残学生的定位就是"傻子""精神病"，也认为这些学生是不需要接受教育的，更别提让这些学生进入社区中学习。随着时代发展教育理念的变化、残疾人越来越被大众接纳，社会人士对培智学校教师的融合活动提议开始不再反感，接受度越来越多，到现在有很多单位都是主动来与学校联系，要求开展互动活动。"建立关系"的这一步，在培智学校走了10多年，经历了从无到有，从少到多，从小单位到大企业的过程。这对于一个紧靠自身力量不断去开展融合活动的培智学校来说是很不易的。

"初步知识普及" 是对社区人士的知识普及。智障学生、自闭症学生不同于盲生或肢体残疾学生，有其自身的特点；培智学校的课程设置、教学方法、教材等也不同于普通学校；培智学校的整体发展不同于普通学校或其余特殊学校这些情况对于社区人士都是陌生的。讲座、座谈会或小视频短片是培智学校用来知识普及的主要方式，这些可以让社区人士对以上的三个部分有初步的理解，形成直观认识，也是为"开展互助活动"奠定基础，避免很多惊慌失措的情况出现。

"开展互动活动" 已经到了开展融合活动的主体部分。在这一步，融合活动的双方还需要就活动的具体事宜进行多次商讨，包括时间、场地、出席人员、活动主题、活动形式等。比如，与中国联通通信博物馆的融合活动，内容是我国从古至今通信设备的发展。在正式活动开展前，培智学校与中国联通北京分部的工作人员进行了面对面、电话沟通等多次商讨，内容非常细致，涉及学校大巴车的停车点，学生分组，内容介绍等。正式活动中，培智学校与联通博物馆的工作人员通力合作，分工搭配顺利推进智残学生在博物馆内学习通信设备。活动后，双方也会就活动中的经验进行总结。

"引进来" 则是融合活动的深入开展，有些社会资源可以长期与学校合作。学校与社区单位会建立长效的合作机制。"引进来"的融合活动具有长效性，能稳定地给培智学校学生提供资源，也能就主题深入开展。

（四）真实生动的体验

特殊教育学校的创办，满足了更多的残疾儿童的受教育需求，也是社会接纳残疾人的一种体现。即使在主张融合教育的今天，特殊教育学校有其自身办学条件和生源接纳能力等方面的优势，但并不等于主张特殊教学校一直沿用以往的办学模式。尤其是在当前重视智障学生的社会适应能力，强调社会融合、和谐发展的背景下，将特殊教育学校当成世外桃源、关起门来办教育的理念已经行不通了。培智学校学生需要学习以真实生活为基础的社会适应能力，更不能通过以往的课堂教学、校内模拟来实现。真实生动的体验是培智学校学生学习生活自理、提升社会适应能力的重要基础。

培智学校学生在校的学习内容本身就是关于他们真实生活的，他们最基本的学习需求就是解决生活中的实际问题，增强生活能力。真实生动的体验，便于学生形成丰富的生活经验、在真实环境中学习，学会后在生活中运用。融合活动，不同于具有固定模式的课程，以其灵活性、开放性、多样化的特点给培智学校学生提供真实体验。学生在融合活动中学会如何与人打招呼，如何与人一起参加活动、完成任务，学会如何提问、回答等。

（五）社会资源网络化

"一个相对丰富的社区资源的小网络"是具有学校融合活动多年组织经验的 WY 老师对整个融合活动的概括。培智学校的社会资源由学校、残联、教委、支持学校教育的社会团体、志愿者构成。

"罗马不是一天建成的"这句话可以充分表述个案学校社会资源的构建。"刚开始是等着别人来，起初普通学校来得多，慢慢地就是我自己去碰。做了很多社区活动，认知率高了会有人主动过来问需不需要帮助"。这是培智学校开展融合活动的历程，现在拥有的资源也是从多年的融合活动中积累起来的。正是学校教师"不只追求眼前的利益"的精神造就了现在培智学校社会资源的网络化发展。纵向看，学校的社区资源既有小学、中学，也有大学；横向看，学校的社区资源既有教育系统的也有文化系统的、教育行政部门的。纵横交错，使得学校的社会资源错落有致。

三、融合教育视角下培智学校与社区互动的特征

（一）"双赢"——培智学校与社区互动的基础

"双赢"一词是中国传统文化中"和合"思想与西方近代市场竞争理念

相结合的"产物"。❶《现代汉语词典》中对其解释为"双方都能得益"。❷ 其内涵可以从两个方面理解,一是在结果上,双方都觉得自己赢了,都可以是赢家;二是在过程中,双方感觉良好,都有再次合作的意愿。在融合教育大力推行的今天,培智学校打破固有的"围墙"与社会中的教育资源单位是不可分割地联系在一起的。"双赢"的提出,转变了学校和社区在合作中必须分出你输我赢或你败我胜的思维方式,让双方在互动的过程中都可以获益,都成为赢家。

融合教育主张不要把特殊儿童安置在隔离、封闭的教室、学校、社区中。其主张特殊儿童应该与正常儿童一起参加所有的教育,包括学前教育、基础教育和高等教育,最大限度地发掘特殊儿童的潜力。❸ 它的含义不是简单地给予残疾儿童同样的教育内容或同质量的课程,也不是局限于学校内部的教育。融合教育是一种动态的、变化的、能够自我生存和建构的、会与社会发生联系的教育。它需要社会支持,更需要社会的理解、辅助,突破了教育体制内的教育活动。❹ 在此情况下,应该如何实现培智学校融合教育的社区化?培智学校的社区融合是一种必要的实践路径。在个案学校,其与社区融合是以"双赢"为目标的。

对培智学校而言,第一,学校需要社区中的人力、物力资源为教学、课程、培育学生等提供资源性条件。社区课程的开展、融合活动的举办都需要社区中的资源。第二,培智学校的学生需要"走出去"的机会。我国的特殊教育发展、相关的特殊教育支持体系还不够完善,残障学生想走进社区还是存在一定困难的。社区中的各种资源能够为学生提供一定的支持保障,能为学生走出校园提供物力、财力、人力等条件。第三,从培智学校的学校发展来说,学校已经不是孤立于社区中的办学主体,学校的整体发展离不开社区、家庭等的共同合作。

从社区方面来说,第一,企业在追求经济效益的同时,也应该有对政府、

---

❶ 张震. 互构与重塑:论中国传统文化与企业文化的融合 [OL]. 中国社会学网,http://www.sociology.cass.cn/shxw/wgjj/t20071030_14132.htm.

❷ 2002年,由中国社会科学院语言研究所词典编辑室编纂、商务印书馆出版的《现代汉语词典》增补本面市,增补的1200余条新词新义中就有"双赢"一词。

❸ 朱楠,王雁. 融合教育背景下特殊教育学校职能的改变 [J]. 中国特殊教育,2011 (12):3-8.

❹ 彭兴蓬. 融合教育的价值追求及社会支持系统的建立 [J]. 教育研究与实验,2012 (3):73-77.

利益相关方、消费者负责任。在追求企业经济效益的时候更应该保护弱势群体、支持公益事业的发展。第二，作为社会中的一员，每一位普通的公民都有责任和义务去保护弱势群体，为残障儿童的发展尽力所能及的帮助。第三，作为人生长环境的重要组成，良好的社区氛围对人的健康发展起到重要作用，社区的教育功能也开始逐渐显现。社区为终身教育、融合教育等提供社区资源。

个案学校在与社区单位开展融合活动时，会以"我能帮你做点什么"的点作为活动的一个切入口，在双方都能获益的情况下开展活动。综上所述，社区单位和培智学校都有其各自的"出发点"，在"共赢"的目标下达成互动合作。

(二)"利益共同体"——培智学校与社区互动的表现形式

德国社会学家腾尼斯认为，共同体"既是各个部分加起来的总和，也是浑然生长在一起的有机整体"，其成员之间有共同的且具有约束力的思想信念作为共同的意志。❶从本质上说，任何共同体都是利益共同体。一个组织获得长期生存和繁荣的最佳途径就是考虑到所有重要利益相关者的需求，并满足其需求。在这样的共同体中，各个成员的利益是维系合作关系的核心因素，也是基础性的。如果共同体的各方对利益基础没有共同的认识，成员之间的关系会表现出畸形、失衡的状态。❷因此，培智学校和社区也是利益共同体，培智学校和社区有着相互认同的价值观念、目标才让够让双方按照一定的方式结成以学生培养为主的有机整体。也就是说，培智学校与社区为了共同的目标，不以牺牲对方的利益为代价，而是双方通过共同体扩充或相互输送利益，达到共赢的目标。

"利益共同体"这一词形象地表达了培智学校与社区的融合，也恰如其分地说明了培智学校与社区在融合教育中是有着共同的价值利益的。

(三)"改革发展"——培智学校与社区互动的动力

建设社会主义和谐社会是 21 世纪我国提出的新的发展目标。所谓"和

---

❶ 斐迪南·滕尼斯. 共同体与社会——纯粹社会学的基本概念 [M]. 林荣远, 译. 北京: 商务印书馆, 1999: 71.

❷ 王振洪. 校企利益共同体: 实现校企利益诉求的有效载体 [J]. 中国高教研究, 2011 (8): 83, 85.

谐",是指融洽、协调的状态。和谐社会的达成离不开对弱势群体的关注,残疾人事业的发展也是和谐社会、公平社会、文明社会的体现。这样的社会背景给融合教育在中国的发展奠定了良好的社会基础。这样的社会环境是培智学校与社区互动的动力,两者都有在和谐社会背景下的改革发展需求。

从20世纪50年代开始,"社区发展"逐渐成为受世界瞩目的概念和课题。其初期的目标就是为了帮助处于贫困和弱势的群体发展多方面的能力,共享工业进步和社会发展的果实。"发展"是目标,即在社会进步的过程中不能忽视弱视群体的进步,同样需要关注如何缩小城乡差异、区域内的差异和地区之间的差异。❶ 北京,作为我国重要的经济、文化中心,也是首都,更需要特别重视社区的发展。无论在哪个社区,"人"总是核心,无论在过程中还是结果中都要把社区中的居民作为核心。只有关注"人"的进步才能够达到社会的真正进步。残障学生也是社区中的成员,社区的发展是需要考虑这个群体的,只有这样才是真正的社区发展。

随着特殊教育的发展和随班就读工作的全面展开,培智学校的教育对象以中重度残障学生为主。社会的发展促使家长的教育意识也在不断增强,家长们更关注自己的孩子是不是接受到了高质量的教育。然而,从1981年我国最早的培智学校的建立开始,培智学校的教学内容和教学方法起初都是为单纯的智力落后儿童所设计,但是现在这些已经不能满足教育对象多元化的需求,因而培智学校的教育质量受到了社会的高度关注。2007年教育部出台了《培智学校义务教育课程设置实施方案》(以下简称《方案》),其不仅在课程观上有改变,还设置了许多与传统课程相异的课程。这给培智学校和教师们的教学实践带来了巨大的挑战。

第一,传统的"班级授课制"已经不能完全满足学生多元化的需求。我国的培智学校一直采用"班级授课制"这种传统的教学形式,它可以在短时间内对大量儿童进行系统的知识传授。但是,新《方案》中实用性课程的实现已经不能仅靠班级授课制。社区教学就是将课堂移入真实的日常环境中,采用各种教学方式和方法,对学生进行教学和康复。这样说来,就是要求培智学校主动进入社区,充分利用社区中的丰富教育资源,在真实环境里进行

---

❶ 李东泉. 中国社区发展历程的回顾与展望 [J]. 中国行政管理,2012 (5):77-80.

教学活动。这样的做法，可以提高智力残疾儿童的注意力和学习动机，同时加强他们的记忆，培养他们实际运用的能力。❶

第二，残障学生的发展需要教育支持服务体系。通过培智学校与社区的互动，也让社区中的单位、机构、组织等对本区域内的残疾儿童的现状以及发展趋势有更深的了解。这样，培智学校、社区、家庭可以形成教育共同体，共同为残疾儿童未来进入社区生活做准备，共同担负起特殊儿童的教育任务。

第三，培智学校的职能需要转变。教育职能是学校教育的根本职能，学校应该为学生的在校生活和持续发展负责。融合教育背景下，特殊教育学校的职能也必然发生转变。培智学校在面对特殊儿童的相关教育问题时，应该转变消极等待、不作为的态度，转变观点，强化学校的教育职能，积极履行特殊教育学校应该承担的教育职责。

第二节　从融合到融和：培智学校与社区互动的模式建构

一、培智学校与社区互动的影响因素

学校和社区互动的效果如何并不是由某一个单一因素决定的，社会环境、组织方式、所处区域的文化氛围等都会影响两者之间的合作。只有各方面的因素相互协调，才能使互动朝良好方向发展。

（一）政府对培智学校与社区互动的影响

政府对培智学校与社区互动的影响，主要集中在为培智学校与社区互动提供保障、调控、经费投入等。

第一，决定培智学校与社区互动的发展方向。我国的基础教育主要是由国家举办和管理，政府的行为具有导向、调控和约束作用。在政策实施较好的地区，由政府推动的学校与社区互动的进展也比较顺利。因此，各级政府对培智学校与社区互动的认识程度会影响当地培智学校的社区融合程度。西方国家历来有重视教育的传统，美国等国家的法律规定加强学校与社会的联系。而我国在这方面的法律规定是相对薄弱的，对于特殊教育来说，更没有

---

❶ 咸克敏.浅谈如何应对多种类型残疾学生同校——现阶段培智学校教育职能的扩展［J］.中国校外教育，2011（8）：17-18.

明确的明文规定。现在，全国不少大中城市的政策对社区融合有了政府层面的支持行为，如宁波达敏学校的社区化就获得了海曙区政府的大力支持，其社区化在培智学校中也处于先列水平。因此，政府下一步如何引导培智学校与社区互动将决定未来社区融合的发展方向。

第二，影响培智学校自主发展权和课程开发等。与普通教育的发展相比，我国的特殊教育不受国家"高考指挥棒"的影响，培智学校的课程设置、课程开发有其一定的自主权。国家虽然也制定了《培智学校义务教育课程设置实验方案》，但那只是一个总括性的指导性文件。因此，国家在一定程度上允许培智学校自己开发校本课程，走适合学校情况的特色发展道路。近年来，各培智学校都纷纷依据学校自身特点，走特色发展道路。有的是以生活为依托，走综合课程的发展道路；有的是依据社区化教学走社区融合道路。政府对培智学校的自主发展的确认和课程开发的监督等都将直接影响培智学校后续的课程发展、学校整体发展。

第三，影响培智学校与社区互动的资源配置。人力、财力、物力以及地区间学校资源的配置都是影响培智学校与社区互动的资源。无论是社区课程的开发，还是融合活动，都需要其作为保障条件。对于个案学校来说，师资力量就是其开展社区融合的制约因素。由于户口的限制，京外户籍的优秀的特殊教育的本科生、硕士生是很难有机会进入北京的学校工作的。财力方面，个案学校在开展社区课程中避免不了有支出，这些费用除了学校在财政管理方面的精简节约，也需要政府提供支持。"巧妇难为无米之炊"，没有经济上的支持，学生无法走出校门，教师开展社区融合"心有余而力不足"，这些都会直接影响到社区融合。

（二）培智学校对本校与社区互动的影响

学校是开展教育活动的地方，是改革的基点，教育的中心和灵魂都在学校。培智学校与社区互动，是学校与社区这两个主体共同促进教育发展。因此，学校对社区互动的支持程度和方式直接会影响到互动的效果。

第一，"将"——培智学校与社区互动的领军人物。"一将无能累死三军"充分说明培智学校与社区互动需要强有力的领导者。作为培智学校发展的掌舵人，学校领导对学校发展的目标、策略、理念等都是影响学校与社区互动顺利开展的关键因素。因此，良好的社区互动需要具有创新意识、高瞻远瞩、教育教学理念先进的校长。

第二，学校的"融和育人"的团队影响学校与社区互动。首先，在"将"的基础上，学校需要建立核心团队来设计、实施。个案学校设立了以教导主任为核心的团队，下设三个学段的教学组长、行政组长共同构成核心小组。各个学段的教师在教学组长的带领下，从各自班级、学段的整体安排出发，结合学校的总体统筹，开展学校与社区互动。这样的形式，既保证了学校领导的统一管理，也保证各学段的灵活性。其次，学校与社区互动需要足够的教师。从社区课程开发的角度来说，课程的开发不能仅靠几名教师完成，需要有数量充足的教师完成课程设计、教学实施等。最后，学校与社区互动需要赋予教师充分的自主权。相比于以往培智学校的教师只要负责教学、学生管理，学校与社区互动需要教师更具备综合素质。

那么，培智学校的社区融合教师应该具备哪些基本的素质呢？（1）良好的职业道德素质。智力落后儿童的身心特点就决定了作为一名培智学校的教师比普通教师甚至比其他特校的教师更需要有耐心、毅力和爱心。培智学校的学生在教学、生活中都需要教师更多的耐心引导。（2）扎实的特殊教育专业知识。智障学生具有独特的身心发展特点，只有经过专门的特殊教育专业训练，熟悉智障学生的身心特点和发展需求，熟练掌握智障学生的教育方法，深谙特殊教育领域中的先进教育理念，这样才能在学校与社区互动中开发出适合智力残疾儿童的课程和融合活动。（3）灵活娴熟的社会交往能力。培智学校开展与社区互动，许多的实际工作是离不开教师实打实地与社区单位进行沟通、协商的。这就需要培智学校教师除了有专业的教学能力外，还需要有娴熟的社会交往能力。（4）团队协作的精神与创新意识。融合，从本身意义上就已经透露出了团队的意识。培智学校与社区互动不是单靠某一名教师就能达成的。它需要全体教师的支持，需要多方面的探讨。因此，它需要学校教师之间、教师与家长、社区的合作，这是学校与社区互动的基础。同时，融合是不断推进的过程，不是一成不变的。因此，这也需要学校、家庭、社区以学生的发展为中心，不断地发展。

第三，学校的文化氛围影响社区融合的开展。校园文化是在学校教育环境中，以学生为主体，以教师为主导，以培养人才为目标，由全体师生员工在教学、科研、管理等过程中所形成的具有本校特征的物质财富和精神财富的总和。[1] 学校通过对校园文化进行改革,引入积极的思想观念和健康的社会行为,这些将会被社会文化吸收和融合,也会对社会主流文化产生影响。加之,学校自身还具有文化辐射作用,会把学校文明撒播到社区,进而促进社区的精神文明建设。由此可以看出,学校的文化氛围对于社区是具有环境影响意义的。积极健康的文化氛围对社区的精神文明建设是促进作用,反之则会起到阻碍作用。因此,培智学校开展社区融合是对学校原有办学方式的颠覆,教学方式也不同于原有的,改变了传统的教学理念,因此,这就需要有包容性的学校文化。个案学校采取的"专家引领""理念加深""将教师送出去""教师说课"等措施,营造了积极向上、集体协作的校园文化氛围,为社区融合的开展起到了良好的推动作用。

第四,学校的物力资源是社区互动的保障性条件。社区课程的开展、融合活动的举办,这些都离不开良好的物质保障。课程的开发不是闭门造车,需要教师们大量的实践探索,在这些过程中避免不了失败。通过举办融合活动,学校能够与社区单位建立长期、深入的合作,这些都不是一蹴而就的,需要在长期的积累中才能慢慢显示出成就。这一切都需要学校不断提供物质保障。

(三)社区对培智学校与社区互动的影响

社会代表着当前时代背景下人类的真实生活场景,也是人类交流、互动、发展、娱乐的广阔空间。每一个人都享有平等参与社会生活的权利,培智学校的学生也同样如此。社区作为社会中的一个小缩影,是培智学校学生学习、生活的重要场所,其对培智学校的影响也是举足轻重的。

第一,社区的居民参与影响学校与社区互动的融合程度。我国《宪法》规定:"中华人民共和国的一切权力属于人民""人民行使国家权力的机关是全国人民代表大会和地方各级人民代表大会""人民依照法律规定,通过各种途径和形式,管理国家事务,管理经济和文化事业,管理社会事务"。可见,我国宪法就规定的公民需要参与到各种事物中,而上述的这种参与是一种广泛的参与。将这些参与放在社区发展的情境中就是居住在特定社区的居民参

---

[1] 史华楠,胡敏. 论校园文化研究的几个基本问题[J]. 扬州大学学报(高教研究版),2000(3):15-18.

加各类活动。社区居民参与学校的教育活动也是居民参与的一部分。目前，培智学校与社区的互动吸引了一部分居民参与到学校的教育活动中来，还有很多居民对残障儿童的认识、残障儿童的教育是没有深入了解的，这也直接影响到社区融合的程度。社区作为培智学校学生未来生活的主要场所，社区居民的参与程度是直接与融合程度相关的。

第二，社区文化环境决定培智学校与社区互动的文化氛围。社区文化有广义和狭义之分，广义指的是社区居民在特定区域内长期实践中创造出来的物质文化、观念文化和制度文化的总和。狭义是指社区居民在特定区域内长期形成的、具有鲜明个性的群体意识、价值观念、行为模式、生活方式等文化现象的总和。❶ 培智学校与社区互动也是受社区文化影响的。一是培智学校的学生走入社区需要社会对智障学生的接纳。融合教育的发展、和谐社会的构建都离不开社会对残障学生的接纳。一个社会对残障学生的接纳程度一定程度上代表了一个国家文明进步的程度。培智学校与社区互动，仅靠培智学校的一己之力是难以实现的。培智学校与社区互动，需要全社会尊重特殊儿童的平等的生存与发展的权利，这是培智学校与社区互动的基础。二是社区的协调和沟通功能影响培智学校与社区互动的效果。好的社区文化环境可以把学校教育和社区教育紧密联结在一起，学校能自如安排学生的社区活动，使得学生进入社区、体验社区生活。互动的效果取决于学校与社区的沟通、协调。社区的协调能力越强，学生走入社区的可能性越大，学生的发展也就更大。

第三，社区的主动性、长期深入合作制约培智学校与社区互动的双向发展。培智学校与社区互动仅靠学校抛出"橄榄枝"不断寻求合作、发展的机会是远远不够的，社区人士参与培智学校的社区融合也不仅仅是靠培智学校的"苦苦哀求"就能深入进来的，这需要社区主动。无论是社区课程还是融合活动，都不是通过一次活动就可以让智力落后儿童融合进入社区、回归社区。智力落后儿童的特点决定了其需要教师、社区人员长期耐心指导。学校与社区可以就课程、学生的就业等与社区开展深入、长期的合作。对于社区人士来说，对残障儿童的观念也不是一朝一夕就变化的，也需要长期、多次

---

❶ 奚从清. 社区研究——社区建设与社区发展 [M]. 北京：华夏出版社，1996：193.

的接触才会变化。因此，培智学校与社区互动需要社区的长期深入。

（四）家庭对培智学校与社区互动的影响

家庭对智力残疾学生的成长起着关键作用。

第一，家庭的教育观念影响学校与社区合作。培智学校与社区互动，根本目的是学生能够在未来可以生活在社区，工作在社区，学生的发展也就不仅仅局限于智力的成长，更多地还有生活能力、适应能力。如果家长还停留在学生需要掌握多少汉字、会算多少算数题的教育观念上，那将会与培智学校开展社区融合的出发点和归宿相背离，家长也很难参与到学校与社区互动中来。

第二，学校与社区互动需要家长参与。在社区课程中，课程的设计需要家长向教师提供学生在家的生活情况作为教师制定课程目标的基础。同时，在实践课之前需要家长带着孩子做一些必要的准备和尝试。在实践课之后，需要家长协助教师在平时生活中将学习的知识进行巩固和练习。在融合活动中，一方面需要家长能够陪同学生一起参与，陪伴学生的成长，另一方面也需要家长发挥所长能够将更多知识、技能教给学生。

总之，家长充分参与到学校与社区互动中是其重要的保证。

二、培智学校与社区互动的模式建构

结合上述分析，根据融合教育的理论视角，培智学校与社区互动是一个探索"合""和"之路为核心的过程，是两者共生发展、利益共同体的模式。

第一，走向"和"是培智学校与社区互动的终极价值追求。培智学校与社区互动正是为了学生融入社区、学校与社区和谐发展。

从"融"到"合"再到"和"是培智学校与社区互动的三个阶段。《现代汉语辞典》中"融"的释义为：调和，和谐；流通。"合"的释义为：闭，对拢；聚集。"和"的释义为：相安，谐调；和顺，平和；和睦，融洽。❶这三者从字典中的意思都有其相近之处，而个案学校取"融合"和"融和"两词有学校的出发点和内在意蕴。从"融"到"合"再到"和"是个案学校在国际融合教育的背景下结合中国特色社会主义的发展道路深入实践中国式融合教育的过程，是个案学校的中国特色的融合教育。

---

❶ 中国社会科学院语言研究所词典编辑室编.现代汉语辞典[M].北京：商务印书馆，2012.

结合个案学校与社区互动的历程可以看出："融"是学校走向社区，更多的是学校主动的走近；"合"是社区接纳培智学校、特殊儿童。相比"融"阶段，"合"阶段的社区对培智学校的接纳程度有很大提高，且社区对培智学校、残疾人的观念开始转变，逐步和国际平等、参与的残疾人观念接轨。"和"是培智学校和社区两个主体在利益共同体下的共生发展，"和谐"也是培智学校与社区互动的终极追求，以求达到学生与社区共和谐、学校与社区共和谐、社会共和谐。

第二，围绕"合""和"，培智学校与社区互动体现了"双赢""利益共同体""改革发展"三个典型特点。

"双赢"表现为培智学校与社区在互动合作的过程中都有其各自的"出发点"，在"共赢"的目标下达成互动合作。"利益共同体"表现为培智学校与社区为了共同的目标，不以牺牲对方的利益为代价，而是双方通过共同体扩充或相互输送利益，达到共赢的目标。

"改革发展"表现为社区的发展只有坚持"人"的进步，才能实现社会的真正进步。残障学生作为社区中的一员，社区发展需要将其纳入，实现真正的社区发展。培智学校需要在这个过程中要有所作为。

"双赢""利益共同体"和"改革发展"也勾勒出了培智学校与社区的互动模式是共生的、具有利益相关的、致力于改革发展。正因为此，培智学校与社区才能够从最初的"融"走向"合"再向"和"发展。

第三，培智学校与社区互动，目前是以"学校为主导"的，而学校的"将"、融合团队、文化氛围、物力资源是支持培智学校与社区互动的四大主要力量。

培智学校为"主导"的社区互动，是学校方面做出了更多的努力，而支持学校能坚持走"融和"道路的主要力量就是学校的"将"、融合团队、文化氛围、物力资源。"将"表现为学校的领导者需要有先进的教育理念、把握学校发展的整体观以及强有力的领导力量。"融合团队"是培智学校有一个核心的团队来开展培智学校与社区互动。"文化氛围"是学校的"融和育人"氛围已经深入人心，为培智学校与社区互动定下良好的基调。培智学校与社区互动离不开人力、物力、财力的"物力资源"的支持。

第四，培智学校与社区互动并不是一项孤立的活动，它受学校、社区、家庭、政府等外部环境因素的影响。这四者共同作为培智学校与社区互动的服务支持体系。

政府对培智学校与社区互动的影响，主要集中在为培智学校与社区互动提供保障、调控、经费投入等。家庭也是培智学校与社区互动不可缺少的力量之一。家长的教育观念会影响培智学校开展社区融合，同时，培智学校与社区互动需要家长与学校的合作，更需要家长的亲身参与。社区是培智学校学生未来生活的主要场所，培智学校与社区互动以社会融合的理念为基础，需要社区单位、个人的广泛配合，需要社区对培智学校学生的接纳。只有这样，培智学校与社区互动的价值才能得以体现。

综上所述，培智学校与社区互动的模式可以用图6-1来说明：

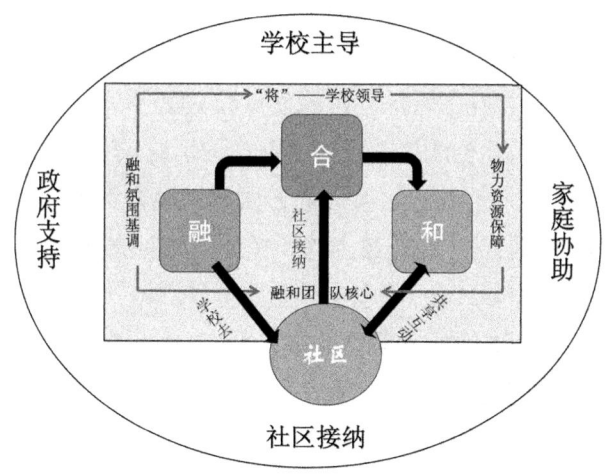

图6-1 培智学校与社区互动模式

总之，培智学校与社区互动的"融""合""和"与融合教育理论中的"接纳""参与"是一致的。融合教育是一种教育理论，也是一种态度、价值和信仰系统。❶ ABC常用来表达融合教育中的接纳（acceptance）、归属感（belonging）和社区感（community）。对于残疾人而言，不管是在普通学校接受教育还是在社区接受教育，关键是在获得教育中能够被他人接纳，不被他人所排斥。具体说来，一是在学习和生活中能够收获他人接纳的态度。这种

---

❶ 彭兴蓬. 融合教育的价值追求及社会支持系统的建立 [M]. 教育研究与实验, 2014 (3): 74-77.

态度能够让智力残疾学生获得自信，并把自己融为集体中的一员。二是智力残疾学生能够在学习、生活中获得参与的成就感。培智学校与社区互动的过程中，智力残疾学生在参与课程、融合活动的过程中自我价值得到了充分体现，能够在这过程中感受到自己是"受欢迎的人"，进而得到了自我的接纳。三是培智学校不论是在理论上探索融合教育，还是从学校与社区互动中实践融合教育，都是融合教育的延伸和发展。培智学校的做法理所应当得到社会的认同和支持。

"融"—"合"—"和"是个案学校根据国内外融合教育发展情况、结合校情发展的具有中国特色的特殊教育理论。虽然融合教育的目标及价值观已被世界各国所认同，但是各国特殊教育的发展都有其特定的社会文化土壤的。融合教育理论中强调地方发展，不认同每个国家都用同样的方式发展。朴永馨先生曾说："国外没有任何一个国家可以为解决中国几百万残疾儿童教育准备好现成的药方；我国特殊教育的发展模式必须建立在我国特有的国情与文化传统之上，对西方的文化传统、教育哲学应该采取拿来主义的态度，不能照搬。"❶ 个案学校走与社区互动的方式开展融合教育是与我国的实际情况相符、是建立在我国的文化传统上的，也是世界融合教育发展的一部分。

和谐社会是我国在 21 世纪提出的社会发展目标，其价值基础是公平正义。❷ 同样，融合教育的发展也需要公平、平等的社会基础，需要社区乃至全社会为包括智力残疾儿童在内的残疾人的教育提供充足的支持与服务。融合教育的终极目标是人人都可以享受平等的教育，人人拥有平等的教育权。这些与我国构建和谐社会中所追求的公平正义是一致的。培智学校与社区互动需要完善的法律制度、社会保障制度、经济制度等。和谐社会的目标为融合教育在中国本土的发展奠定了良好的社会基础；个案学校把"和谐"与学校发展、学生发展、社区发展融为一体，是中国的特殊教育学校对融合教育的深度实践。

---

❶ 朴永馨. 努力发展有中国特色的特殊教育学科 [J]. 特殊教育研究, 1998 (1): 1-3.
❷ 刘哲昕, 张云. 公平正义是社会主义和谐社会的基本要求 [J]. 党建研究, 2007 (4): 23-24.

第三节 从融合到融和：培智学校与社区互动的启示与建议

智力落后儿童的教育要建立开放式、融合式的教育观念，学生在学校、家庭、社区中都应该是主体地位。社区参与使得培智学校的教育与社区产生了宽广的联系，学校教育与社区教育也开始走向融合，能够加强学生教育决策的科学性和实效性，从而能使学校获得更为广泛的生存和发展空间。从国内外特殊教育的实践经验来看，无论是特殊教育的教师，还是社区中的单位、居民，逐渐对学校与社区互动有了更深的理解。我国的特殊教育学校与社区互动受教育体制和教育观念的限制，在实践发展中还存在很多不足，更需要在观念发展、运作机制、方式内容、结构转变上进行创新和改良。因此，本文提出以下建议。

一、前提条件：坚持以学生为本，并与个别化教育相结合

人是教育的中心，也是教育的目的；人是教育的出发点，也是教育的归宿；认识教育的对象，也是教育的根本和主体；教育的终极目的，就是要充分肯定和尊重主体，开发和提升人的主体性，创造和彰显人的主体价值。❶ 在培智学校与社区互动中，不仅仅是互动的方式问题，更重要的前提条件是尊重残障学生的平等教育权、发展权；坚持以学生为本制订培智学校与社区互动的计划、依据和导向，把满足残疾儿童的教育需要，促进社区的居民发展作为培智学校与社区互动的出发点和基本宗旨。

根据马斯洛的需求理论，人的需要是具有多层次的。同样，智力落后儿童也是如此。与此相适应的是，需要把学生的需求和居民的学习需要朝向制度化、经常化发展；社区课程资源也应该大力建设，充分扩充社区课程资源的内容与种类、数量，达到学生有什么需求都能在"菜谱"上成功"点单"；学校与社区互动的内容要精彩多样，使得两个主体各有所学，各有所获。随着经济文化的不断发展，人们对生活质量、精神文化生活的追求是日趋迫切的，培智学校与社区的互动更需要把人的幸福、自由、权利、尊严等都联系起来，和教育的终极理想、生命价值联系起来。

---

❶ 陈乃林. 坚持科学发展观指导社区教育 [J]. 成人教育, 2005 (4).

二、机制保障：优化合理的互动运行机制

培智学校与社区互动是双方向的，既包括社区对学校的管理、支持和帮助，也包括学校对社区的开放、支持和服务。两者的良性互动，指的是学校和社区中的成员，家庭、机构、组织，通过既定的活动方式，实现双向交流与合作，通过组织计划性、连续性的活动，加强学校内部成员和社区成员、家长对学校教育目的、教育需要、活动、成果的交流沟通，在这个过程中达成共识、形成决策，因而促进教育活动的根本性改变，使得学生达到最优的学习效果，促进学生的自我发展和社区居民的精神文化生活质量。❶ 在培智学校与社区步入一体化的过程中，要实现培智学校与社区互动的良性运行，必须有一定的机制做保证。

（一）目标导向机制

如同学校教育中的教育目标一样，培智学校与社区互动需要有目标作为导向，指引学校与社区互动的发展方向。培智学校与社区互动是在平等基础上的物质、信息和人力资源的交流和共享，培智学校在互动中的作用最为关键，它作为社区文化价值的实践主体，其社区教育功能和社区服务功能，是社会发展的现实需要，也是能够提升智力落后儿童生活质量、回归社区的重要拉动力量。因此，培智学校更应作为社区融合的动力来源，引导社区融合健康发展，其目标的确立，很大程度上决定了互动的性质和效果。因此，培智学校在确定学校的发展目标时，一定要树立融合教育观，开放式办学。拟定学校发展目标、培智学校与社区互动的整体发展目标以及实现此目标的行动规划等。因此，现代特殊教育学校的所应追求的目标应该在坚持"以人为本"的基础上，内容不仅要包含学校学生的全面、多元化、差异化的发展，更应该包含校长、学校员工的专业化发展，培智学校所在社区的可持续性、主动性的发展。

（二）发展机制

培智学校和社区有着不同的发展目标，两者结合到一起共同为一个目标而努力时更加需要发展机制的创新来进行保障。从培智学校来说，融合教育

---

❶ 符登霞. 学校与社区的互动关系研究 [D]. 湖南大学，2009.

的发展和教育对象的变化给学校带来了新的挑战,旧有的教育模式已经不能适应时代的发展,改革是势在必行的。培智学校需要围绕本校的办学理念、发展目标,构建现代培智学校发展的理念。在培智学校与社区互动中,培智学校需要根据融合教育新的发展需求,对学校管理的各个要素进行系列的创新整合。比如,在实施社区课程中,要从以制度为主,理念上的学生为主,实际上教师主导发展,在管理上将制度与人进行有机结合,激发教师和学生的创造性,进行多样化、动态化的评价。从社区来说,也可与培智学校根据自己实际和特定情况共同建立各种组织,如"志愿者团体""学校服务组""家长委员会""社区委员会"等,通过这些组织建立培智学校与社区的广泛合作,对于培智学校发展和社区发展都有积极的意义。

(三) 保障机制

培智学校与社区的互动是一个动态过程。从培智学校与社区的外部来看,为保障这两者能够进行良好互动,需要各种力量形成整体的平衡机制,营造培智学校与社区互动的优良大环境,这就是培智学习与社区互动所需要的保障机制。

第一,经费保障。目前,我国的培智学校开展社区互动没有专门的经费投入,经费短缺也是制约培智学校开展社区互动的一个重要因素。一方面学校可以利用项目合作的形式吸引社区内的组织(如企业、团体、商业联合会等)向学校进行投资,同时也给予他们学校管理中的一些权利,以此推动学校的开放式发展,这样也是可以节省开支的。另一方面学习西方国家的做法——鼓励民众对学校进行捐助。这也是学校利用外部资金办学的一种方式,可以使学校在硬件和软件设施上获得社区热心人士的帮助。在我国,一些发达城市的社区也可以鼓励社区中的公益人士、热心团体进行踊跃捐助,参与学校的教育活动。❶

第二,政策法规保障。我国的学校与社区互动还处在启动和初步发展阶段,还没有专门的法律法规来对学校与社区互动进行规范化指导,同时,学校与社区的权责也没有划分清楚。所以,应该制定专门的法律法规用于管理学校与社区互动、确立相应的保障机制、学校教育与社区资源的共享机制、

---

❶ 李春生,康瑜. 终身学习背景下学校和社区关系的重建 [J]. 比较教育研究,2002 (4).

资金来源、学校与社区互动的评价等，保障学校与社区互动的顺畅、共同发展。与之相适应的是，同样应该把学校与社区互动的良性发展列入现在比较推崇的社区发展和学校发展规划中，这是另一种方式让学校与社区的互动走向体制化、规范化。

三、发展动力：双方积极参与互动

双向参与模式是把学校与社区结合起来发展社区教育的一种新的教育模式。这种模式主要是社区既要支持学校教育，也要参与到学校教育中，把学校教育放在社区发展的整个体系中，为学校的教育发展创造各种条件；反过来学校也需要适应社区的发展趋势，为社区的经济、文化等服务。这种模式的基本特征是学校与社区相互支持、相互参与、共同发展。❶

培智学校与社区的双向参与模式能积极调动社区的力量参与到培智学校的教育中来，同时培智学校也能够为社区服务，增强学校、家庭和社区这三者之间的联系，促进培智学校与社区的共同发展。这种互动式的发展，最根本的目的是为每一个人提供展示和发展自己才能的机会。参与也是实现自我价值，满足个人深层次需要的方式之一，让社区成员在过程中学会如何参与，实现社区与人的良性互动，吸引和开发人力资源的"教育场"。❷

培智学校与社区这两个主体要建立互动的关系，或有价值观的共享，不是把这两者置于一个社区中就可以天然形成的。这两者之间合作关系、互动关系是否能够建立取决于双方的共同努力，也取决于两个主体内部的动力程度。只有有了强烈动机和愿望才能够促成良性互动的动力机制的形成。只有两者在资源上有一定的互补，这才是双方建立互动关系的前提条件。如若学校和社区彼此都不需要对方的资源，那么两者就完全没有必要进行互动，动机也就完全缺乏。❸ 对于培智学校来讲，学校拥有很多教育资源和智力库，完全可以在现今大力构建终身型学习社区中发挥优势作用。社区方面，其拥有大量的校外教育的资源（如学习基地、课外教师等），完全可以主动与学校合

---

❶ 苏丹兰. 走向21世纪：构建我国城乡社区与学校教育的双向参与模式 [J]. 山东教育科研，1999（6）：22.

❷ 杨向群，项复民. 参与式：社区教育最深层的发展——用科学发展观指导社区教育的思考 [J]. 成人教育，2004.

❸ 刘淑兰. 学校与社区的互动 [M]. 四川教育出版社，2003：88.

作，参与学校的教育及管理，提供社区资源，加强学校教育的成效。

四、互动核心：互惠发展能力提升

培智学校与社区互动合作，应该以学校与社区的互惠发展、双方人员的能力提升为核心。

从培智学校方面来说，无论是学校管理者还是学校教师都应该加强对学校与社区互动的理论学习，正确认识培智学校与社区互动给学校和社区带来的效益，进而提高学校教师的素质和能力、学校的整体发展水平，利于学校在与社区互动的过程中做出最佳决策。同时，要多发掘教师在社区互动中的积极性与创造性，探索合理有效的途径。另外，培智学校还可以在教师的整个职业发展过程（包括职前、入职、职后等）中开展与社区互动的教师培训，培养教师参与社区、互动社区的能力。

从社区方面来说，社区人员对特殊教育、特殊儿童的发展特点了解还不够多，社区人员应该加强对特殊教育的理解、对特殊儿童的认识，应该树立"融合"的观念；还应该提高社区工作者、社区教育者的工作能力。在实际工作中，社区积极与培智学校联系，用互动合作的实际行动来支持智力残疾儿的发展、培智学校的教育工作。

第四节　研究结论与建议

一、研究结论

首先，培智学校与社区互动是培智学校发展的必然选择，依托于融合教育的发展。培智学校与社区互动，是在培智学校的学校发展过程中，顺应培智学校生源变化、特殊教育教学课程理念的变化，学生的现实发展需要、家长的需求和教师教学中的困惑而做出的必然选择。

个案学校为推进与社区互动，进行了多年的实践探索。第一，学校依托于融合教育的先进理念经过开放型社区—社区融合—融和育人的三个发展阶段，以社区课程和融合活动为学校与社区互动"两条腿"进行了长期的、分阶段的、逐步深入的实践探索。第二，学校从课程设置、师资配备、分段管理、德育渗入等多方面对学校进行与社区互动的组织和管理。第三，在此基础上，培智学校从物质条件保障、师资研讨等方式对学校与社区互动给予支持和保障。

培智学校与社区互动中，从全校的办学理念、学生的发展目标，到学段的社区融合目标，从班级的社区课程、融合活动到学段的社区课程体系，这都是逐步发展的过程，也是与融合教育在中国的发展相契合的。

其次，培智学校在与社区互动中面临着理念与实践的多重挑战。"融合"发展已经成为培智学校发展过程中的共识，但是，对于"什么是'合'、什么是'和'""什么是学校如何与社区互动"人们存在着不同的看法，每个人的看法都是基于自身的知识体系和实践经验的。在"社区课程"和"融合活动"的社区互动的"两条腿"中，需要协调"学科课程"与"社区实践课程"，学校"改革"与"质量"的关系，只有将这些矛盾和冲突不断协调才能实现培智学校与社区的互动。

再次，培智学校与社区互动是一个从"融"到"合"再到"和"的过程。培智学校与社区互动不是一蹴而就、一劳永逸的。培智学校要达到"融和育人"的目标，需要经历从"融"到"合"再到"和"的过程。"融"是培智学校在发展的过程中加入社区参与，"合"是社区发展的过程中考虑培智学校的教育发展，"和"是两者最终能够达到和谐统一发展。培智学校与社区互动是"融""合"而至"和谐"，"融"到"和"的社区融合之路。现在培智学校开展的社区融合还停留在"融"的阶段，"合"以及"和"还未深入触及，因此，培智学校与社区互动的道路还是漫长的，需要培智学校的继续深入探索。

最后，培智学校与社区互动离不开政府、家庭、社区三位一体的支持。培智学校与社区互动并不是学校的"单簧"，它受政府、家庭、社区等外界因素的影响。

政府决定培智学校与社区互动的发展方向，影响培智学校自主发展权和课程开发，影响培智学校与社区互动的资源配置。培智学校的"将"是培智学校与社区互动的领军人物，学校的"融和育人"的团队影响学校与社区互动，学校的文化氛围影响社区融合的开展，学校的物力资源是社区互动的保障性条件。社区的居民参与影响学校与社区互动的融合程度，社区文化环境决定培智学校与社区互动的文化氛围，社区的主动性、长期深入合作制约培智学校与社区互动的双向发展。家庭的教育观念影响学校与社区合作，学校与社区互动也需要家长参与。

二、研究反思与后续研究建议

（一）本书的创新

首先，在研究视角方面，本书采用融合教育的理论作为主要理论视角解读培智学校与社区互动的历史、发展过程，探讨了培智学校与社区互动过程中的问题与困惑，提炼出了培智学校与社区互动的本质特征，搭建了培智学校与社区互动的实践与理论探讨的桥梁，体现了理论视角的创新。

其次，在研究方法方面，本书采用质的研究方法，通过长期的实地研究，从个案出发，从现象到问题，逐层剖析培智学校与社区互动的特点和本质。本书是以实证研究的方式，为后续对培智学校与社区互动领域的混合研究或者量化研究奠定基础。

最后，在研究结果方面，本书以培智学校与社区互动的原因、过程发展和困惑作为研究线索，从学校整体的组织管理，到社区课程、融合活动，从学校教师到社区人士、家长，从学校的具体操作到学校、社区、家长的具体想法，对培智学校与社区互动进行系统整体研究。通过对学校社区课程、融合活动以及学校社区融合的脉络化的资料整理与解读，进一步深化我国特殊教育领域内的培智学校的社区化研究，丰富了培智学校社区化的研究成果，同时也为培智学校未来的社区融合实践提供了借鉴和参考。

（二）本书的局限

本书采用质的研究方法，以融合教育理论为主导结合社区发展理论、学校发展理论对培智学校与社区互动进行研究。尽管质的研究方法得到了很多社会学研究者的认可，但是这并不排除人们对它的争议。在研究过程中，我也尽可能按照质的研究方法的研究范式进行资料收集和资料分析，但是本书仍然不可避免地存在局限性。

首先，从研究方法上来说，质的研究方法本身会带来很多质疑，涉及价值中立、研究的代表性问题。从本书来说，在学校内部尽可能通过访谈人数、长期的实地研究、搜集多方面的资料；在学校外通过社区单位、社区个人、志愿者、家长多方的访谈来尽可能呈现出个案学校与社区互动的全貌。但是质的研究中分析资料的过程、意义建构的过程，即便分析真实客观也无法做到与真实生活一一对应。

其次，从研究对象上来说，本书试图从学校、社区、家长、行政领导层多方面对培智学校与社区互动进行研究。但是在实际的访谈中，行政领导层的访谈没有成功，社区方面也是选择了与个案学校有互动活动的单位作为访谈对象，数量还是有局限。

最后，从研究时间上来说，个案学校从早期的"开放型社区"到现在的"融和育人"已经有10多年的历史，而我在个案学校的研究时间只有整整一个学期的时间。因此，对于个案学校前十几年的历史，大多是通过学校老教师、前任校长的访谈叙述以及学校以前的历史资料所获得。加上，我在个案学校期间，由于所在区对安全问题等各项政策的限制，学校开展的家校合作的活动有所减少，融合活动整体上比以往的年份要少一些，这在一定程度上也影响了研究的整体性。

（三）后续研究建议

首先，研究对象方面，培智学校与社区互动还需要更广泛深入的研究。当前关于培智学校与社区互动的研究还比较少，本书考虑到时间和精力的限制，只选择了北京市的一所培智学校作为研究对象进行探索。对北京市之外的，不同经济发展水平的其他培智学校的研究较少。本书虽然在培智学校社区化中有代表性，但是难以囊括其他培智学校的社区融合的模式。在后续的研究中，可以进一步扩大研究范围，以更多培智学校的社区融合作为研究对象，探索我国培智学校社区化的全貌。

其次，研究内容方面，本书侧重于对培智学校与社区互动的方式和现状特点分析，而没有就如何能够更好地推进培智学校与社区互动的实际措施和问题而展开详细的研究。在以后的研究中，可以采用适合培智学校校情的行动研究方式，使研究者与一线教师一起发现问题、分析问题、解决问题的研究，从而加强培智学校社区化的实际效果，使研究更具有现实意义。

最后，研究方法方面，本书采用的是质的研究方法，由文献的整理到访谈提纲的设计，能够感受到质的研究中的艰辛和不易。有许多临时状况得临时应变，被访谈者对研究者的使用词汇还会有一些不能够一次理解的情况。因此，在以后的访谈中，要尽可能使用被访谈者容易理解的词汇。

三、研究心得

在研究之初，我的心情是忐忑不安的。相对与普通教育领域中的学校与社区互动，特殊教育领域中的培智学校与社区互动还太陌生。在通过宁波达敏、北京的个案学校进行前期调研外，最终确定了选题之后，即着手了解了个案学校前些年的社区课程的资料，社区融合的课题资料，对于不擅长做历史资料脉络梳理的我是项极大的挑战，深刻体会到了不足。资料整理的过程也是烦琐的，从最开始琳琅满目的节点，到最后成体系的编码表，再到体系化的分析，这些过程都充满了挑战。写作的过程中，经常会觉得"分裂"和"统一"的思维，时常会审视自己的视角和客观性，这个过程充满了无法言喻的忐忑，心情也是紧张、谨慎的，就像呵护自己的"孩子"般珍视它，过程虽然艰辛，但是收获满满的。

培智学校的社区化在中国的特殊教育发展中还处于初步阶段，以现在特殊教育人才紧缺、特殊教育学校发展需要冲破藩篱的状况来说，社区化对培智学校、社区都是双赢的。在学校调研期间，看到教师们为智力落后儿童走出校园所付出的努力，也激发了我对特殊教育的热情；看到社区单位的领导、志愿者、社区教师对培智学校社区融合的支持，也让我看到了培智学校社区化的前景；无论是培智学校还是社区人员、企业、家长，都有各自的艰辛，也对他们感到敬佩；希望自己在未来的研究中能真实地去为培智学校的学生们尽我力所能及的一份力量。

我的努力，我对培智学校学生的那份爱，对特殊教育教师的那份敬佩，对未来培智学校发展的那份热忱，都离不开大家对我的关爱、帮助！

参考文献

中文参考文献

中文著作

[1] 陈建华. 中小学发展规划 [M]. 北京：北京大学出版社，2013：43.

[2] 陈向明. 教师如何作质的研究 [M]. 北京：教育科学出版社，2001：12.

[3] 陈向明. 质的研究方法与社会科学研究 [M]. 北京：教育科学出版社，2001.

[4] 邓猛，颜廷睿. 融合教育理论反思与本土化探索 [M]. 北京：北京大学出版社，2014：70，90，180.

[5] 范明林，张洁. 学校社会工作 [M]. 上海：上海大学出版社，2005：159.

[6] 国家教育委员会基础教育司，中国残疾人联合会. 教育部特殊教育文件选编（1990—1995）[M]. 北京：人民教育出版社，1995.

[7] 冯大鸣. 美澳教育管理前沿图景 [M]. 北京：教育科学出版社，2004：119.

[8] 斐迪南·滕尼斯. 共同体与社会——纯粹社会学的基本概念 [M]. 林荣远，译. 北京：商务印书馆，1999：71.

[9] 雷江华. 融合教育导论 [M]. 北京：北京大学出版社，2012：35.

[10] 林玉体. 智障儿的教养 [M]. 台北：时报文化出版企业有限公司，1989：210-240.

[11] 刘淑兰. 学校与社区的互动 [M]. 成都：四川教育出版社，2003：63.

[12] 刘全礼. 特殊教育导论 [M]. 北京：教育科学出版社，2003：71.

[13] 刘淑兰. 学校和社区的互动 [M]. 成都：四川教育出版社，2003：16.

[14] 刘欣宝. 家校合作创新模式与国内外经验借鉴 [M]. 哈尔滨：哈尔滨地图出版社，2006：183-266.

[15] 鲁洁. 教育社会学 [M]. 北京：人民教育出版社，1990：362-363.

[16] 朴永馨. 特殊教育辞典 [M]. 北京：华夏出版社，2006.

[17] [美] 倍唐·倍根，格莱叶. 学校与社区关系 [M]. 7版. 周海涛，主译. 重庆：重庆大学出版社，2003.

[18] 潘慧玲. 教育研究的取径、概念与应用 [M]. 上海：华东师范大学出版社，2005.

[19] 孙建荣，冯建华，等. 憧憬与迷惑的事业——美国文化与美国教育 [M]. 北京：中国社会科学出版社，2000：155.

［20］唐忠新. 现代城市社区建设概论［M］. 上海：上海交通大学出版社，2008，278.

［21］奚从清. 社区研究——社区建设与社区发展［M］. 北京：华夏出版社，1996：193.

［22］徐云，施旒英，汪文鋆，等. 弱智儿童教育经验精选［M］. 杭州：浙江教育出版社，1990：36-37.

［23］徐永祥. 社区发展论［M］. 上海：华东理工大学出版社，2001.

［24］徐震. 社区发展在欧美［M］. 台北：编译馆，1983.

［25］文森特·帕里罗，等. 当代社会问题［M］. 周兵，等，译. 北京：华夏出版社，2002：29.

［26］吴铎，张人杰. 教育与社会［M］. 北京：中国科学技术出版社，1991：200-203.

［27］于显洋. 社区概论［M］. 北京：中国人民大学出版社，2005：28.

［28］张福娟，马红英，杜晓新. 特殊教育史［M］. 上海：华东师范大学出版社，2000：296.

［29］张景元，赵悌尊，焉晋占. 社区康复教材［M］. 北京：华夏出版社，1996：8.

［30］郑杭生. 社会学概论（新修）［M］. 北京：中国人民大学出版社，2003.

［31］郑金洲. 教育通论［M］. 上海：华东师范大学出版社，2000：143.

［32］周甲禄，邓猛，袁朝. 中国残疾儿童教育纪实［M］. 武汉：湖北少年儿童出版社，1997：6.

［33］曲学利. 听障儿童康复教师职业道德修养［M］. 北京：新华出版社，2004.

中文期刊

［1］布文锋. 论盲生社会交往障碍及其解决对策［J］. 中国特殊教育，2001（1）：42-55.

［2］曹子平. 上海市智障人士社会融合实践研究［J］. 中国特殊教育，2006（9）：26-29.

［3］陈明龙. 青少年思想道德教育与社区文化的相关问题研究明［J］. 青少年研究，2004（1）：17.

［4］陈云英. 中国特殊需要在线远程咨询报告［J］. 中国特殊教育，2004（9）：1-7.

［5］陈正良. 论社区环境对青少年的德育效应［J］. 宁波大学学报（教育科学版），2001（2）：65-67.

［6］陈乃林，孙孔懿. 终身教育与社区发展［Z］. 2000年终身教育国际研讨会交流材料.

［7］党建强，常广玲. 构建和谐社会呼唤树立新的残疾人观［J］. 中国特殊教育，2005（6）：51-54.

［8］邓猛. 关于融合教育学校课程调整的思考［J］. 中国特殊教育，2004（3）：1-7.

［9］邓猛. 从隔离到全纳：对美国特殊教育发展模式变迁的思考［J］. 教育研究与实验，1999（67）：4.

［10］邓猛. 社区融合理念下的残疾人康复服务模式探析［J］. 中国特殊教育，2005（8）：

23-27.

[11] 邓猛, 潘剑芳. 关于融合教育思想的基点理论回顾及其对我们的启示 [J]. 中国特殊教育, 2003 (4): 1-7.

[12] 邓猛, 肖非. 全纳教育的哲学基础: 批判与反思 [J]. 教育研究与实验, 2008 (5): 18-23.

[13] 邓猛, 朱志勇. 随班就读与融合教育: 中西方特殊教育模式的比较 [J]. 华中师范大学学报, 2007 (3): 125-130.

[14] 丁启文. 社区的意义 [J]. 中国残疾人, 2002 (5): 12.

[15] 傅建明. 教师与校本课程开发 [J]. 教育研究, 2001 (7): 58.

[16] 郭悠悠, 刘林. 残疾人社区康复的历史与现状 [J]. 中国农业大学学报 (社会科学版), 2011 (3): 154-157.

[17] 韩传信. 试论学校与社区和谐互动德育机制的建立明 [J]. 教育研究, 2009 (8): 108.

[18] 黄匡时, 嘎日达. 社会融合理论研究综述 [J]. 新视野, 2010 (6): 21-24.

[19] 黄兆辉, 万荣根. 社区: 融合教育实施的重要场域 [J]. 教育发展研究, 2008 (23): 79-81.

[20] 黄巍, 王晓燕. 学校与社区关系及其改善策略 [J]. 教育科学, 2006 (5): 25.

[21] 李燕. 试论社区课程资源的开发 [J]. 西南民族大学学报 (人文社科版), 2003 (12): 175-177.

[22] 李春生, 康瑜. 终身学习背景下学校和社区关系的重建 [J]. 比较教育研究, 2002 (4): 47.

[23] 李卫英. 学校与社区互动的机制分析 [J]. 玉溪师范学院学报, 2007 (1): 44.

[24] 李卫英, 李鹤松. 学校与社区关系的社会学分析 [J]. 四川教育学院学报, 2007 (3): 2.

[25] 李松林, 金志远. 学校的社区教育属性及其功能分析 [J]. 职教论坛, 2006 (10): 49-51.

[26] 厉以贤. 社区教育—终生教育—学习社会 [J]. 成人教育学刊, 2002 (2): 7.

[27] 刘丽群, 张文学. 美国社区课程资源开发及其对我国教育的启示 [J]. 学前教育研究, 2007 (5): 53-54.

[28] 刘兴春. 社区弱自主性下的学校行为分析 [J]. 当代教育科学, 2008 (8): 8.

[29] 刘佳芬. 培智学校社区化教学模式的实践探索 [J]. 现代特殊教育, 2012 (1): 8-11.

[30] 刘哲昕, 张云. 公平正义是社会主义和谐社会的基本要求 [J]. 党建研究, 2007 (4): 23-24.

[31] 林友华. 从社会工作角度正视残疾人的社会问题 [J]. 闽江职业大学学报, 2002

(3)：11-15.

[32] 李东泉. 中国社区发展历程的回顾与展望 [J]. 中国行政管理，2012 (5)：77-80.

[33] 刘昊. 社区中的教育资源对于推行全纳教育的作用 [J]. 中国特殊教育，2003 (6)：7-9.

[34] 梁涌，等. 论社区发展 [J]. 宁波大学学报（人文科学版），2000 (12)：83-88.

[35] 江雪梅，褚宏启. 学校发展过程研究 [J]. 教育理论与事件，2011 (5)：18-22.

[36] 戚克敏. 浅谈如何应对多种类型残疾学生同校——现阶段培智学校教育职能的扩展 [J]. 中国校外教育，2011 (8)：17-18.

[37] 玛丽娅·里塔·索尔莉. 关于残疾人的立法问题 [J]. 特殊教育研究，1994 (3)：28-32.

[38] 马珍珍，张福娟. 聋校初中学生同伴交往情况的调查研究 [J]. 中国听力语言康复科学杂志，2008 (30)：35-37.

[39] 马红英. 智障人士社会接纳度调查 [J]. 中国特殊教育，2007 (3)：6-11.

[40] 彭茜，郭凯. 家庭、学校、社区合作的功能及其运作机制 [J]. 教育评论，2001 (4)：29.

[41] 彭兴蓬. 融合教育的价值追求及社会支持系统的建立 [J]. 教育研究与实验，2012 (3)：73-77.

[42] 彭兴蓬，邓猛. 博弈与融合：社会分层背景下的全纳教育研究 [J]. 外国教育研究，2013 (8)：45-53.

[43] 朴永馨. 融合与随班就读 [J]. 教育研究与实验，2004 (4)：38.

[44] 朴永馨. 努力发展有中国特色的特殊教育学科 [J]. 特殊教育研究，1998 (1)：1-3.

[45] 沈珺. 互动融合的教育活动，促进"流动儿童"和谐发展 [J]. 中小学校长，2011 (6)：49-51.

[46] 施蕾芬. 论学校与社区德育互动的运行原则 [J]. 社科纵横，2005 (4)：216-218.

[47] 史德志. 重视学校、家庭和社区合作 [J]. 基础教育参考，2004 (7)：1.

[48] 史华楠，胡敏. 论校园文化研究的几个基本问题 [J]. 扬州大学学报（高教研究版），2000 (3)：15-18.

[49] 苏丹兰. 走向21世纪：构建我国城乡社区与学校教育的双向参与模式 [J]. 山东教育科研，1999 (6)：22.

[50] 汪菊. 论课程开发中的家长参与 [J]. 江西教育科研，2003 (9)：31-33.

[51] 王国恩. 社区发展城市居住区建设 [J]. 规划师，2002 (9).

[52] 王振洪. 校企利益共同体：实现校企利益诉求的有效载体 [J]. 中国高教研究，2011 (8)：83, 85.

[53] 吴刚平. 校本课程开发的特点与条件 [J]. 教育研究与实验, 1999 (3): 28-31.

[54] 吴文彦, 厉才茂. 社会融合: 残疾人实现平等权利和共享发展的唯一途径 [J]. 残疾人研究, 2012 (3): 34-37.

[55] 许家成. "智力障碍" 定义的新演化 [J]. 中国特殊教育, 2003 (4): 19-23.

[56] 许家成. 社区化: 中国特殊教育改革的突破口 [J]. 现代特殊教育, 2012 (1): 14-17.

[57] 许巧仙, 施国庆. 社会融合视角下聋人大学生身份认同及其影响因素研究 [J]. 社会工作理论新探, 2011 (7): 39-42.

[58] 徐艳萍, 朱斌. 辅读学校社会实践活动课程化探索 [J]. 现代特殊教育, 2011 (4): 20-22.

[59] 肖艳. 关于社区教育在特殊教育中的作用的思考 [J]. 中国特殊教育, 2004 (9): 13-16.

[60] 徐德荣. 特殊教育社会支持系统的建立和运作 [J]. 现代特殊教育, 2012 (1): 11-13.

[61] 杨向群, 项复民. 参与式: 社区教育最深层的发展——用科学发展观指导社区教育的思考 [J]. 成人教育, 2004.

[62] 叶忠海. 学校和社区的沟通——上海城市社区教育研究 [J]. 教育发展研究, 1999 (3): 52-55.

[63] 悦中山, 杜海峰, 李树茁, 等. 当代西方社会融合研究的概念、理论及应用 [J]. 公共管理学报, 2009 (2): 114-116.

[64] 张娟. 家长和社区在日本学校教育中的作用 [J]. 安阳师范学院学报, 2006 (1): 131.

[65] 张兆芹. 影响学校发展的内在要素探析 [J]. 外国教育研究, 2005 (9): 7-12.

[66] 周彩姣, 李湘. 论残疾人的政治参与 [J]. 湖南社会科学, 2009 (9): 31-35.

[67] 朱楠, 王雁. 融合教育背景下特殊教育学校职能的改变 [J]. 中国特殊教育, 2011 (12): 3-8.

[68] 佐斌. 论学校德育的社区导向 [J]. 江西教育科研, 2002 (2): 39.

学位论文

[1] 符登霞. 学校与社区的互动关系研究 [D]. 湖南大学, 2009.

[2] 林晨昕. 美国自闭症儿童的社会融合及对我国的启示 [D]. 华东师范大学, 2012.

[3] 龙藜. 文化视野中的藏区小学与社区关系研究——以邛山村小平小学 "文化孤岛" 现象为个案 [D]. 西南大学, 2009.

[4] 卢松波. 我国中小学学校与社区的互动研究 [D]. 山东师范大学, 2011.

[5] 全桂红. 学校、社区合作推进智障人士终身教育的研究 [D]. 华东师范大学, 2011.

[6] 王鑫. 残疾人社会融合现况及分析 [D]. 山东大学, 2011.

网上电子公告

[1] 张震. 互构与重塑：论中国传统文化与企业文化的融合［OL］. 中国社会学网，http://www.sociology.cass.cn/shxw/wgjj/t20071030_14132.htm.

[2] 百度百科. 中华人民共和国残疾人保障法［EB/OL］. http://baike.baidu.com/view/84101.htm?fr=aladdin，2014-6-24.

[3] 国务院. 国务院关于基础教育改革与发展的决定［EB/OL］. http://www.jledu.gov.cn//dd//wxzl/zgzygwy/2001/0529/2483.html，2010-10-23.

[4] 国务院. 中国教育改革和发展纲要（中共中央、国务院1993年2月13日印发）［EB/OL］. http://www.eol.cn/guojia_3489/20060323/t20060323_49571.shtml，2010-10-15.

[5] 教育部. 特殊教育基本情况.［EB/OL］. http://www.moe.gov.cn/publicfiles/business/htmlfiles/moe/s7567/201308/156428.html，2013-08-15.

[6] 教育部基础司，中国残疾人联合会教育就业部. 关于印发《全国随班就读工作经验交流会议纪要》的通知［EB/OL］. 2003-05-25.

[7] 上海市闵行区人民政府. 建立"学校与社区融合互动"督导评价机制的必要性［EB/OL］. http://www.wmsh.gov.cn/zhuanti/sqxxmeeting/lunwen1.html.

[8] 新华网. 全球共有6.5亿残疾人约占世界总人口的10%［EB/OL］. http://news.qq.com/a/20091202/002756.htm，2009-12-02.

[9] 中国残疾人联合会. 2006年第二次全国残疾人抽样调查主要数据公报（第一号）［EB/OL］. http://www.cdpf.org.cn/sytj/content/2008-04/07/content_30316033.htm，2008-04-07.

[10] 中国残疾人联合会. 关于加强社区残疾人工作的意见［EB/OL］. http://www.cdpf.org.cn/zcfg/content/2007-11/14/content_30316539.htm，2007-11-14.

[11] 中国网. 国家中长期教育改革和发展规划纲要（2010—2020年）［EB/OL］. http://www.china.com.cn/policy/txt/2010-03/01/content_19492625_4.htm，2010-03-01.

[12] 中国儿童发展纲要（2001—2010年）［EB/OL］. http://china.findlaw.cn/fagui/gi/23/20069_4.html，2010-11-06.

英文参考文献

英文著作

[1] Berdine W. H., Blackhurst W. E. (Eds.). An introduction to special education (2nd ed.) [M]. New York: Harper Collins Publishers, 1985.

[2] Bush, T., Coleman, M.. Leadership and Strategic Management in Education [M]. London: Paul Chapman Publications Company, 2000: 68-78.

[3] Collins K. C. Getting Started: an Overview of School Development Practices [M]. Washington DC.: National Catholic Educational Association, 1997.10: 9.

[4] Daunt P. Western Europe. In P. Mittler R. Brouillette & D. Harris (Eds.), World yearbook of education1993: Specail needs education [M]. London: Kogan Page, 1993: 89-100.

[5] Epstein J. L. School, family, and community partnerships: Preparing educators and improving schools [M]. Boulder: Westview Press, 2010.

[6] Hallahan D. P., Kauffman H. M. Exceptional children: introduction to special education [M]. Boston: Allyn & Bacon, 1994.

[7] Hewett F. M., Forness S. R. Education of exceptional learners (2nd ed.) [M]. Boston: Allyn and Bacon, 1977.

[8] Kirk S. A., Gallagher J. J., Anastasiow N. T. Educating exceptional children (9th ed) [M]. Boston: Houghtton Mifflin Company, 2000: 35-37.

[9] Kirk S. A., Gallagher J. J., Anastasiow N. J. Educating exceptional children (7th ed.) [M]. Boston: Houghton Mifflin Co, 1993.

[10] Lang G. & Berberich C. All children are special: Creating an inclusive classroom [M]. York, Me.: Stenhouse Publisher, 1995: 24-25.

[11] Lewis R. B., Doorlag D. H. Teaching special students in the mainstream (4th ed.) [M]. Englewood Cliffs, N. J.: Merrill, 1995.

[12] Lipsky D. K., Gartner A. Inclusion and school reform: Transforming America's classrooms [M]. Baltimore, Md: P. H. Brookes Pub. Co., 1997: 41-50.

[13] Lo L. N. K. Critical issues in the development of special education in HongKong. In D. W. Chan (Ed.) Helping students with learning difficulties [M]. HongKong: Chinese University Press, 1998.

[14] Magrab P. R. The meaning of community. In R. N. Roberts & P. R. Magrab (Eds.), Where children live: Solutions for serving young children and their families [M]. Stamford,

Conn: Ablex, U.S. 1999: 3-31.

[15] Meijer C. J. W., Pijl S. J., Hegarty S. New perspectives in special education: A six-country study of integration [M]. London: Routledge, 1994.

[16] Meyen E. L., Skrtic T. Exceptional children and youth (3rd ed.) [M]. Denver: Love Publishing Com, 1988.

[17] Mittler P., Brouillette R., Harris D. World yearbook of education 1993: Special needs education [M]. London: Kogan Page, 1993: 89-100.

[18] O'Hanlon C. Special education integration in Europe [M]. London: David Fulton Publishers, 1993.

[19] Poon-McBrayer K. F., Lian M. J. Special needs education: children with exceptionalities [M]. HongKong: Chinese University Press, 2002: 17.

[20] Salend S. J. Effective mainstreaming: Creating inclusive classrooms (3rd ed.) [M]. New Jersey: Prentice-Hall, Inc, 1998: 78.

[21] Sanders M. G. Building school-community partnerships: Collaborating for student success [M]. Thousand Oaks, CA: Corwin Press, 2006.

[22] Smith T. C., Polloway E. A., Patton J. R. & Dowdy C. A. Teaching students with special needs in inclusive settings [M]. 3rd ed. Boston: Allyn and Bacon, 2001: 112.

[23] Stangvik G. Beyond schooling: Integration in a policy perspective. In S. J. Pijl, C. J. W. Meijer & S. Hegarty (eds.), Inclusive education: A global agenda [M]. London: Routledge, 1997: 32-50.

[24] Telford C. W., Sawrey J. M. The exceptional individual (2nd ed.) [M]. Englewood Cliffs, NJ: Prentice-Hall, 1972.

[25] Tilton L. Inclusion: A fresh book: Practical strategies to help all students succeed [M]. Shorewood, Minn.: Covington Cove Publications, 1996: 19.

[26] Villa R. A., Thousand J. S. Creating an inclusive school [M]. US: Association for Supervision and Curriculum Development, 2000: 195.

[27] Wang M. C., Boyd W. L. Improving results for children and families: Linking collaborative services with school reform efforts [M]. Greenwich, CT: Information Age Publishing Inc, 2000.

[28] Williams J. Improving school-community relations in the reriphery. Quality Education For All: Community Oriented Approaches [M]. New York: Garland Publishing Inc, 1997.

[29] Winzer M. A. The history of special education: From isolation to integration [M]. Washington, D. C.: Gallaudet University Press, 1993.

[30] Wood J. W., Lazzari A. M. Exceeding the boundaries: Understanding exceptional lives [M]. Harcourt Brace Company, 1997.

英文期刊

[1] Abdallah C., Cohen C. I., Sanchez-Almira M., Reyes P., Ramirez P. (2009). Community integration and associated factors among older adults with schizophrenia [J]. Psychiatric Services, 2009, 60 (12): 1642-1648.

[2] Adger C. T. School-community-based organization partnerships for language minority students' school success [J]. Journal of Education for Students Placed at Risk, 2001, 6 (1 & 2): 7-25.

[3] Bailey J. & du Plessis D. An investigation of school principal's attitudes toward inclusion [J]. Australasian Journal of Special Education, 1998, 22 (1): 12-29.

[4] Barnett C., Monda-Amaya L. E. Principals' knowledge and attitudes toward inclusion [J]. Remedial and Special Education, 1998, 19 (3): 181-192.

[5] Bauch P. A. School-community partnerships in rural schools: Leadership, renewal, and a sense of place. [J]. Peabody Journal of Education, 2001, 76 (2): 204-221.

[6] Bryan J. Fostering educational resilience and achievement in urban schools through school-family-community partnerships [J]. Professional School Counseling, 2005, 8 (3): 219-227.

[7] Davidson L. More fundamentally human than otherwise [J]. Psychiatry. 2005, 63 (3): 243-249.

[8] Deng M., Poon-McBrayer K. F. Inclusive Education in China: Conceptualization and Realization [J]. Asia-Pacific Journal of Education, 2004, 24 (2): 143-157.

[9] Duvdevany I., Ben-Zur H., Ambar A. Self-determination and mental retardation: Is there an association with living arrangement and lifestyle satisfaction [J]. Mental Retardation, 2002, 40 (5): 379-389.

[10] Emerson E., et al. The quality and costs of community-based residential supports and residential campuses for people with severe and complex disabilities [J]. Journal of Intellectual & Developmental Disability, 2000, 25 (4): 263-279.

[11] Epstein J. L., Sheldon S. B. Present and accounted for: Improving student attendance through family and community involvement [J]. The Journal of Educational Research, 2002, 95 (5): 308-318.

[12] Falvey M. A., Givner C. C. & Kimm C. What is an inclusive school [M]. In R. A. Villa & J. S. Thousand (Eds.), Creating an inclusive school (pp. 1-13). US: Association for Supervision and Curriculum Development, 1995.

[13] Felce D., Lowe K., Beecham J., Hallam A. Exploring the relationships between costs and

quality of services for adults with severe intellectual disabilities and the most severe challenging behaviors in Wales: A multivariate regression analysis [J]. Journal of Intellectual & Developmental Disability, 2000, 25 (4): 307-326.

[14] Fennick E., Royle J. Community inclusion for children and youth with developmental disabilities [J]. Focus on Autism and Other Developmental Disabilities, 2003 (18): 20.

[15] Fryxell D., Kennedy C. Placement along the continuum of services and its impact on students' social relationships [J]. Journal of the Association for Persons with Severe Handicaps, 1995 (20): 25.

[16] Fuchs D. & Fuchs L. S. Inclusive schools movement and the radicalization of special education reform [J]. Exceptional Children, 1994, 60 (4): 294-309.

[17] Gerber M. Postmodernism in special education [J]. The Journal of Special Education, 1994, 28 (3): 368-378.

[18] Granerud A., Severinsson E. The struggle for social integration in the community—The experiences of people with mental health problems [J]. Journal of Psychiatric and Mental Health Nursing, 2006 (12): 288-293.

[19] Greg Townley, Henry Miller, Bret Kloos. A little goes a long way: The Impact of Distal Social Support On Community Integration and Recovery of individuals with Psychiatric Disabilities [J]. Am J Community Psycgol, 2013 (52): 84-96.

[20] Hahn H. Public support for rehabilitation programs: The analysis of U. S. disability policy [J]. Disability, Handicap & Society, 1986, 1 (2): 121-137.

[21] Heah T., Case T., McGuire B. Law, M. Successful participation: the lived experience among children with disabilities [J]. CJOT Early Electronic Edition, 2007, 6 (1): 74-85.

[22] Heller T., Miller A. B., Hsieh K. Eight-year follow-up of the impact of environmental characteristics on well-being of adults with developmental disabilities [J]. Mental Retardation, 2002, 40 (5): 366-378.

[23] Hollowood T. M., Salisbury C. L., Rainforth B., Palombaro M. M. Use of instructional time in classrooms serving students with and without severe disabilities [J]. Exceptional Children, 1994 (61): 242-253.

[24] Hoppers W. Community schools as an educational alternative in Africa: A critique [J]. International Review of Education, 2005 (51): 115-137.

[25] Horton C., Conroy J. The power of partnerships [J]. TASH Connections, 2003, 29 (4): 19-20.

[26] Kennedy C. H., Shukla S., Fryxell D. Comparing the effects of educational placement on the

social relationships of intermediate school students with severe disabilities [J]. Exceptional Children, 1997 (64): 31-47.

[27] Lela B. Costin. School social work practice: a new model [J]. Social Work, 1975, 20 (2): 135-139.

[28] Nelson G., Lord J., Ochocka J. Empowerment and mental health in community: Narratives of psychiatric consumer/survivors [J]. Journal of Community and Applied Social Psychology, 2001 (11): 125-142.

[29] Nigel Bennett et al.. The Reality of School Development Planing in the Effective Primary School: Technicist or Guiding Plan? [J]. School Leadership & Management, 2000 (3).

[30] O'Brien P. et al. Perceptions of change, advantage and quality of life for people with intellectual disability who left a long stay institution to live in the community [J]. Journal of Intellectual & Developmental Disability, 2001, 26 (1): 67-82.

[31] Prince P. N., Gerber G. J. Subjective well-being and community integration among clients of assertive community treatment [J]. Quality of Life Research, 2005 (14): 161-169.

[32] Roberts C., Zubrick S. Factors influencing the social status of children with mild academic disabilities in regular classrooms [J]. Exceptional Children, 1992, 59 (3): 192-202.

[33] Russel J. Kormann, Michael R. Petronko. Community participation: Challenges for people with disabilities living in Oaxaca, Mexico, and New Mexico, United States [J]. OTJR: Occupation, Participation and Health, 2004.

[34] Saint-Laurent L.; Dionne J., Giasson J., Royer E., Simard C., Pierard B. Academic achievement effects of an in-class service model on students with and without disabilities [J]. Exceptional Children, 1998 (64): 239-253.

[35] Sale P., Carey D. M. The sociometric status of students with disabilities in a full-inclusion school [J]. Exceptional Children, 1995, 62 (1): 6-19.

[36] Salend S. J. Effective mainstreaming: Creating inclusive classrooms [M]. 3rd ed. New Jersey: Prentice-Hall, Inc., 1998: 7.

[37] Salend S. J., Duhaney G. The impact of inclusion on students with and without disabilities and their teachers [J]. Remedial and special education. 1999, 20 (2): 114-126.

[38] Sanders M. G. Community involvement in schools: From concept to practice [J]. Education and Urban Society, 2003, 35 (2): 161-180.

[39] Stancliffe R., Keane S. Outcomes and costs of community living: A matched comparison of group homes and semi-independent living [J]. Journal of Intellectual & Developmental Disability, 2000, 25 (4): 281-305.

[40] Taub D. E. Taub, Blinde E. M., Greer K. G.. Stigma management through participation in sport and physical activity: experiences of male college students with physical disabilities [J]. Human Relations. 1999, 52 (11): 1469-1485.

[41] Thompson S. The community as classroom [J]. Educational Leadership, 1995 (52): 17-20.

[42] Townley G., Kloos B. Examining the psychological sense of community for individuals with serious mental illness residing in supported housing environments [J]. Community Mental Health Journal, 2011, 47 (4): 436-446.

[43] Townley G., Kloos B., Wright P. A. Understanding the Experience of place: Expanding methods to conceptualize and measure community integration of persons with serious mental illness [J]. Journal of Health and Place, 2009, 15 (2): 520-531.

[44] Audrey A. T., Carter E. W., Owens L. A., Swedden B. Special Educators' Perceptions of Summer Employment and Community Participation Opportunities for Youth with Disabilities [J]. Career Development for Exceptional Individuals. Proquest, 2008 (31): 3.

[45] Vaughn S., Klingner J. K. Students' perceptions of inclusion and resource room settings [J]. The Journal of Special Education, 1998, 32 (2): 79-88.

[46] Ware N. C., Hopper K., Tugenberg T., Dickey B., Fisher D. Connectedness and citizenship: Redefining social integration [J]. Psychiatric Services. 2007, 58 (4): 469-474.

[47] Yanos P. T. Beyond "landscapes of despair": The need for new research on the urban environment, sprawl, and the community integration of persons with serious mental illness [J]. HealthandPlace, 2007 (13): 672-676.

[48] Yoshihisa A. Special Education in Japan [J]. European Journal of Special Needs Education, 1998, 13 (1): 86-97.

学位论文

[1] Linda M. G. A model of community integration and its application to the community integration of young children with disabilities [D]. Temple University, Ph. D, 1994.

[2] Phyllis P. H. The Eight-Year Study revisited: A cross-case analysis of the use of integrated curriculum in Radnor, Pennsylvania [D]. The George Washington University, Ph. D, 2003.

[3] Hogue M. L. A Case Study of Perspectives on Building School and Community Partnerships [D]. University of South Florida, Ph. D, 2012.

网上电子公告

Olmsteadetal. v. L. C. etal., 119S. Ct. 2176 [EB/OL]. http://www.accessiblesociety.org/topics/

ada/olmsteadoverview.htm,1999.

报告

Compass Secretariat. Stakeholders In Education [R]. Singapore Ministry Of Education. 2000.

其他

[1] Henderson A. T., Mapp K. L. A New Wave of Evidence: The Impact of School, Family, and Community Connections on Student Achievement [Z]. Austin: Southwest Educational Development Laboratory, 2002.

[2] Lian M-G. J. Assessment of children with disabilities for educational programming [Z]. Normal, IL: University Communications, Illinios State University, 2000: 56.

附 录

附录1　校长访谈提纲

1. 您的学科背景和从业经历是怎样的？
2. 贵校的办学理念和培养目标是什么？
3. 贵校的融合教育的发展历史是怎样的？
4. 贵校为什么要开展融合教育？
5. 贵校为融合教育的发展做了哪些工作？为什么要这么做？
6. 贵校目前是如何推进融合教育的？
7. 您怎样评价贵校融合教育发展的现状？您的评价标准是什么？
8. 您觉得影响学校融和育人的关键因素有哪些？为什么？
9. 您如何看待学校目前康复段、教学段的课程设置（课程调整）？
10. 您理想中的培智学校融和育人是什么样？

附录2　学校前任领导访谈提纲

1. 您在个案学校工作了多少年？主要负责哪些工作？
2. 您在校时的办学理念和培养目标是什么？
3. 当时学校为什么要开展融合教育？
4. 您在校时融合教育是如何开展的？您都做了哪些工作来推进融合教育的发展？
5. 您怎样评价当时学校开展的融合教育？您的评价标准是什么？
6. 您觉得影响学校融合教育发展的关键因素有哪些？为什么？
7. 您理想中的培智学校融合教育是什么样的？

附录3　学校管理层访谈提纲

1. 您的学科背景和从业经历是怎样的？
2. 您觉得贵校的培养目标是什么？你觉得从贵校毕业的学生，应该达到什么样的发展程度？
3. 您认为什么是融合教育？贵校的融合教育的发展历史是怎样的？
4. 贵校为什么要开展融合教育？
5. 贵校为融合教育的发展做了哪些工作？为什么要这么做？
6. 贵校目前是如何推进融合教育的？
7. 您怎样评价贵校融合教育发展的现状？您的评价标准是什么？
8. 您觉得影响学校社区融合（融和育人）的关键因素有哪些？为什么？
9. 您理想中的培智学校社区融合（融和育人）是什么样？
10. 贵校的社区课程发展历史是怎样的？
11. 贵校为什么要开设社区/社会实践课程？
12. 贵校为社区课程发展做了哪些工作？为什么要这样做？
13. 贵校目前是如何推进社区课程开发的？
14. 您怎样评价贵校社区课程发展的现状？您的评价标准是什么？

附录4　督学访谈提纲

1. 您对学校的融和育人的办学特色有什么样的了解？
2. 您怎样评价当前的学校融和育人？
3. 您认为培智学校的培养目标应该是什么？
4. 您对培智学校融和育人发展有什么建议？
5. 您认为哪些因素会影响培智学校的融和育人发展？

附录 5　教研组长访谈提纲

1. 您的学科背景和从业经历是怎样的？
2. 您怎么看待学校现在开展的"融和育人"教学和实践？与普校相比，培智学校的培养目标的定位应该是怎么样的？
3. 您理解的咱们学校在社会实践课程方面对学生的培养目标是什么？
4. 您认为什么是培智学校社会实践课程？
5. 您怎样看待培智学校开设社会实践课程？为什么？
6. 您在教学段的社会实践课程中承担了哪些组织管理工作？效果怎样？
7. 您选择和组织社会实践课程内容的主要依据是什么？课程内容的来源有哪些？
8. 您在课程备课、实施、评估等过程中，遇到的困难有哪些？怎样解决的？
9. 您觉得咱们学校的社会实践课程做得怎么样？您的评价标准是什么？
10. 您觉得影响社会实践课程发展的关键因素有哪些？
11. 您觉得培智学校的社会实践课程应该是怎么样的？请您描述一下。

附录 6　社区课教师访谈提纲

1. 您的学科背景和从业经历是怎样的？
2. 您怎么看待学校现在开展的"融和育人"教学和实践？与普校相比，培智学校的培养目标的定位应该是怎么样的？
3. 目前，教学段的课程有语文、数学这样的主科课程，也有社会实践这样的课程，您怎么看待现在学校现在课程方面的设置？
4. 您在社会实践课程的教学设计中，是从哪些方面选择课程内容的？
5. 您在开展社会实践课程中遇到了哪些困难，怎样解决的？
6. 相比以往的大多数课程都是在室内上，现在社会实践课程走出教室，走出校园，这样的课程模式有什么不一样？为什么？
7. 您所在班级，家长对学校社会实践课程教学工作的配合情况怎样？主要是哪种形式的配合？
8. 您在社会实践课程的开展中，希望能获得哪些帮助和支持？
9. 您对本班今后的社会实践课程发展有哪些规划和设想？请您描述一下。

附录7　教师访谈提纲

1. 您的学科背景和从业经历是怎样的？
2. 在校工作的这些年，您经历了学校开展融合教育的哪些变化？您怎么看待学校开展的"融和育人"教学和实践？
3. 您认为咱们学校的培养目标是什么？
4. 您怎样看待学校开设社会实践课程？为什么？
5. 您参与过学校的社会实践课程吗？主要是哪些形式的参与？您是否愿意参与更多的社会实践课程？
6. 社会实践课程是否应该与学科课程相结合？为什么？
7. 您对学校今后的社会实践课程或学校的融合教育实践还有哪些需要设想或期待？

附录8　社区人员访谈提纲

1. 您为什么会参与DC培智学校的社区实践活动？
2. 您在这个过程中主要做了什么？
3. 您在这个过程中有什么感受和收获？
4. 您怎么看待学校开展的社区融合活动？
5. 您觉得在哪些方面还可以继续改进？

附录9　家长访谈提纲

1. 您对学校开展的社区相关的实践活动有了解吗？您的孩子平时参与这些活动吗？您觉得这些社区实践活动怎么样？
2. 和以往相比，您觉得孩子在咱们学校的学习、生活有变化吗？为什么？
3. 您希望孩子在社区实践活动中学习到哪些内容？
4. 您平时参与到学校中的这些社区实践活动中来吗？在这些活动中有什么样的体会？您对这些活动还有什么样的建议？

5. 您觉得家庭需要参与到社区实践中吗？如果需要，您觉得家庭应该如何参与到这样的社会实践活动中来？

6. 在家庭中，您怎么看待学校开展的融和育人活动？

7. 您期待过您的孩子将来成为一个什么样的人？

附录 10　社区课程课堂观察与分析表

观察时间：　　　　　　　　观察与评估人：

学校		班级与人数	
授课教师		课程	
授课内容			
课程内容组织形式			
学情分析			
教学目标			
教学过程与方法			
教学效果			
教师课后反思			
观察者评价			

附录 11 教研活动观察记录表

时间:		观察与评估人:	
地点:		主持人:	
参会人员			
教研主题			
教研活动过程与内容			
观察者评价			

附录 12 融合活动观察记录表

时间:		观察与评估人:	
地点:		主持人:	
参会人员			
融合活动主题			
融合活动过程与内容			
观察者评价			

附录13 编码系统

主题	类别	话题（编号）
1 学校开展融合教育的历史	1.1 学校历史	1.1.1 学校基本情况 1.1.2 学校办学理念 1.1.3 学校课程特色
	1.2 学校开展融合教育的原因	1.2.1 开辟融合教育新纪元 1.2.2 国内特殊教育发展的需求 1.2.3 教育理念的改变 1.2.4 以学生发展为本
	1.3 学校融合教育的阶段	1.3.1 开放型阶段 1.3.2 社区融合阶段 1.3.3 融和育人阶段
2 培智学校走向社区的机制	2.1 培智学校走向社区的文化氛围创建	2.1.1 从"合"到"和"，逐步深入 2.1.2 德育"总管"，渗透各方
	2.2 培智学校走向社区的管理变革	2.2.1 分段管理 2.2.2 教研教学体系 2.2.3 科研梯队
	2.3 培智学校走向社区的课程改革	2.3.1 社区实践课的历史发展 2.3.2 社区实践课的实践方式 2.3.3 社区实践课的组织形式 2.3.4 社区实践课的设计与实施 2.3.5 社区实践课的支持与保障
	2.4 培智学校走向社区的融合活动	2.4.1 特奥活动 2.4.2 联谊活动 2.4.3 社区课程活动
3 社区走向培智学校	3.1 社区走向培智学校的"不同"	3.1.1 不同的人 3.1.2 不同的活动 3.1.3 不同的出发点 3.1.4 不同的体悟与收获
	3.2 社区走向培智学校的"同"	3.2.1 同为扩展学生的世界 3.2.2 同为丰富学校内涵 3.2.3 同为搭建支持性教育体系

4 学校与社区关系理解	4.1 融合教育是什么大讨论	4.1.1 "融和"是对"融合"的深化发展
		4.1.2 "融合"到"融和"只是字面上的变化
	4.2 "我"眼中的学校与社区融合	4.2.1 学校社区课程教师眼中的学校与社区融合
		4.2.2 学校其他教师眼中的学习与社区融合
		4.2.3 学校领导眼中的学校与社区融合
		4.2.4 社区人士眼中的学校与社区融合
		4.2.5 家长眼中的学校与社区融合
		4.2.6 督学眼中的学校与社区融合
	4.3 "学科课程"与"社区实践课程"的冲突	4.3.1 学科课程与社区实践课程的冲突
		4.3.2 社区课程与学科课程的地位
		4.3.3 学校课程内容体系化
		4.3.4 学生中心与教师中心的冲突
	4.4 学校"改革"与"质量"的瓶颈	4.4.1 学校未来发展定位
		4.4.2 学校发展的内驱力
		4.4.3 社区支持系统
	4.5 培智学校与社区互动的方式与评价	4.5.1 培智学校为主的学校与社区互动
		4.5.2 培智学校与社区互动取得的成就
		4.5.3 培智学校与社区互动存在的矛盾点

附录14 CM班社区课课例设计

教学基本信息			
班级学生基本情况	学生人数：14名，其中男生：8人；女生：6人 年龄范围：14~16岁 障碍类型：智力残疾、精神残疾、自闭症障碍程度：IQ 21~69		
单元名称	快乐探索	主题名称	毕业了
课题名称	拍证件照	班级	CM班

教学背景分析
教学内容： 　　社会实践课是我校校本课程，渗透"融和育人"教育理念，把学生个人、班级以及社会资源整合在一起，帮助智障学生在生活中融会贯通、实操运用所学知识。 　　本次主题内容由铺垫课（2课时）、外出实践活动（1次）、巩固课（1课时）三部分组成。铺垫课预设2课时，本课属于铺垫课的第一课时，让学生学习如何拍证件照，掌握"选类型、问价格、整仪表"这些关键行为。 **学生情况：** 　　根据学生对本课的参与度、自身的优势智能和接受新知的速度： 　　A 层（4人）：有在普校学习的经历，自理能力强，积累了一定的生活经验。能用语言表达思想。喜欢参加活动和新鲜事物。 　　B 层（4人）：理解问题的速度比较缓慢，对学习新事物缺乏勇气；做事时需要借助他人的提示。发音吐字不够清晰，在与他人沟通时，表现得腼腆内敛。 　　C 层（4人）：理解能力弱，注意力容易分散；学习新行为时需要教师对常识性问题进行辅助解释。 　　D 层（2人）：缺乏自理自立意识，动手能力弱；遇到困难时，情绪、行为会变得异常激动；参与学习活动的积极性低，需要教师的情绪调控和个别指导。 **教学方式：** 　　体验式教学：根据学生的认知特点和学习风格，有目的地创设教学情境，让学生通过体验来理解并建构知识，领悟方法，激发学生的情感，发展能力。 **教学手段：** 视频引导、角色扮演、 **相关资源：** 多媒体课件、任务单、文字提示贴 **教学设计的来源与 IEP 位置的关系：** 　　长期目标：《培智学校义务教育课程标准》生活适应学段二 2.3.3.3 能有参加社区活动的技能； 　　短期目标：DC 培智中心学校社会实践课（校本课程）：拍照、购物、进公园、（室内场馆）参观
教学目标及教学重点、难点
知识性目标：认识证件照 A 层生：知道证件照的特点； BC 层生：知道证件照的用处； D 层生：知道去照相馆拍证件照； **技能性目标：** A 层生：独立完成拍证件照行为； B 层生：会查询拍证件照的价格，有拍照前整理仪表的意识； C 层生：能够表达要拍证件照的意图； D 层生：在教师协助下能参与拍证件照的活动； **情感性目标：** A 层生：与他人交流时能使用礼貌用语； B 层生：能勇敢向他人表达自己的想法； C 层生：参与活动时能听从他人建议； **重点：** 学习拍证件照过程。 **难点：** 表达与沟通"拍证件照"的需求。

教学设计过程			
教学阶段	教师活动	学生活动	设计意图	个别化设计
导入	1. 出示残疾证和学生卡证件实物； 师：这些统称为证件，那这上面的照片呢？（板书：证件照） 2. 出示毕业证、通知单 师：说到毕业证，这里有一张通知。谁来读一读？ 解释关键词："一寸""免冠""近期""蓝底" 过渡：那今天我们的任务就是学习《拍证件照》（板书：拍）	自由说一说 让学生看看毕业证 指名学生读一读； 说一说自己对这些词的理解	从生活实物引出证件照，让学生认识证件照的用途 认识证件照的特点	让注意力容易分散、有触感需要的学生摸一摸证件照
新授 看中想	1. 提问：去哪里拍证件照？ 出示图片 2. 介绍：这里布置成了一个照相馆，我们专门请来照相馆的摄影师叔叔来帮助我们学习。 3. 演示：请个有拍证件照经历的同学上前演示他的拍照过程。 （预设：如果学生无法独立进行，师协同完成） 4. 让学生回答提问 5. 观看视频： 提炼出关键行为 （板书贴纸） 过渡：有人尝试过，谁还想来练习一下？	D层生说一说 引荐给全体学生 指名一位学生演示； 其他人：你觉得哪些事情对你来说比较难？ 自由说一说 观看视频后说一说：都做了哪些事	让学生对模拟环境有所了解，初步接触摄像师（社会人士） 让学生在行为时生成问题； 教师通过学生反馈确认他们需要的学习内容； 自然形成行为步骤；	

练习 做中 学	情景模拟 ①选类、问价 师——生 提示点：照片底色 生——摄像师 提示点：肢体动作、通知单 ②整仪表、摆姿势 师引导学生对镜整理仪表、走到座位 提示点：镜子、视频 听摄影师的要求内容 ③完整过程	与教师互动： C层生1 D层生1 与摄像师互动： BCD层生 指名B\C层学生练习； D层生做一项内容； A层生完成整个过程	提升难度：学生从与教师互动到与社会人士互动。 分层练习 对于能力强的学生递加练习内容	对不擅长语言表达的学生，教给他\她用简单的肢体动作配合语言的方式来表达意图。
总结	1. 说一说：你想提醒大家拍证件照时注意什么？ 2. 任务单：一起看一看这堂课我们都学习了什么？布置任务 3. 延续： 对"付款、取照片"行为的学习；将走入照相馆	说一说	帮助学生整理学习脉络	

学习效果评价设计

评价方式：
1. 过程性评价（贯穿于教学各环节，教师赞许的目光、简短的语言等都是对学生的评价与鼓励。）
2. 任务单

评价内容：
  行为步骤的完成；
  学生的参与态度；
  礼貌用语；

技能评价标准：
  好——能够独立达成目标
  较好——在提示下达成目标
  再努力——需要再练习

教学设计的特点
1. 本课教学内容体现了融入社会的实践性和实用性。 2. 教学之前用调查问卷的形式更全面地对学生原有知识经验情况的摸排。 3. 让社会人士（摄影师）走进课堂，创建一种开放的、浸润性的、积极互动的学习文化，也为学生下一步"走进身边的照相馆"做铺垫。
教学反思
1. 作为教师，要相信学生的学习能力，给学生面对校外人士、独立解决问题的机会和时间，但是在过程中如果学生遇到难题，教师要起到引导作用。 2. 在学生与外界沟通的过程中，要帮助他们多途径地去表达自身意图。例如可以用语言表达，或者借助肢体语言表达，或者直接出示通知……让学生构建适合自己的行为方法。